Hanna Kiper / Wolfgang Mischke

BACHELOR | MASTER

Unterrichtsplanung

Beltz Verlag · Weinheim und Basel

Hanna Kiper, Dr. phil. habil., Jg. 1954, ist Professorin für Schulpädagogik und Allgemeine Didaktik an der Carl von Ossietzky Universität Oldenburg.

Wolfgang Mischke, Dr. phil., Jg. 1946, Diplompädagoge, ist Akademischer Oberrat an der Carl von Ossietzky Universität Oldenburg.

Lektorat: Katrin Sauer

www.beltz.de
Herstellung: Klaus Kaltenberg
Satz: Druckhaus »Thomas Müntzer«, Bad Langensalza
Druck: Druck Partner Rübelmann, Hemsbach
Umschlaggestaltung: Grit Möller
Umschlagabbildung: Fotolia, New York, USA
Printed in Germany

ISBN 978-3-407-34200-3

Kiper / Mischke · Unterrichtsplanung

Inhaltsverzeichnis

Ergänzende Materialien zu den Kapiteln 5–7 finden Sie im Internet unter:
www.beltz.de/Material
Kennwort: **34200**

1. Unterrichten als zentrale Tätigkeit von Lehrkräften

In diesem Band über Unterrichtsplanung werden wir die Schwerpunkte auf aktuelle Probleme legen, die in der Schulwirklichkeit heute von besonderer Bedeutung sind. Unterrichtsplanung soll erfolgen:

- in Ausrichtung des Unterrichts auf den Kompetenzaufbau anstelle einer alleinigen Bearbeitung von festgelegten Inhalten
- mit Blick auf einen systematischen Wissensaufbau anstelle einer Behandlung beliebiger, unverbundener Inhalte
- unter Beachtung der Heterogenität der Schüler/innen und damit der Notwendigkeit der Individualisierung von Lernwegen
- unter Beachtung von Lernschwierigkeiten einzelner Schüler/innen und Entwicklung geeigneter Fördermaßnahmen
- mit dem Ziel, selbstgesteuertes Lernen zu initiieren, Kooperation zu unterstützen und soziale Kompetenzen im Unterricht aufzubauen
- unter Beachtung des Erziehungsauftrags schon bei der Planung.

1.1 Der Planungsvorgang

Planen ist theoretisch analysierbar und kann praktisch trainiert werden

Mit Unterrichtsplanung vergleichbare Tätigkeiten gibt es in vielen Berufen, z.B. Entwerfen bei Ingenieuren oder Therapieplanung bei Psychologen, Kampagneplanung bei Werbefachleuten. Planung ist auch ein Alltagsphänomen und damit auch Unterrichtsgegenstand. Planen ist theoretisch analysierbar und kann praktisch trainiert werden (vgl. Hussy, in Klauer/Leutner 2007). Um für eine Aufgabenbewältigung Lösungswege planen zu können, sind folgende Schritte erforderlich:

- Analyse der Aufgabe
- Erstellen eines Arbeitsplans für den Planungsablauf
- Bearbeiten der Planungsaufgaben für einzelne Teilaufgaben im Handlungsverlauf
- Bedenken von Prüfverfahren zur Kontrolle der Prozess- und Produktqualität
- Permanentes Überwachen des gesamten Planungsablaufs auf Zweckmäßigkeit und Kontrolle der Planungsqualität.

Planen lernen heißt, den Planungsprozess als besondere Form der Arbeit verstehen zu lernen und ihn steuern zu können

Planen lernen heißt demnach, den Planungsprozess als besondere Form der Arbeit verstehen zu lernen und ihn steuern zu können. In der Steuerung des Gesamtablaufs sind die jeweiligen Planungswerkzeuge einzusetzen und am Erfolg kontrolliert anzuwenden. Bei den Werkzeugen sind algorithmische und heuristische Verfahren zu unterscheiden. Der künftige Unterrichtsplaner kann mit der Theorie und den Werkzeugen zu Beginn so ausgerüstet werden, dass mit hohem intellektuellem Steuerungsaufwand erste Planungsaufgaben bewältigt werden können. Im Verlauf der Entwicklung der Planungsfähigkeit werden sich Teillösungen als Abkürzungen anbieten, die dann – quasi als Module – im Planungsgeschehen eingesetzt werden können. Diese Abkürzung durch Routinebildung ist möglich, wenn auf der Ebene von Begriffsbildung Erfahrungen gemacht werden, damit ein begrifflich gesteuerter Transfer möglich wird.

Die Ausbildung von Planungsfähigkeit bedarf neben der theoretischen Voraussetzung als Startkapital vor allem des ständigen reflektierten Durchlaufs der folgenden Schritte:

- Analyse der Planungsaufgabe
- Durchführung der Planung
- Ausführung der geplanten Handlungen
- Evaluation
- Reflexion der Zusammenhänge von Planung und Erfolg.

Um diese Schrittfolge durchlaufen zu können, sind normative Festlegungen nötig, nämlich ein Vorverständnis über Unterrichtsqualität und über Instrumente zu deren Erfassung, denn diese lassen sich aus dem Planungszyklus selbst nicht generieren.

Da in der Schule nicht alles selbst geplant wird, ist es notwendig, über das Prüfen von Plänen nachzudenken, um entscheiden zu können, ob ein vorgefundener Plan (aus Lehrbuch, Fachzeitschrift oder Internet entnommen) für die eigene Unterrichtssituation einsetzbar ist. Dabei sind die innere Folgerichtigkeit, die Machbarkeit und die vermutete Wirksamkeit für die im Plan angenommenen Ziele zu prüfen und gegebenenfalls ist über notwendige Anpassungen an die vorgefundene Situation nachzudenken. Die Verwendung von Planungshilfen (Rastern) und die Konventionen der schriftlichen Darstellung von Unterrichtsplänen, z. B. als Verlaufspläne oder curriculare Pläne, ist hilfreich.

Von besonderer Bedeutung ist die Herausbildung von beruflicher Routine

Da nicht nur Vorgefertigtes zu prüfen ist, sondern auch selbstständige Planung zu den Aufgaben gehört, ist auch der Aufbau von Planungsfertigkeiten vorzustellen. Von besonderer Bedeutung ist die Herausbildung von beruflicher Routine, denn erst das Verstehen dieser Entwicklung hilft einzusehen, warum am Anfang der Ausbildung Feiertagsdidaktiken notwendig sind, die erst mit zunehmender, größer werdender Erfahrung zu abgekürzten Verfahren weiterentwickelt werden können. Sie können allerdings ohne die Anwendung von qualitätsbezogener Reflexion auch zu Schlendrian verkommen.

Bei der Handlungsplanung ist der Unterschied von wertorientierter und planorientierter Steuerung einer Handlung von Bedeutung. Didaktische Theorien strukturieren das Handlungsfeld und liefern die Begriffe, mit deren Hilfe die Planungsprozesse organisiert werden.

Planen ist eine spezifische Handlung mit Auswirkung auf künftige Handlungen. Besonderes Gewicht haben dabei Problemlöseprozesse und die zugehörigen Heuristiken. Professionelle Planung erfolgt unter Anwendung von domänenspezifischem Wissen und nutzt so die empirisch ermittelten Zusammenhänge und die durch Erfahrung gewonnene Vorstrukturierung des Feldes.

Bei der Handlungsplanung ist der Unterschied von wertorientierter und planorientierter Steuerung einer Handlung von Bedeutung

Grenzen der Planbarkeit ergeben sich z. B. aus der Komplexität der Situation, aus der Anzahl der Akteure, den vielen unterschiedlichen Aspekten der Situation. Es ist daher zu fragen, was der geplante Kern des Geschehens sein soll und was die Kontexte und die Begleiteffekte sind, die gegebenenfalls situativ wertorientiert abgearbeitet oder in einer Folgeaktivität einer geplanten Korrektur zugeführt werden müssen.

Reflexion/Übungsaufgaben

- Was gehört zum Planen?
- Wie stellen Sie sich die Ausbildung von Planungsfähigkeit vor?
- Inwiefern müssen Lehrkräfte vorliegende Planungen (z. B. in Lehrerhandbüchern) kritisch überprüfen?

Der Aufbau unseres Bandes soll die oben vorgestellten Überlegungen konkretisieren.

1) Zunächst explizieren wir die Handlungsplanung und die dazu notwendigen Instrumente und Werkzeuge.
2) Dann entfalten wir die zentralen Themen aus didaktischer Sicht und bieten einen Wissensvorrat für den Planungsprozess.
3) Wir gehen in ausgewählte Details der konkreten Planungsmomente und führen Instrumente und Werkzeuge aus.
4) Wir geben einige Übungsangebote mit Feedback.
5) Wir stellen konkrete Planungen und deren Analyse vor.

1.2 Unterrichtsplanung als Kerntätigkeit

Lehrer/innen teilen eine gemeinsame Fachsprache, verfügen über angemessene Methoden (Technologien) und teilen eine berufliche Ethik

Lehrer/innen sind zuständig für Erziehen, Unterrichten, Beurteilen, Beraten und Innovieren im Kontext von Schule. Sie verfügen über bestimmte Wissensbestände, die sie sich im Rahmen ihrer Studien an Pädagogischen Hochschulen oder Universitäten, in Studienseminaren der Zweiten Phase der Lehrerausbildung und in Schulen als Orten der Aus- und Fortbildung aneignen. Sie teilen eine gemeinsame Fachsprache, verfügen über angemessene Methoden (Technologien) und teilen eine berufliche Ethik, deren Einhaltung von Lehrkräften und ihren Berufsverbänden mit kontrolliert werden müsste. Ausgewiesene berufliche Kompetenzen machen den Kern der beruflichen Identität von Lehrkräften aus. Die Gesellschaft überantwortet dabei den Lehrkräften die Möglichkeit, ihre Tätigkeit im Kontext von Unterricht und Schule relativ autonom zu gestalten. Sie haben dabei *ein doppeltes Mandat*. Sie sind einerseits den Schüler/innen und ihrer Gegenwart und Zukunft verpflichtet und zugleich der älteren Generation und den von ihr geschaffenen Institutionen des Lehrens und Lernens; schließlich sollen die Wissensbestände der älteren Generationen an die jüngere Generation weitergegeben und weiterentwickelt werden.

Standards für die Lehrerbildung: Bildungswissenschaften

Weiterführende Literatur

Sekretariat der Ständigen Konferenz der Kultusminister der Länder in der Bundesrepublik Deutschland. Standards für die Lehrerbildung: Bildungswissenschaften. Dezember 2004.

Am 16. Dezember 2004 verabschiedete die Kultusministerkonferenz Standards für die Lehrerbildung in den Bildungswissenschaften. Ziel des Papiers ist es, die Qualität schulischer Bildung, hier durch die Weiterentwicklung der Lehrerbildung, zu sichern. »Mit den Standards für die Lehrerbildung definiert die Kultusministerkonferenz Anforderungen, die die Lehrerinnen und Lehrer erfüllen sollen« (Sekretariat der KMK vom 16.12.2004, S. 2). Sie sind am Berufsleitbild orientiert. Die Standards für die Lehrerbildung »beziehen sich auf Kompetenzen und somit auf Fähigkeiten, Fertigkeiten und Einstellungen, über die eine Lehrkraft zur Bewältigung der beruflichen Anforderungen verfügt« (Sekretariat der KMK vom 16.12.2004, S. 4). Wenn von Standards gesprochen wird, bezieht sich dieser Begriff auf die inhaltliche Seite (*content standards*), die Leistungsanforderungen (*performance standards*) und die Ressourcen (*opportunity to learn standards*). Wer standardbezogen lernt, kann Kompetenzen auf verschiedenen Niveaus erreichen. Es werden curriculare Schwerpunkte der Bildungswissenschaften angegeben wie Bildung und Erziehung, Beruf und Rolle des Lehrers, Didaktik und Methodik, Lernen, Entwicklung und Sozialisation, Leistungs- und Lernmotivation, Differenzierung, Integration und Förderung, Diagnostik, Beurteilung und Beratung, Kommunikation, Medienbildung, Schulentwicklung und Bildungsforschung. Es werden Kompetenzbereiche und Kompetenzen genannt. Drei Kompetenzbereiche werden hier zitiert (Sekretariat der KMK vom 16.12.2004, S. 6 ff.):

»Kompetenzbereich Unterrichten:
Lehrerinnen und Lehrer sind Fachleute für das Lehren und Lernen.

- Kompetenz 1: Lehrerinnen und Lehrer sind Fachleute für das Lehren und Lernen.
- Kompetenz 2: Lehrerinnen und Lehrer unterstützen durch die Gestaltung von Lernsituationen das Lernen von Schülerinnen und Schülern. Sie motivieren Schülerinnen und Schüler und befähigen sie, Zusammenhänge herzustellen und Gelerntes zu nutzen.
- Kompetenz 3: Lehrerinnen und Lehrer fördern die Fähigkeiten von Schülerinnen und Schülern zum selbstbestimmten Lernen und Arbeiten.

Kompetenzbereich Erziehen:
Lehrerinnen und Lehrer üben ihre Erziehungsaufgabe aus.

- Kompetenz 4: Lehrerinnen und Lehrer kennen die sozialen und kulturellen Lebensbedingungen von Schülerinnen und Schülern und nehmen im Rahmen der Schule Einfluss auf deren individuelle Entwicklung.
- Kompetenz 5: Lehrerinnen und Lehrer vermitteln Werte und Normen und unterstützen selbstbestimmtes Urteilen und Handeln von Schülerinnen und Schülern.
- Kompetenz 6: Lehrerinnen und Lehrer finden Lösungsansätze für Schwierigkeiten und Konflikte in Schule und Unterricht.

Kompetenzbereich Beurteilen:
Lehrerinnen und Lehrer üben ihre Beurteilungsaufgabe kompetent, gerecht und verantwortungsbewusst aus.

- Kompetenz 7: Lehrerinnen und Lehrer diagnostizieren Lernvoraussetzungen und Lernprozesse von Schülerinnen und Schülern; sie fördern Schülerinnen und Schülern gezielt und beraten Lernende und deren Eltern.
- Kompetenz 8: Lehrerinnen und Lehrer erfassen Leistungen von Schülerinnen und Schülern auf der Grundlage transparenter Beurteilungsmaßstäbe.«

Die Professionstheorie klärt, wie diese Handlungsmöglichkeiten aufgebaut und ausgeformt werden

Lehrerhandeln als professionelles Handeln muss sich deutlich von dem der Laien unterscheiden. Leitbild und Standards beschreiben normative Rahmen, die Richtung und Grenzen des pädagogischen Handelns im Alltag markieren. Die Professionstheorie klärt, wie diese Handlungsmöglichkeiten aufgebaut und ausgeformt werden. Dabei wird davon ausgegangen, dass in einem Prozess (Studium – Referendariat – Berufseinstiegsphase – Lehrer/innentätigkeit) schrittweise Kompetenzen aufgebaut und verfeinert werden. Pädagogische Professionalität basiert implizit auf der Fähigkeit und Bereitschaft, gegebene Aufgaben sachgerecht zu bewältigen, ein Bewusstsein der Verantwortung zu entwickeln und die Zuständigkeit für die Erfüllung der Aufgaben zu übernehmen (Nieke 2002, S. 16). Eine Person handelt pädagogisch-professionell, »die gezielt ein berufliches Selbst aufbaut, das sich an berufstypischen Werten orientiert, die sich eines umfassenden pädagogischen Handlungsrepertoires zur Bewältigung von Arbeitsaufgaben sicher ist, die sich mit sich und anderen Angehörigen der Berufsgruppe Pädagogen in einer nichtalltäglichen Berufssprache zu verständigen in der Lage ist, ihre Handlungen aus einem empirisch-wissenschaftlichen Habitus heraus unter Bezug auf eine Berufswissenschaft begründen kann und persönlich die Verantwortung für Handlungsfolgen in ihrem Einflussbereich übernimmt« (Bauer 2000, S. 32). Der Begriff des professionellen Selbst richtet sich auf »die beruflich relevanten Teile der Persönlichkeit, er ist entwicklungsorientiert, nimmt die Selbstkonstituierung des Subjekts in den Blick und ermöglicht es, interne Strukturen und systematische Lernprozesse miteinander zu verbinden« (Bauer 2002, S. 55). Dabei wird das professionelle Selbst durch verschiedene pädagogische Tätigkeiten ständig neu erzeugt. Dabei gehen wir mit Karin Nölle davon aus, dass »vielfältig und systematisch vernetztes (theoretisches Wissen) mit episodischen Elementen« differenziertere Auffassungen von Unterricht und anderen pädagogischen Situationen begünstigt (vgl. Nölle 2002, S. 65).

Weiterführende Literatur

Bauer, K.-O./Kopka, A./Brindt, S. (1996): Pädagogische Professionalität und Lehrerarbeit. Weinheim/München: Juventa.

Reflexion/Übungsaufgaben

- Welche professionellen Tätigkeiten müssen Lehrkräfte ausüben?
- Inwiefern hilft ein gemeinsames Berufsverständnis? Wie ordnen Sie die Aufgabe der Unterrichtsplanung in die von der Kultusministerkonferenz (KMK) genannten Kompetenzbereiche ein?
- Erläutern Sie die Idee des professionellen Selbst.

1.3 Annahmen über Unterrichtsplanung

Angemessenes Handeln einer Lehrkraft beginnt mit dem Planungshandeln

In der schulpädagogischen Literatur finden sich unterschiedliche Überlegungen zur Planung von Unterricht. Dabei gibt es einander gegenüberstehende Überlegungen. Die einen meinen, dass Unterrichten eher eine Kunst sei und daher zwar vorbereitet, jedoch letztlich nicht bestimmt werden kann. In dieser Sicht wird unterrichtstheoretisches Wissen oftmals gering geschätzt oder gar abgewertet; es wird auf Offenheit und Spontaneität gesetzt. Dagegen lassen sich auch Auffassungen finden, die Lehren als Technik verstehen (vgl. Dichanz/Mohrmann 1976) und davon ausgehen, dass Unterrichtshandlungen durch geeignete Techniken und Methoden beeinflussbar sind.

- Wir gehen davon aus, dass angemessenes Handeln einer Lehrkraft im Unterricht mit dem Planungshandeln beginnt. »Umfangreiches Planungshandeln steht also am Anfang des Lehrerhandelns« (Wahl 2002, S. 235). Dabei müssen Ziele und Pläne genügend ausdifferenziert werden.

- Wir zeigen, dass Unterricht planbar ist. Auch wenn wir wissen, dass Unterricht prinzipiell labil, offen und störbar ist, meinen wir, dass Zusammenhänge und Abläufe in gewisser Weise vorhersehbar und gestaltbar sind. Gleichwohl bedarf es im Unterricht – trotz oder gerade auf der Basis von Unterrichtsplanung – auch einer gewissen Offenheit für das Nichtgeplante. Nicht jeder Unterricht muss gleichermaßen intensiv geplant werden; es sollte Chancen für Gelegenheitsunterricht geben (vgl. Oblinger 1977).
- Wir wissen, dass Kinder und Jugendliche auf angeleitetes Lernen angewiesen sind und nicht allein autodidaktisch lernen können. Je besser der Unterricht ist, den sie erhalten, desto größer können Wissens- und Könnenszuwachs sein. Dabei können Schüler/innen von sich aus nur begrenzt oder gar nicht antizipieren, was es an fachlichen Wissensbeständen gibt, sondern sind hier auf eine sinnvolle und begründete Auswahl von Wissensbeständen, die sich in einem angemessenen Curriculum niederschlagen, angewiesen. Es ist nötig, diese Entscheidungen in der Interaktion mit den Schüler/innen zu vertreten, ohne sie an Lehrbücher oder das Internet zu delegieren. Nur so kann Verantwortungsübernahme sichtbar werden und sozialisatorisch wirken.
- Wir verdeutlichen, dass Planung angemessenes Handeln im Unterricht erleichtert. Dabei muss Planung nicht immer am Schreibtisch erfolgen. Oftmals denken Lehrkräfte in einer Vielzahl von Situationen über ihren Unterricht nach. Eine schriftliche Fassung der Unterrichtsplanung verhilft jedoch zu einer systematischen Vorbereitung und Reflexion von Unterricht. Unterrichtsplanung und deren Reflexion kann Teil eines Prozesses zum systematischen Kompetenzaufbau der Lehrkraft werden.

Unterrichtsplanung und deren Reflexion kann Teil eines Prozesses zum systematischen Kompetenzaufbau der Lehrkraft werden

- Wir akzentuieren, dass es nicht in erster Linie um die Erstellung von Kunstprodukten (schriftliche Unterrichtsvorbereitung) geht, die mit dem anschließenden Unterricht wenig zu tun haben und nur der personenbezogenen Überprüfung und Bewertung im Kontext von Ausbildung oder Evaluation dient, sondern dass eine Unterrichtsplanung die Aufgabe hat, zum systematischen Erwerb von Expertise beizutragen. Die Kompetenzen der Lehrkräfte mit Blick auf die Planung, Durchführung und Reflexion von Unterricht zeigen sich daher nicht allein in schriftlicher Unterrichtsvorbereitung (Stundenentwurf) und im Aufbau einer angemessenen Einstellung (vgl. Bromme 1981, S. 25), sondern in der *Realisierung* von Unterricht.
- Wir weisen darauf hin, dass zur Unterrichtsplanung gehört, Prozesse zum systematischen Aufbau von Wissen und Können bei den Schüler/innen vorausdenken zu können. Unterrichtsplanung muss mit Blick auf Prozesse erfolgen; vorliegende Planungsvorschläge sind unter dem Gesichtspunkt zu überprüfen, ob sie eine Planung erfolgreicher Prozesse/Verläufe ermöglichen. Eine besondere Bedeutung hat dabei die Entwicklung passender Lernaufgaben und Lernmaterialien (vgl. Seel 1981).

- Wir klären, dass eine sinnvolle Unterrichtsplanung nicht aus einer Summation verschiedener Planungsüberlegungen resultiert, sondern einer eigenen Theorie bedarf, die getragen ist von einem Wissen über den systematischen Aufbau von Expertise in diesem Bereich.
- Wir meinen, dass nicht mit beliebigen Planungsrastern gearbeitet werden kann, die willkürlich gewählt oder eingefordert werden, sondern dass der gegenwärtige Stand des Wissens über Unterricht und anzulegende Lernprozesse in ein solches Raster eingehen sollte. Dabei ist die Antizipation von Lernprozessen und darauf bezogene Lehrprozesse von Wichtigkeit.

Unterrichtsplanung muss mit Blick auf den Erwerb fachlicher und überfachlicher Kompetenzen angelegt sein

- Wir zeigen, dass Unterrichtsplanung sich nicht allein auf eine Einzelstunde oder eine Unterrichtseinheit beziehen darf, sondern mit Blick auf den Erwerb fachlicher und überfachlicher Kompetenzen angelegt sein muss. Daher gehören curriculare Überlegungen zu einer guten Unterrichtsplanung systematisch dazu (Makroplanung).
- Die Lehrkraft sollte den Unterricht auf drei Ebenen durchdenken: 1. Vermittlung resp. Ermöglichung der Aneignung inhaltlichen Wissens und fachlicher Kompetenzen; 2. Vermittlung von dabei relevant werdenden Methoden oder Verfahren; 3. Vermittlung resp. Aufbau von selbstbezogenen Kompetenzen (Selbstregulation, Selbststeuerung, Selbstkontrolle; kooperative und soziale Kompetenz), die beim lebenslangen, eigenständigen Lernen bedeutsam werden (vgl. Kiper/Mischke 2008).
- Wir erörtern, dass Lehrkräfte Methoden im Unterricht auswählen müssen. Methoden sind nicht beliebig, sondern müssen mit Blick auf die aufzubauenden fachlichen und überfachlichen Kompetenzen gewählt werden und die intendierten Lernprozesse initiieren. Eine Methodenwahl ohne eine vertretbare Legitimation durch den dadurch erfolgreich zu organisierenden Lernweg/Lernprozess der Schüler/innen halten wir für unprofessionell.
- Wir wissen, dass erfolgreicher Unterricht aus dem Zusammenwirken von Lehrkräften und Schüler/innen resultiert. Genauso, wie wir in der Unterrichtstheorie von einem Angebots-Nutzungs-Modell ausgehen, setzen wir in der Unterrichtsplanung darauf, dass Unterricht sich auch an den Lerner/innen zu orientieren hat und dass Mitsprache- und Mitbestimmungsmöglichkeiten mit Blick auf die Unterrichtsplanung angestrebt werden sollten (vgl. Oblinger 1977; Schulz 1981).
- Wir meinen, dass ein geöffneter Unterricht, der verstärkt auf Eigenaktivitäten von Schüler/innen setzt, auf Planung angewiesen ist. Dabei muss die Planung eher auf vielfältige und verzweigte Unterrichtsprozesse zur Zielerreichung setzen und solche Lernarrangements bedenken, die vielfältige, eigenaktive Lernhandlungen der Schüler/innen ermöglichen.

Schüler/innen sind in Planungsprozesse mit einzubeziehen

- Wir akzentuieren, dass Unterricht, der darauf zielt, Schüler/innen in Planungsprozesse einzubeziehen, ihnen helfen muss, konkrete eigene Kernprozesse zu planen und dabei – durch Reflexion –, Kompetenzen für Planung zu erwerben.

Auf der Basis empirischer Studien konnte gezeigt werden, dass von Lehrer/innen bei der Unterrichtsplanung die organisierenden Wirkungen der die Schulwirklichkeit bestimmenden Faktoren mit bedacht werden (vgl. Bromme 1981, S. 20). Beim Planen wird Wissen über den Unterricht aufgebaut und verändert. Somit hat planendes Handeln selbst eine organisierende, strukturierende und regulierende Wirkung (vgl. Bromme 1981, S. 83). Beim Planen werden oftmals Festlegungen getroffen, z.B. mit Blick auf die Aufgaben, die gestellt werden oder die Aktivitäten der Schüler/innen, die initiiert werden sollen. Planung ist die Grundlage für Variabilität und Flexibilität beim unterrichtlichen Handeln; sie werden erreicht, wenn sie mit Begriffen vorgenommen werden, die offen sind für aktuelle Konkretisierungen, abhängig von den Ereignissen im Unterricht.

Planendes Handeln hat selbst eine organisierende, strukturierende und regulierende Wirkung

Bromme/Seeger zeigen, dass Unterrichtsplanung das berufliche Handeln verbessern kann, weil es zu einer konstruktiven Einstellung gegenüber den Berufsaufgaben verhilft und die eigenen professionellen Handlungsmöglichkeiten im Unterricht erweitert. Unterrichtsplanung verhilft auch dazu, die eigenen Erfahrungen zu konzeptionalisieren und Kommunikation mit anderen zu eröffnen. Insofern ist sie eine gute Prävention von Burnout (vgl. Bromme/Seeger 1979, S. 7 ff.).

Reflexion/Übungsaufgaben

- Stellen Sie Thesen zur Bedeutung von Unterrichtsplanung auf.
- Was gehört zur Unterrichtsplanung?

Zusammenfassung

Der Lehrerberuf ist ein anspruchsvoller Beruf. Neben einer Berufsethik sind vielfältige Kompetenzen erforderlich. Sinnvolles Lernen durch Unterricht zu ermöglichen, gehört zu den Kerntätigkeiten im Lehrerberuf. Die Unterrichtsplanung dient dabei der Vorbereitung des Unterrichts. Sie ist die Grundlage für gelingende Durchführung, Klassenmanagement, Interaktionsgestaltung, Steuerung und anschließende Reflexion. Sie verhilft zum Aufbau von Expertise. Sie bedarf einer eigenen Theorie der Unterrichtsplanung. Expertenlehrkräfte setzen auf das Zusammenwirken mit den Schüler/innen und beteiligen sie an der Unterrichtsplanung.

2. Pädagogisches Wissen und Handeln

Pädagogische Technologie ist den Strukturen des Schulsystems, den Stoffplänen oder Curricula, den Erziehungs- und Lehr-Lernmodellen eingeschrieben

In der Erziehungswissenschaft wie in der Sozialarbeitswissenschaft wird eine intensive Diskussion über die besonderen Merkmale des pädagogischen Handelns als soziales Handeln geführt. Wir möchten in diesem Kapitel die Besonderheiten des Lehrerhandelns und hier die Planungstätigkeit auf dem Hintergrund dieser Diskussion einordnen. Wir gehen mit Fritz Osterwalder (2002) von der These aus, dass die Geschichte der Pädagogik auf ihre starke und stabile Technologie verweist. Der Wissenschaftler zeigte, dass die pädagogische Methode stets als Technologie verstanden wurde. Sie umfasste ein technologisch nutzbares Lehr- und Lernmodell ebenso wie Modelle der Auswahl von Lehrbüchern und ihrer sinnvollen Ordnung. Pädagogische Technologie ist – in geronnener Form – den Strukturen des Schulsystems, den Stoffplänen oder Curricula, den Erziehungs- und Lehr-Lernmodellen eingeschrieben.

Reflexion/Übungsaufgaben

- Inwiefern verfügt die Pädagogik über Technologien?
- Was sind technologische Theorien?

2.1 Merkmale pädagogischen Handelns

Wir werden besondere Merkmale des pädagogischen Handelns und die dafür relevanten Wissensbestände vergegenwärtigen.

Berufliches pädagogisches Handeln ist bestimmt vom doppelten Mandat (für die Gesellschaft und die Lernenden und zu Erziehenden), es ist bestimmt durch die Notwendigkeit des gemeinsamen Zusammenwirkens beim Erreichen von Zielsetzungen und durch die Umwandlung von Wenn-dann-Wissen in Ziel-Mittel-Entwürfe. Mit dem Begriff des *doppelten Mandats* wird darauf hingewiesen, dass pädagogische Arbeit stets sowohl die Interessen der jeweiligen Klienten (in der Schule der Lerner/innen), aber auch die Interessen der Gesellschaft an der Weitergabe des Wissens und Könnens und an der Vermittlung derjenigen Qualifikationen, die für den Erhalt, die Reform und Weiterentwicklung der Gesellschaft bedeutsam sind, zu berücksichtigen hat (vgl. von Spiegel 2004, S. 37).

Mit Begriffen wie »Ko-Produktion« oder »Ko-Konstruktion« wird darauf aufmerksam gemacht, dass erfolgreiches Lehren und Lernen, Erziehen und Erzogenwerden und das Gestalten von Schule auf der Ermöglichung dialogischer Verständigungsprozesse beruht. Daher werden mit Blick auf Schule und Unterricht »Angebots- und Nutzungsmodelle« vorgestellt, die konzeptionell das Zusammenwirken von Lehrkräften und Schüler/innen beschreiben. Lehrkräfte müssen ihren Teil insofern leisten, als sie nicht nur passende Angebote erarbeiten, sondern sich auch darum bemühen, dass die Nutzer/innen diese für sich entdecken und erschließen können. Der Begriff der Ko-Konstruktion setzt darauf, dass Lehrkräfte durch förderliche Interaktion und Kommunikation den Lernenden dabei helfen, das Weltwissen zu rekonstruieren, zu dekonstruieren und neu zu erfinden, und dass die jeweilige eigenständige Aneignung des Wissens der Welt durch entsprechende Ko-Konstruktionen in angemessener, förderlicher und stimulierender Weise geschieht. Trotz möglicher aktueller Interessenunterschiede zwischen Lehrkraft und Schüler/innen muss ein für den Gang des Unterrichts tragendes Arbeitsbündnis hergestellt werden. Lernen ist so gesehen im Kern von Kooperation abhängig.

Hermann Giesecke stellt eine Heuristik pädagogischen Handelns vor. Es muss *zielgerichtet* sein, es muss auf einer »*Diagnose der Situation, in die hinein gehandelt werden soll*«, beruhen. Dann sind *Antizipationen* vorzunehmen. »Es geht darum, sich über mindestens folgende Faktoren Klarheit zu verschaffen: Welche Erwartungen haben die Partner? Wie sind ihre Lernbereitschaft und ihre Lernfähigkeit einzuschätzen, welche Sozialstruktur liegt vor und welche technischen Mittel stehen zur Verfügung?« (Giesecke 1997, S. 64). Giesecke verdeutlicht, dass die Erwartungen [...] von der Institution mitbestimmt sind. Es sind Ideen über den zeitlichen Verlauf zu entwickeln und – nach dem pädagogischen Handeln als zielgerichtetem Handeln – zu *prüfen*, »ob das Ziel auch erreicht wurde« (Giesecke 1997, S. 69). »Je nach dem Ergebnis der Prüfung wird das pädagogische Handeln [...] beendet oder korrigiert« (Giesecke 1997, S. 71). Pädagogisches Handeln folgt diesem heuristischen Muster einer Aufgabenbearbeitung und Problemlösung und wird von Erfahrungen, einem »Regel-Set« oder bestimmten, favorisierten Methoden/Techniken mit bestimmt.

Weiterführende Literatur

Giesecke, H. (1997): Pädagogik als Beruf. Weinheim/München: Juventa.

Technologisches Denken

Um Ziel-Mittel-Zusammenhänge denken zu können, wird ein bestimmtes, im Kern technologisches Denken benötigt. Dieses basiert auf der »Grundlage von erklärenden Theorien [...], die den Anspruch erheben, kausale Beziehungen zwischen verschiedenen Ereignissen zu erfassen« (von Spiegel 2004, S. 24). Erklärungen für Ursache-Wirkungs-Zusammenhänge können auch dazu benutzt werden, künftige Ereignisse oder Entwicklungen vorherzusagen. Damit gewinnt man [...] Möglichkeiten, zu planen, Prozesse kontrolliert auszulösen und in ihrer Entwicklung zu steuern. »Zu diesem Zweck werden kausale Erkenntnisse über Ursache-Wirkungs-Beziehungen in finale (zielgerichtete) Ziel-Mittel-Entwürfe überführt« (von Spiegel 2004, S. 42). Derartige Ziel-Mittel-Entwürfe sind als Form eigenständigen Problemlösens zu denken. Bromme/Seeger (1979) gehen davon aus, dass Theorien nur begrenzt hilfreich sind, wenn man sie sich als Anwendung in einer Reihe von Schritten vorstellt, etwa in der folgenden Reihenfolge: »1. Speicherung der Theorien, 2. Wahrnehmung von Problemsituationen, 3. Suche nach Erklärungen in den Theorien, 4. Ableitung von Handlungsanweisungen« (Bromme/Seeger 1979, S. 2). Stattdessen würden sie angewendet, indem sie »Voraussetzung und Teil der kognitiven Prozesse, d.h. des Denkens selbst« würden, »das die Handlung reguliert und von der Handlung reguliert wird, die wir ›Anwenden‹ nennen« (Bromme/Seeger 1979, S. 2). Das wissenschaftliche Wissen wird also nicht dem subjektiven Wissen additiv hinzugefügt, sondern die wissenschaftliche Sicht wird in die alltägliche Sicht der Sachverhalte integriert. Von daher stellt sich die Frage nach den kognitiven, problemlösenden Fähigkeiten der Pädagog/inn/en und nach den für die kognitive Durchdringung erforderlichen theoretischen Wissensbeständen.

Das wissenschaftliche Wissen wird nicht dem subjektiven Wissen additiv hinzugefügt, sondern die wissenschaftliche Sicht wird in die alltägliche Sicht der Sachverhalte integriert

Pädagogisches Handeln und pädagogisches Planen

Pädagogisches Handeln beruht auf einem Handlungsentwurf, der Zielvorstellungen und erfahrungsgeleitete Vorstellungen (Hypothesen) darüber, auf welchen Wegen diesen angestrebten Zuständen näher zu kommen ist, enthält. *Planen* bedeutet daher, diesen Vorgang bewusst zu nutzen, indem man hypothetisch die Situation, die Aufgabe oder das Problem und seine (konstruierte) Erklärung, den gewünschten Zustand (ein Ziel) sowie vermutlich dazu passende Interventionen und ihre abzusehenden Folgen in einen sogenannten Wirkungszusammenhang stellt (von Spiegel 2004, S. 43). Ein solches Vorgehen hilft dabei, planmäßig vorzugehen, eigene Annahmen und Problembearbeitungen der methodischen und berufsethischen Reflexion zugänglich zu machen (von Spiegel 2004, S. 43).

Reflexion/Übungsaufgaben

- Erklären Sie Merkmale des pädagogischen Handelns.
- Setzen Sie pädagogisches Handeln in einen Vergleich zu anderen Formen des Handelns.

2.2 Relevante Wissensbestände für das pädagogische Handeln

Uns erscheint es sinnvoll, sich die verschiedenen pädagogischen Wissensformen zu vergegenwärtigen.

Wertwissen

Pädagogisches Handeln ist wertgeleitetes Handeln. *Wertwissen* besteht »aus Postulaten und kann folglich im strengen Sinne nicht wissenschaftlich sein« (von Spiegel 2004, S. 67). »Werte sind ideal gedacht religiöse, philosophische und politische Vorstellungen über Menschenbilder bzw. gesellschaftliche Idealzustände. [...] Es gibt Wertsysteme, die gesellschaftlich weitgehend geteilt werden und daher als Grundwerte [...] in der Verfassung der Bundesrepublik Deutschland verankert sind. Andere Werte [...] sind eher partikular oder werden von verschiedenen gesellschaftlichen Gruppen unterschiedlich gewichtet. Jeder Mensch bildet im Laufe seiner Biografie individuelle Wertestandards (Sinnkonstruktionen) aus; diese bilden eine ›persönliche Konstruktion‹ der gesellschaftlichen Wertangebote« (von Spiegel 2004, S. 67). Mit Blick auf das pädagogische Handeln gibt es je bedeutsame Wertvorstellungen, die ein Handelnder zu realisieren versucht. Werte dienen nicht nur zur Orientierung des Handelns, sondern fundieren darüber hinaus die Sinnstiftung für die professionellen Akteure.

Weiterführende Literatur

Spiegel, H.v. (2004): Methodisches Handeln in der Sozialen Arbeit. München/Basel: Ernst Reinhard.

Beobachtungs- und Beschreibungswissen

»*Beobachtungs- und Beschreibungswissen* bezeichnet Kenntnisse über die Wahrnehmung einer aktuellen Situation oder eines Problems; es ist ›diagnostisches‹ Wissen, weil es dazu beiträgt, möglichst angemessen zu klären, ›was der Fall ist‹ und was daraufhin zu tun ist« (von Spiegel 2004, S. 62). Beobachtungs- und Beschreibungswissen aus professioneller Perspektive ist daran geknüpft, dass *Kategorien* zur Verfügung stehen, mit denen Situationen oder Probleme erfasst werden können und die dazu beitragen, sie aus mehreren Perspektiven zu beschreiben. Pädagogen mit Expertise sind dabei in der Lage, Konstellationen oder Muster in Szenen oder Situationen zu erfassen oder Fälle zu verstehen und anderen Fällen und den damit verbundenen Erfahrungen zuordnen zu können.

Pädagogen mit Expertise sind in der Lage, Konstellationen oder Muster in Szenen oder Situationen zu erfassen oder Fälle zu verstehen

Erklärungs- und Begründungswissen

Erklärungs- und Begründungswissen umfasst »Interpretationen wahrgenommener Situationen und Probleme. Es wird benötigt, um hypothetisch konstruierte Wirklichkeitszusammenhänge zu begründen. Zunächst interpretiert man diese zumeist mithilfe des Alltagswissens und vor dem Hintergrund der eigenen Erfahrungen bzw. der institutionellen Routinen. Methodisches Handeln erfordert, die »persönlichen« oder »institutionellen« Interpretationen auch mit Theorien und wissenschaftlich überprüften Erkenntnissen in Beziehung zu setzen« (von Spiegel 2004, S. 65). Das Allgemeine typisierbarer Fälle wird im Rückgriff auf den Bestand generalisierten Wissens und der Spezifik des Einzelfalls erschlossen.

Handlungs- und Interventionswissen

Interventionen sind strategische Handlungen, die auf das Erreichen eines Ziels ausgerichtet sind

Beim Handlungs- und Interventionswissen handelt es sich um Planungs- und Handlungshilfen, die hypothetisch zu einem Wirkungszusammenhang zusammengefügt werden. *Konzepte* sind »Entwürfe von Handlungsplänen (Wirkungszusammenhängen), die hypothetischen Charakter haben. Sie kombinieren Beobachtungs- und Beschreibungswissen (›Was ist der Fall?‹) mit wissenschaftlich gewonnenem Erklärungs- und Begründungswissen (›Warum ist es so?‹), Wertwissen (›Woran orientieren wir uns?‹ ›Wo wollen wir hin?‹) und Handlungs- und Interventionswissen (›Wie kommen wir dorthin?‹). [...] Konzepte bilden das Reservoir für die Konstruktion von *Interventionen*. Dieser Begriff wird für alle Aktivitäten des methodischen Handelns (ausgewiesen als Methoden, Rituale, Arrangements) herangezogen, die man strategisch – im Hinblick auf ein Ziel – einsetzt und die zu unterscheiden sind von eher (reaktiven) Handlungen. Interventionen umschließen ein ganzes Bündel von Verhaltensweisen, welche man individuell, situativ und gleichzeitig zielgerichtet ›zusammenbindet‹ [...]« (von Spiegel 2004, S. 73 f.).

Reflexionswissen

Reflexionswissen umfasst die wissenschaftliche und berufsbezogene Reflexion über Werte, Situationen und Probleme im Feld und über Möglichkeiten und Ergebnisse pädagogischer Handlungen (Interventionen). Es ist der Suche nach Sinnstiftung der pädagogischen Professionellen und der Weiterentwicklung ihres pädagogischen Wissens und Könnens verpflichtet.

Typologien des professionellen Wissens von Lehrer/innen

Die kognitive Integration der verschiedenen Wissensbestände ist in besonderer Weise bedeutsam

Lehrer/innen benötigen über allgemeines pädagogisches Wissen hinaus Wissen in verschiedenen inhaltlichen Bereichen. Dieses Wissen kann mit Blick auf verschiedene Inhaltsbereiche unterschieden, begrifflich strukturiert und topologisch angeordnet werden. Die kognitive Integration der verschiedenen Wissensbestände ist dabei in besonderer Weise bedeutsam. Wir nennen hier die verschiedenen Inhalte des professionellen Wissens (in Anlehnung an Bromme 1997). *Fachliches Wissen* umfasst das Wissen mit Blick auf die studierten wissenschaftlichen Disziplinen. *Curriculares Wissen* umfasst das Verständnis eines

Reflexion/Übungsaufgaben

Bitte erklären Sie die hier vorgenommene Unterscheidung der verschiedenen Wissensformen.

Wissensform	Merkmale	Berufliche Konkretisierung
Wertwissen (oftmals in Form von Postulaten)	Menschenbilder Grundwerte Pädagogische Wertsysteme	Fachliche Leitlinien Berufsethische Prinzipien Verfahrensregeln
Beobachtungs- und Beschreibungswissen	Wahrnehmung und Analyse einer Situation, eines Problems, eines Falls mithilfe ausgewiesener Kategorien	Erfassung von Situationen, Problemen und Fällen anhand ausgewiesener Kategorien, möglichst unter verschiedenen wissenschaftlichen Perspektiven
Erklärungs- und Begründungswissen	Hermeneutische Verfahren der Interpretation von Situationen, Problemen und Fällen	Heranziehen von wissenschaftlichen Kategorien für die Interpretationen, an die sich Erfahrungswissen anlagern kann
Handlungs- und Interventionswissen (Veränderungswissen)	Planungs- und Handlungswissen für das Erzielen intendierter Wirkungen (in Wirkungszusammenhängen) Wissen um die Realisierbarkeit (Selbstwirksamkeit) und Steuerbarkeit für die pädagogische Fachkraft	Überführung von Kausalwissen in Ziel-Mittel-Wissen durch Äquivalenzprüfung Professionelles Wissen über Methoden, Techniken, Handlungselemente mit je unterschiedlicher Reichweite
Reflexionswissen oder Evaluationswissen	Kategorien zur Bewertung des eigenen und fremden Handelns in verschiedenen Situationen mit Blick auf deren Wirksamkeit Methoden zur Gewinnung, Auswertung und Interpretation von Daten	Kategorien zur Bewertung von Situationen, Handlungen/Interventionen unter verschiedenen Dimensionen (Werte, Technologie, Wirksamkeit, soziales Arrangement, paradoxe Effekte)

Schulfaches und seiner Bedeutung im Bildungskanon, Wissen über gezielten Kompetenzaufbau und die sinnvolle Sequenzierung der fachlichen und überfachlichen Lehrstoffe. Das Wissen über die Philosophie eines Schulfaches zielt darauf, seine Bedeutung unter verschiedenen Perspektiven erschließen (bildungstheoretische Perspektive, kompetenzorientierte Perspektive) und eigene Bewertungen vornehmen zu können. *Pädagogisches Wissen* umfasst – über die genannten Aspekte hinaus – Wissen über die Gestaltung des Zusammenlebens in Schule und Schulklasse, über das Leiten von Schulklassen, über Erziehungsprozesse und Prozesse zum Aufbau fächerübergreifender Kompetenzen. Es umfasst ebenfalls Wissen über Lehren und Lernen in besonderen institutionellen Kontexten. *Fachdidaktisches Wissen* umfasst Wissen über die geeignete Darstellung des Stoffes, auch unter Berücksichtigung kognitions- und lernpsychologischer Wissensbestände.

Reflexion/Übungsaufgaben

- Welche besonderen Wissensbestände benötigen Lehrer/innen im Vergleich zu Pädagog/innen?
- Erörtern Sie, warum ein Lehrerstudium fachwissenschaftliche, fachdidaktische und bildungswissenschaftliche Studien umfasst.

Äquivalenzprüfung

Will man für das Unterrichten technologische Regeln entwickeln, ist es wichtig, die gesellschaftlich oder individuell gemeinten Ziele als identisch mit bestimmten, durch wissenschaftliche Begriffe bezeichneten Sachverhalten zu erkennen und die in der Theorie benannten Maßnahmen so zu realisieren, dass die durchgeführte Handlung der von der Theorie geforderten tatsächlich entspricht. Diese Konstruktion von – den Begriff erfüllenden – Maßnahmen und die Zuordnung des Zielzustandes als ein Exempel des von der Theorie gemeinten Typs werden als Äquivalenzproblem bezeichnet (vgl. Abb. 1). Diese Zuordnungsaufgabe kann schwer zu lösen sein, weil die Theorie unzureichend operationalisierte Begriffe verwendet oder weil die Person die Regeln nicht angemessen anwendet. Selbst bei gelungener Äquivalenzbestimmung bleibt neben der Klarheit der Erkenntnisoperationen noch das Problem der situativen Passung bestehen, für die eine kreative Umsetzung nötig ist. Nur die Prüfung des

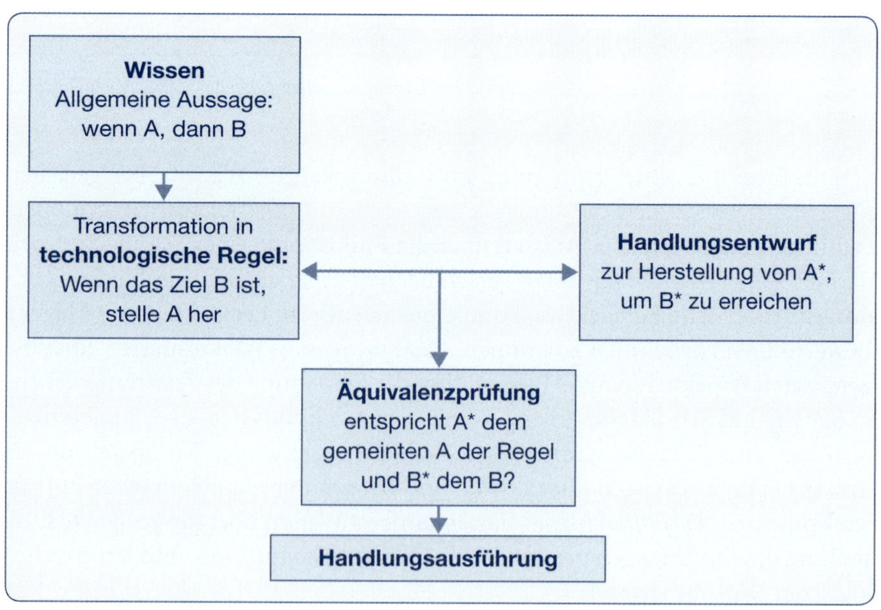

Abb. 1: Transformation in technologische Regel und Äquivalenzprüfung

Gelingens (Evaluation) erlaubt eine Aussage darüber, ob das technologische Eingreifen erfolgreich war. Erfolgreiche Technologie liefert keine zwingenden Erkenntnisse der Richtigkeit von Gesetzen. Umgekehrt gilt auch, dass eine fehlgeschlagene technologische Umsetzung nicht die Gesetzesaussage falsifiziert, aus der die technologische Regel abgeleitet wurde.

Das wissenschaftlich angeleitete Handeln bezieht sich bei Planung und Auswertung (Reflexion/Evaluation) auf allgemeine Aussagen bzw. Gesetze. Hier kann – ohne Handlungsdruck – reflektiert werden. Planen als Bestandteil einer umfassenden Handlungstheorie muss auch das situative Handeln und seine Merkmale bedenken (vgl. auch von Spiegel 2004, S. 122).

Weiterführende Literatur

Kiper, H./Mischke, W. (2004): Einführung in die Allgemeine Didaktik. Weinheim/Basel: Beltz.

Kreitz, R. (2008): Pädagogisches Handeln – eine analytische Theorie. Münster/New York/München/Berlin: Waxmann

Folgende Fragen können Ihnen helfen, Ihr Verständnis der Ausführungen in diesem Kapitel zu überprüfen:

- Welche Bedeutung haben normative Vorgaben für das pädagogische Handeln? Erläutern Sie dies an Leitbildern und Standards.
- Warum sind Planbarkeit und technologische Sicht zwei aufeinander bezogene Konzepte?
- Warum werden unterschiedliche Wissensarten beim Planen benötigt?
- Was ist die Funktion der Äquivalenzprüfung bei der Anwendung von Wissen?

Zusammenfassung

Lehrkräfte benötigen für ihr berufliches Handeln unterschiedliches Wissen: fachliches Wissen, curriculares Wissen, fachdidaktisches Wissen und pädagogisches Wissen. Sie sind als Pädagog/innen sowohl der Gesellschaft als auch den Lerner/innen verpflichtet (doppeltes Mandat). Erfolgreiches schulisches Lernen gelingt gemeinsam durch Prozesse der Ko-Produktion und Ko-Konstruktion. Pädagogisches Handeln ist zielgerichtet. Es beruht auf einer Diagnose der Situation. Es wird ein im Kern technologisches Denken benötigt, das dazu verhilft, Ziel-Mittel-Zusammenhänge für erfolgreiches Problemlösen zu denken. Weil pädagogisches Handeln wert- und planorientiert erfolgt, ist Wertwissen ebenso nötig wie Beobachtungs- und Beschreibungswissen, Erklärungs- und Begründungswissen, Handlungs- und Interventionswissen und Reflexionswissen. Durch Äquivalenzprüfung wird versucht, die durch wissenschaftliche Begriffe bezeichneten Sachverhalte zu erkennen und die in der Theorie benannten Maßnahmen so zu realisieren, dass die durchgeführte Handlung der von der Theorie geforderten tatsächlich entspricht.

3. Unterrichtstheorie und Unterrichtsplanung

Unterrichtsplanung setzt eine Bestimmung dessen voraus, was die für das Gelingen des Unterrichts wichtigen Faktoren sind. Daher stellen wir das Angebot-Nutzungsmodell von Helmut Fend (1998) vor, die Konzeption des Lehr-Lernalgorithmus nach Karl Josef Klauer und Detlev Leutner (2007) und zeigen mit der Integrativen Didaktik von Hanna Kiper und Wolfgang Mischke (2004, 2006) einen Überblick über alle relevanten Faktoren in ihrem Zusammenspiel.

3.1 Das Angebot-Nutzungsmodell

Helmut Fend stellte ein Angebot-Nutzungsmodell für Schulleistungen vor. Es geht ihm darum, mit seinem Modell die Schulleistungen genauer zu erklären (vgl. Abb. 2).

Das Modell nennt die Rahmenbedingungen, die dazu beitragen, welche Schulleistungen Schüler/innen zeigen und versteht diese als Ergebnis des Zusammenspiels von Strukturqualität und Prozessqualität.

Auf der *Angebotsseite* nennt Helmut Fend unter dem Gesichtspunkt der Strukturqualität verschiedene Rahmenbedingungen, u.a. die Anzahl der vorgesehenen und tatsächlich erteilten Unterrichtsstunden, die faktische Nutzung der Unterrichtszeit durch die Lehrkräfte, aber auch die Ausstattung einer Schule mit fachlich qualifiziertem Personal und möglichen Unterstützungskräften. Bezogen auf die Qualität des Anbietens (oftmals auch mit Prozessqualität benannt) wird u.a. abgehoben auf das Lehrerverhalten beim Lehren und auf geeignete methodische Arrangements. Ebenso wird gefragt, welche Normen vorhanden sind. Sie zeigen sich z.B. in klaren Leistungsanforderungen, in der Verteidigung von Standards beim Lehren und Lernen, in der Gestaltung der schulaufsichtlichen und Umfeldkontrolle. Zur Angebotsseite gehören auch angebotsbezogene Stützsysteme, z.B. curriculares Material oder Lehrerfort- und -weiterbildungen.

Mit Blick auf die *Nutzerseite* wird danach gefragt, welche affektiven (z.B. Leistungsmotivation, Selbstvertrauen) und kognitiven (z.B. Intelligenz, Vorwissen) Lernvoraussetzungen die Lerner/innen mitbringen und welche Nutzungsdispositionen (z.B. Aufmerksamkeit, Unterrichtsbeteiligung) sie zeigen. Auf der Lernerseite stellt sich auch die Frage nach nutzungsbezogenen Unter-

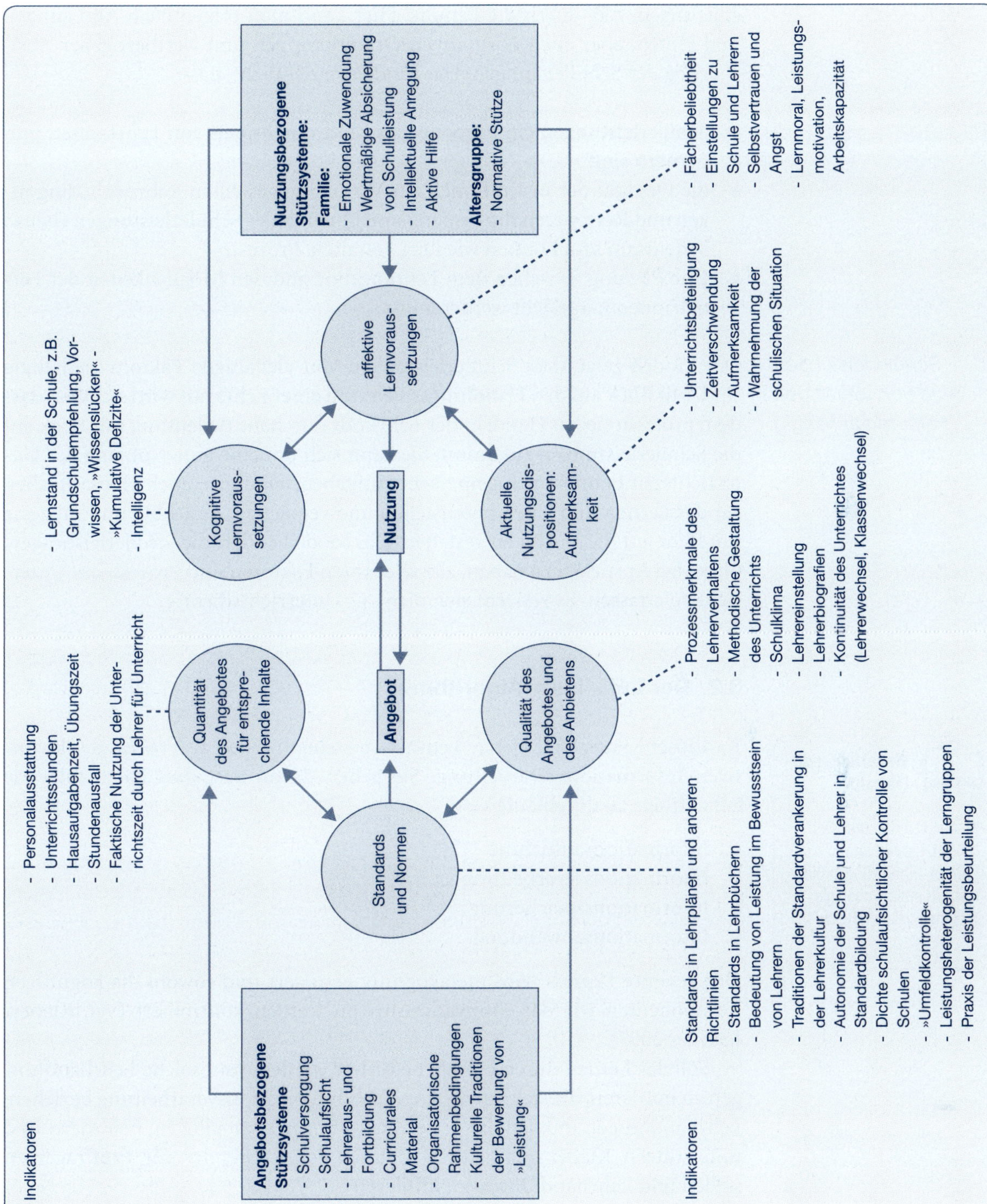

Abb. 2: Angebot-Nutzungsmodell für Schulleistungen (nach: Fend 1998, S. 332)

stützungen, z. B. durch die Familie. Hier kann man fragen nach Anregungen und Hilfen, aber auch normativen Orientierungen und wertbezogener Absicherung der Schulleistungen. Das Modell verdeutlicht, dass:

- Schülerleistungen ein Ergebnis des Zusammenspiels von Lehrkräften und Lernern sind
- die Qualität der institutionell zur Verfügung gestellten Rahmenbedingungen und Ressourcen für Umfang und Qualität der Schülerleistungen ebenso bedeutsam sein können wie klug gestaltete Prozesse
- eine Passung zwischen dem Lehrangebot und den Möglichkeiten der Lerner/innen hergestellt werden muss.

Schülerleistungen sind von vielfältigen Faktoren abhängig

Das Modell zeigt, dass Schülerleistungen von vielfältigen Faktoren abhängig sind. Mit Blick auf den Handlungsspielraum einer Lehrkraft wird sichtbar, dass dem professionellen Handeln der Lehrkraft durchaus Bedeutung mit Blick auf die Schülerleistungen zukommt. Sie kann sich um eine gute Nutzung der Unterrichtszeit bemühen, angemessene Aufgabenstellungen, auch Hausaufgaben für das Lernen und Üben bereitstellen und versuchen, Angebote und Prozesse mit Blick auf die Nutzer zu gestalten. Das Modell erklärt die Schülerleistungen, ohne den Anspruch zu haben, alle relevanten Faktoren und Prozesse im Unterricht zu erfassen. Es versteht sich nicht als Unterrichtstheorie.

3.2 Der Lehr-Lern-Algorithmus

Weiterführende Literatur

Klauer, K.J./Leutner, D. (2007): Lehren und Lernen. Einführung in die Instruktionspsychologie. Weinheim/Basel: Beltz PVU

Karl Josef Klauer und Detlev Leutner verstehen Lernen als Prozess der kognitiven Informationsverarbeitung. Sie gehen davon aus, dass dabei folgende Schrittfolge zu durchlaufen ist:

- Informationsaufnahme
- Informationsverarbeitung
- Informationsspeicherung
- Informationsanwendung.

Der gesamte Prozess wird metakognitiv gesteuert und sowohl die kognitiven Komponenten wie das Motivationsniveau werden kontrolliert (vgl. Klauer/Leutner 2007).

Soll das Lernen durch Lehren befördert werden, sind solche Lehrhandlungen zu initiieren, die sich auf die kognitive Informationsverarbeitung beziehen. Lehrhandlungen müssen daher Lernhandlungen ermöglichen, befördern und unterstützen. Klauer und Leutner schlagen dem Lehrenden vor, Prüffragen zu stellen und Lehrhandlungen zu initiieren.

Der von ihnen präzisierte Lehralgorithmus (vgl. Abb. 3) verweist auf folgende Aufgaben beim Lehren:

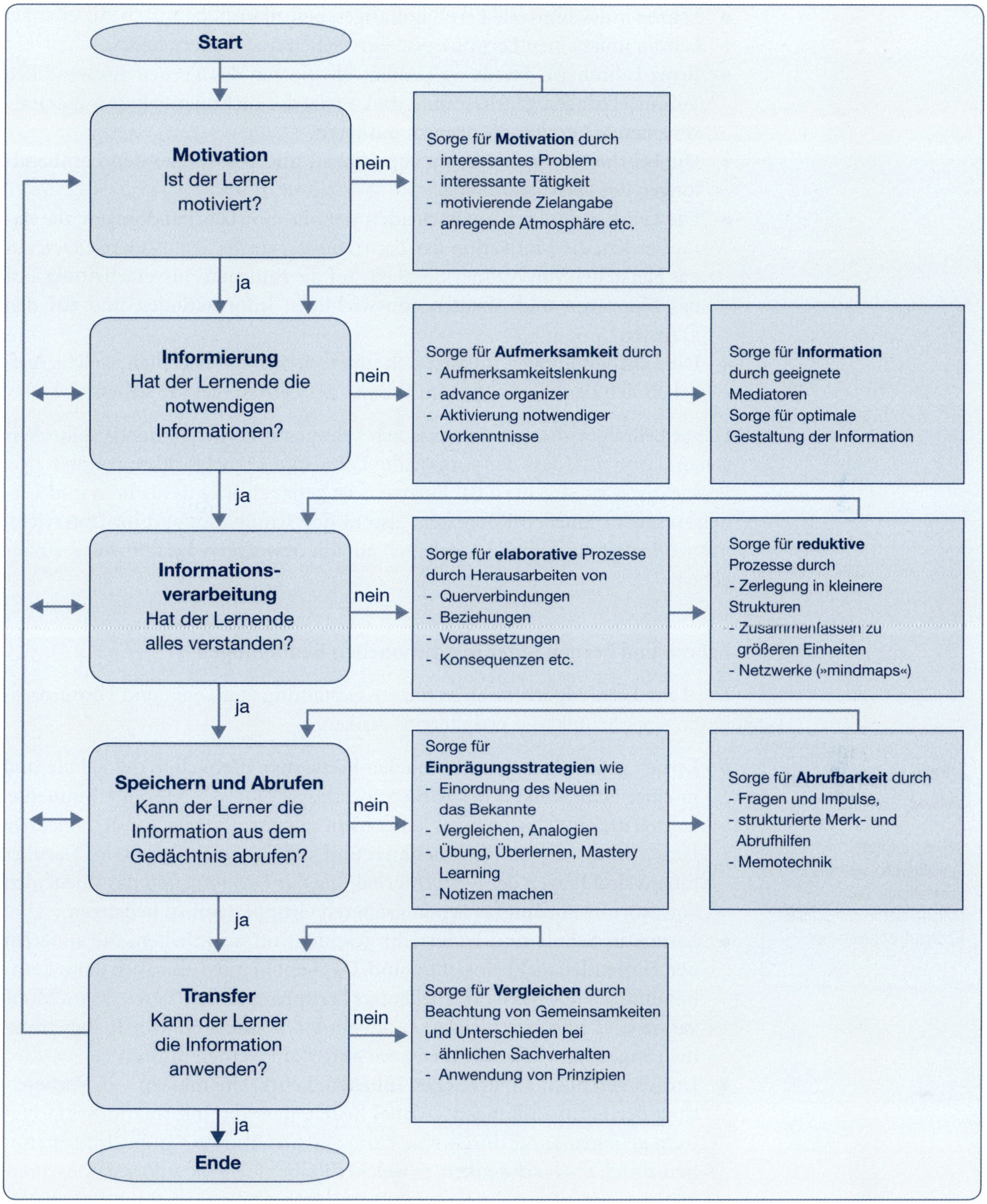

Abb. 3: Lehr-Lern-Prozessmodell (Klauer/Leutner 2007, S. 68)

- Lehren muss sinnvolle Lernhandlungen befördern.
- Lehren muss einen Lernprozess überwachen und steuern helfen.
- Beim Lehren ist jeweils zu prüfen, ob die für das Lernen notwendigen Voraussetzungen gegeben sind, und – falls das nicht der Fall ist – hier entsprechende Lernhandlungen zu initiieren.
- Die Lehrhandlungen müssen abgestimmt und passend zu den Lernhandlungen des Lerners erfolgen.
- Die Lehrhandlungen unterscheiden sich. Es gibt Lehrhandlungen, die darauf zielen, die Motivation der Lerner/innen zu wecken. Andere zielen auf das Herstellen von Aufmerksamkeit, auf die Informationsverarbeitung, auf das Einprägen und Abrufen von wichtigen Informationen und auf den Transfer.
- Die Lehrhandlungen müssen sich unterscheiden, je nachdem, welche Aufgaben sich dem Lernenden im Prozess des Lernens gerade stellen.

Dieser Lehralgorithmus zeigt, dass sich Lehren auf Lernen beziehen sollte. Wir gehen davon aus, dass der vorgestellte Lehr- und Lernalgorithmus unter zwei Perspektiven zu erweitern ist. Einerseits ist genauer über das Lehren und Lernen in institutionellen Kontexten, also in der Schulklasse und im Unterricht, nachzudenken, zweitens ist genauer auf die jeweiligen Lernprozesse einzugehen.

Lehren und Lernen unter institutionellen Bedingungen

Der Lehr-Lern-Algorithmus ist für die Gestaltung von Lehr- und Lernprozessen in einer Schulklasse erweitert zu denken:

Weiterführende Literatur

Steins, G. (2005): Sozialpsychologie des Schulalltags. Das Miteinander in der Schule. Stuttgart: Kohlhammer

- Lernen geschieht in institutionellen Kontexten, nämlich in der Schule und in einer Schulklasse. Hier wirken sozialpsychologisch relevante Momente. Lehren in Schulklassen muss daher nicht nur *einen* Lerner, sondern *mehrere* Lerner/innen in den Blick nehmen und auf sie abgestimmt sein. Darüber hinaus sind Fragen der Aufrechterhaltung der Ordnung und das Vermeiden von Störungen beim Lernen in größeren Gruppen mit zu bedenken.
- Lernen in Schule und Unterricht geschieht oft an Inhalten, die zunächst den Lernenden nicht einsichtig sind. Das Lehren muss also auch dann Lernhandlungen bewirken oder beiläufige Lernprozesse induzieren, wenn Motivation und Interesse nicht geweckt werden können, ein Inhalt aber trotzdem angeeignet oder Kompetenzen aufgebaut werden müssen.
- Lernen geschieht an fachlichen Inhalten. Lehrkräfte müssen – in Vorbereitung der Lernhandlungen – dabei helfen, dass die Informationsverarbeitung gelingen kann durch eine sinnvolle Strukturierung der Informationen, durch ein Nachdenken, in welcher Reihenfolge die Informationsverarbeitung am besten gelingen kann, und durch die Bereitstellung angemessener Materialien und Aufgabenstellungen.

- Lehren in der Schule muss den Lernenden dabei Unterstützung geben, den Lernprozess zu steuern und zu kontrollieren. Solange die Lernenden dies noch nicht selbst leisten können, übernimmt die Lehrkraft dabei helfende Funktionen. Zugleich muss sie – z. B. durch lautes Vordenken – den Lernenden dabei helfen, schrittweise die Kompetenzen zu entwickeln, selbstgesteuert zu lernen und dafür relevante Lernstrategien einzusetzen (vgl. Kiper/Mischke 2008a).
- Lehrende müssen den Lernern ein metakognitiv angelegtes Verständnis für Lernen und zielführende Lernhandlungen in verschiedenen Domänen vermitteln und dafür Sorge tragen, dass die dafür notwendige Wissensbasis und die relevanten Operationen erworben werden.

Reflexion/Übungsaufgaben

- Bitte erläutern Sie das Angebot-Nutzungsmodell von Helmut Fend und den Lehralgorithmus nach Klauer/Leutner (2007).
- Bitte erklären Sie im Vergleich, worauf sich der Fokus jedes Modells richtet.
- Was sind wichtige Aspekte erfolgreichen Lernens?

3.3 Die Integrative Didaktik und ihre Theorie des Unterrichts

Kiper/Mischke (2004) beziehen die verschiedenen Aufmerksamkeitsrichtungen im didaktischen Denken produktiv aufeinander. In der Integrativen Didaktik entfalten sie eine *Strukturtheorie des Unterrichts* (vgl. Abb. 5) und berücksichtigen verschiedene Aspekte:

Zu den *Bedingungen*, unter denen Unterricht abgehalten wird, gehören die gesellschaftlichen und institutionellen Rahmenbedingungen, die Schule, die Schulklasse, in der unterrichtet wird, und das soziale Umfeld der Schule und der Schüler/innen. Diese Bedingungen können von der Lehrkraft nicht verändert werden, sind aber beim Unterricht in den Blick zu nehmen.

Unterricht findet mit *Zielsetzungen* statt, die im Schulgesetz oder in den Bildungsplänen festgelegt sind. Daneben gibt es jeweils auf einen Bildungsgang bezogene Zielsetzungen oder die Ziele einer Schule, die in ihrem Leitbild zum Ausdruck kommen. Diese Zielsetzungen beziehen sich auf fachliches und überfachliches Wissen und Können, auf Einstellungen und Haltungen, auf Normen und Werte. Die Zielsetzungen sind auch mit Blick auf die einzelne Stunde, die Unterrichtseinheit, aber auch den systematischen Lehrgang für den Aufbau von Kompetenzen zu konkretisieren und anzugeben.

Wenn der Unterricht Lernen erfolgreich befördern will, müssen Lehrangebote auf die Schüler/innen und ihren Entwicklungsstand abgestimmt sein und ihre *Entwicklung* und ihr *Lernen* befördern. Lehrkräfte benötigen *wissenschaftliches Wissen* über Reifungs- und Entwicklungsprozesse von Schüler/innen und über verschiedene Formen des Lernens (intentionales und beiläufiges Lernen, kognitives, affektives und motorisches Lernen, soziales Lernen) und Lernen auf verschiedenen Stufen der Kompetenz.

Lehrkräfte müssen – um Angebote mit Blick auf die Nutzer machen zu können – neben dem Wissen über Lernen und Entwicklung auch konkrete *Lernausgangslagen*, Vorkenntnisstand mit Blick auf Wissen und Können, Lern- und Leistungsfähigkeit *diagnostizieren* können.

Für die fachliche und didaktische *Vorbereitung des Unterrichts* ist eine *Inhaltsanalyse* oder Sachstrukturanalyse erforderlich. In diese geht eine fachliche Auseinandersetzung mit der fachlichen Struktur des Inhalts und dem für Verstehen erforderlichen Strukturierungen (durch Analyse und Synthese mit Blick auf die Voraussetzungen für das Verstehen) ein, die vorgenommen werden muss (Abb. 4).

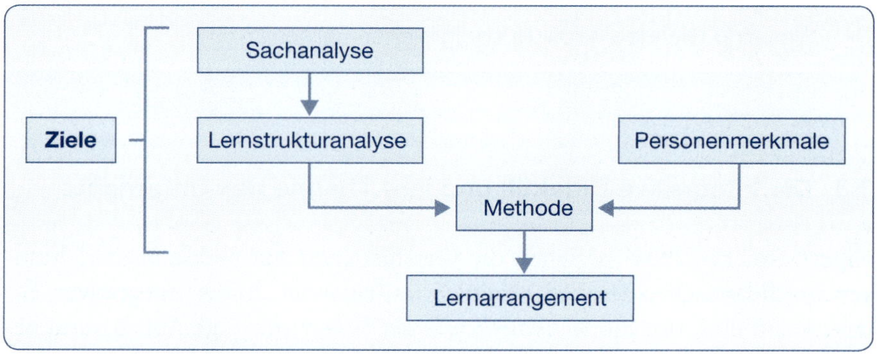

Abb. 4: Notwendige Elemente der Unterrichtsplanung

Kiper/Mischke haben in der Tradition von Hans Aebli (1981) und Fritz Oser und Franz Baeriswyl (2001) »Basismodelle des Lernens« benannt, die mit Blick auf die lernenden Personen und den Weg zur Aneignung der fachlichen oder überfachlichen Inhalte gezielt zu gestalten sind, und nennen (vgl. Kiper/Mischke 2004, S. 114 ff.):

- Lernen durch Erfahrungen
- Lernen zum Erwerb von Wissen
- Reflexion über Inhalte
- Reflexion über Werte
- Handeln in der äußeren Welt
- Operieren

- Problemlösen und Entdecken
- Argumentieren im Diskurs
- Argumentieren beim Aushandeln
- Gestalten/Ausdrücken durch Worte und Schrift und durch kreative Medien (Musik, Bild, Tanz)

Sie gehen davon aus, dass der dargestellte Lehr- und Lernalgorithmus dadurch erweitert werden kann, dass über die dabei notwendigen Lernprozesse nachgedacht wird. Dieses Durchdenken des Lernwegs mit Blick auf den jeweils zu organisierenden Lernprozess bei der Aneignung fachlicher Inhalte geschieht in Form der *Lernstrukturanalyse*, die sowohl mit Blick auf die lernenden Personen als auch mit Blick auf den Lernprozess bei der Aneignung fachlichen Wissens und Könnens vorzunehmen ist.

Zur Vorbereitung des Unterrichts gehört auch die Auswahl oder Formulierung von Aufgabenstellungen *(Aufgabenkonstruktion)*, anhand derer ein Unterrichtsinhalt angeeignet und ein Lernprozess erfolgreich gestaltet werden kann. Dabei sind Aufgaben, die zur Erfassung der Lernvoraussetzungen der Schüler/innen (diagnostisch relevante Aufgaben), von Aufgaben, die im Prozess des Lehrens und Lernens bedeutsam sind (Aneignungsaufgaben), und Aufgaben, die zur Überprüfung des Lernerfolgs bedeutsam sind (Überprüfungsaufgaben), zu unterscheiden. Hier können Hinweise zur Gestaltung eines Lernweges über sinnvolle Aufgabenstellungen aufgenommen und weiter gedacht werden (vgl. Bromme/Seeger 1979; Seel 1981).

In der Begriffslandkarte zum Unterricht wird auf die besondere Bedeutung des Verstehens abgehoben. Unterricht ist mit Blick auf das Lernen und Verstehen der Nutzer/innen zu gestalten. Verstehen zielt darauf, dass die Unterrichtsangebote auf die Interessen, Fähigkeiten, das Vorwissen und den Lernprozess der Lerner/innen hin anzulegen sind. Darüber hinaus sind Wege zur Eröffnung selbstgesteuerten und selbstregulierten Lernens zu durchdenken; Lerner/innen sollen Schritt für Schritt die Verantwortung für den Lernprozess und die Steuerung, Kontrolle und Überwachung des Lernprozesses übernehmen können. Die Lehrperson soll Einsicht in das eigene Handeln und das Gefüge der Faktoren, die den Unterrichtserfolg bestimmen, zu gewinnen suchen und bei der Handlungsplanung nutzen.

Mit Blick auf das Vorbereiten des Handelns (und nicht des Verhaltens) im Unterricht (Handlungsplanung) und das Handeln im Unterricht (Ausführungssteuerung, Interaktionssteuerung, Klassenmanagement) verweist die Begriffslandkarte auf folgende Aspekte:

- Die *Handlungsplanung* umfasst die Formulierung von Zielen, das Durchdenken der zu gestaltenden Situationen, die Berücksichtigung verschiedener Handlungsoptionen sowohl der Lehrkräfte wie der Schüler/innen und das Festlegen der gewünschten (und auch unerwünschten) Effekte und der

Möglichkeiten zur Kontrolle des Erreichens der Ziele und des Erfassens der Effekte.

- Handeln, das sich von Verhalten oder Tun unterscheidet, setzt voraus, dass bei der Gestaltung des Unterrichts nicht allein automatisiert, unter Rückgriff auf gelernte Verhaltensmuster reagiert wird, sondern dass überlegt und reflektiert gehandelt wird. Die Handlungssteuerung kann dabei *wertbezogen* oder *planbezogen* erfolgen.
- Die *Ausführungssteuerung* umfasst die Überlegungen zur Steuerung und Überwachung des Lehr- und Lernprozesses im Unterricht. Dazu ist notwendig, sich gegebenenfalls Teilziele zu überlegen und Ideen darüber zu haben, ob diese erreicht sind, im Prozess des Lehrens auch die Teilergebnisse im Lernprozess zu sehen und beim Fortschreiten des Lehrens zu berücksichtigen, das eigene Handeln und das der Schüler/innen wahrzunehmen, einzuschätzen und zu reflektieren und im Unterricht solche Entscheidungen zu treffen, die helfen, an der Planung festzuhalten oder – mit Blick auf veränderte Situationen – umzuplanen und den Lehr- und Lernprozess anders auszurichten.
- Die *Interaktionssteuerung* ist Teil der Ausführungssteuerung. Sie bezieht sich auf das Verstehen des Unterrichts als Interaktionsprozess und seine bewusste Gestaltung, z. B. durch Formen der Gesprächsführung (vgl. auch Kiper/Mischke 2008b).

Mit Blick auf relevante Faktoren im *Unterrichtsgeschehen* werden solche Faktoren genannt, die mit Blick auf lernwirksame Lehr-Lern-Prozesse und auch bei der Beobachtung von Unterricht bedeutsam sind. Hanna Kiper und Wolfgang Mischke nennen hier u. a. die Qualität der Lernarrangements, die Lehr- und Lernhandlungen, die Interaktionsqualität, den Lernzuwachs, die Zeitnutzung.

Die vorgelegte Unterrichtstheorie versteht sich als *Strukturtheorie* (vgl. Abb. 5), die ermöglicht, relevante Faktoren des Unterrichts zu erfassen. Es ist eine *Rahmentheorie*, die jeweils mit Blick auf den Unterricht in verschiedenen Bildungsgängen und Schulstufen resp. Schulformen und mit Blick auf das fachliche Lernen in den Domänen zu konkretisieren ist. Die Begriffslandkarte kann dabei helfen, über den Unterricht grundsätzlich nachzudenken mit Blick auf eine einzelne Stunde, eine Unterrichtseinheit oder auf den Unterricht zum Erreichen der durch die Bildungsstandards vorgegebenen Ziele mit Blick auf fachliches Wissen und Operationen.

Weiterführende Literatur

Kiper, H./Mischke, W. (2006): Einführung in die Theorie des Unterrichts. Weinheim/Basel: Beltz

Im Rahmen eines Verständnisses von Unterricht als eines Ko-Konstruktionsprozesses von Lehrkräften und Schüler/innen ist die Fähigkeit zu entwickeln, den Unterricht sowohl aus der Perspektive der Lernerin oder des Lerners als auch aus der Perspektive der Lehrkraft zu denken und produktiv aufeinander zu beziehen.

Die Einsichten, dass Angebote nicht zwangsläufig zu den gewünschten Resultaten führen, sondern nur dann, wenn eine angemessene Nutzung erfolgt,

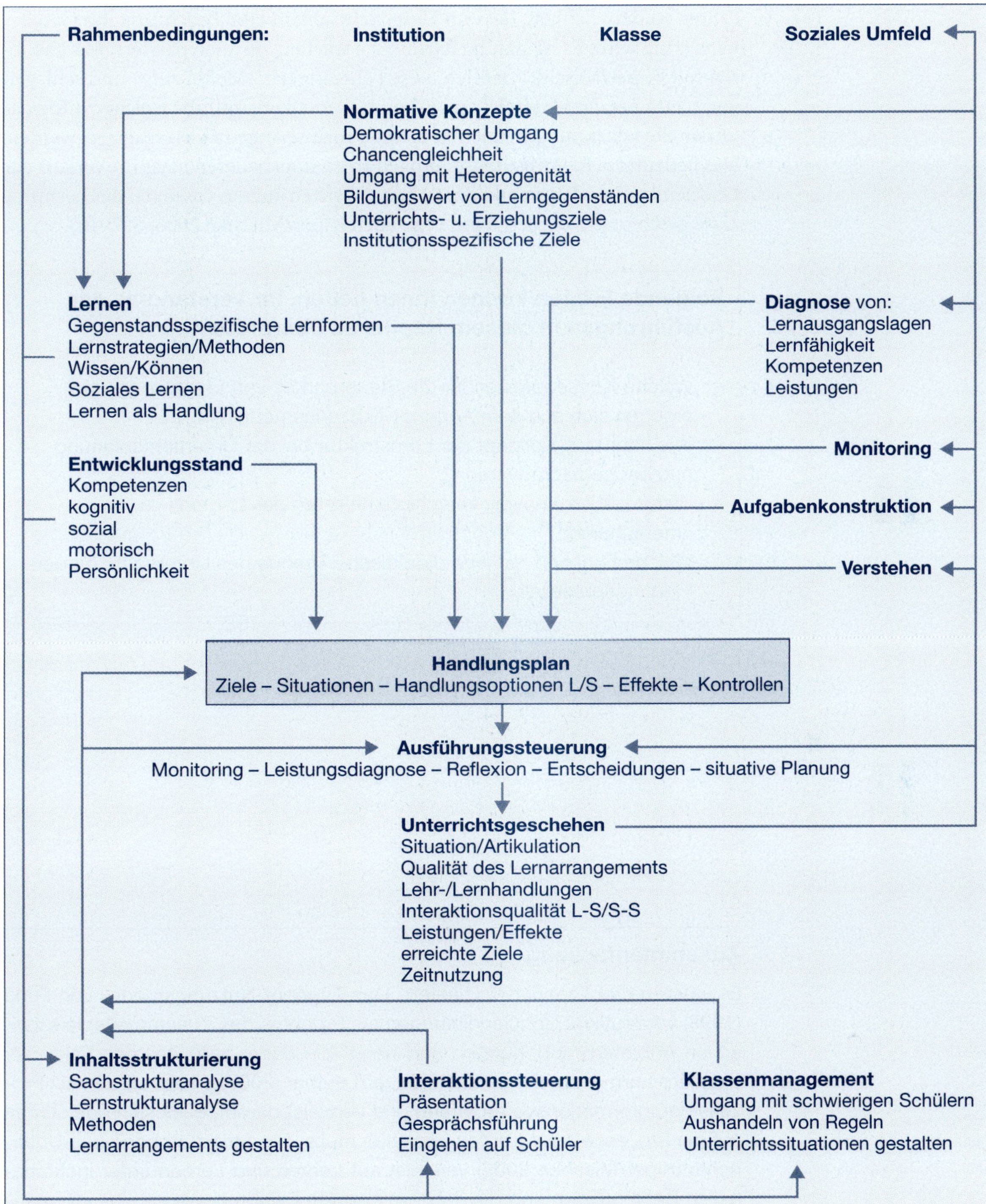

Abb. 5: Strukturtheorie des Unterrichts (L: Lehrer; S: Schüler)

führen zu dem Schluss, dass im Unterrichtsablauf eine Beachtung des Geschehens nötig wird. Es ist ständig darüber zu wachen, ob auch passiert, was passieren soll. Kiper/Mischke nennen diese Lehrtätigkeit »*Monitoring*« und schlagen vor, schon bei der Unterrichtsplanung zu bedenken, mithilfe welcher Informationen die Lehrkraft sehen kann, ob die Prozesse angemessen realisiert werden. Das bedeutet z. B., Aufgabenstellungen so zu konstruieren, dass im Verlauf der Bearbeitung aus den sichtbaren Arbeitsschritten auf das Gelingen der Lernprozesse geschlossen werden kann (vgl. auch Kiper/Mischke 2006, S. 79 ff.).

Folgende Fragen können Ihnen helfen, Ihr Verständnis der Ausführungen in diesem Kapitel zu überprüfen:

- Welche Konsequenzen für die Steuerbarkeit von Lernprozessen ergeben sich aus dem Angebot-Nutzungsmodell?
- Wie kann das Konzept der Lernstruktur bei der Unterrichtsplanung nutzbar gemacht werden?
- Warum ist es sinnvoll, verschiedene Arten des Lernens zu unterscheiden?
- Welche Funktion hat eine didaktische Theorie des Unterrichts für den Planungsprozess?

Zusammenfassung

Es wurden drei Theorien vorgestellt. Das Angebot-Nutzungsmodell von Fend (1998) verdeutlicht Schülerleistungen als Ergebnis des Zusammenspiels zwischen Anbietern und Nutzern und nennt die dabei bedeutsamen Faktoren. Der Lehr-Lern-Algorithmus nach Klauer/Leutner (2007) erklärt Lernen als Prozess der Informationsverarbeitung und verweist darauf, dass sich das Lehren auf die Prozesse beim Lernen beziehen muss. Die Strukturtheorie des Unterrichts (Kiper/Mischke 2006) verweist auf Lehren und Lernen unter institutionellen Bedingungen und die dabei relevanten Faktoren. Sie ist eine integrativ angelegte Unterrichtstheorie, die das Handeln von Lehrkräften fundieren will.

4. Eine Theorie der Unterrichtsplanung

In Anlehnung an die Überlegungen des Arbeitspsychologen Winfried Hacker wird aufgezeigt, wie das Wissen von Lehrer/innen organisiert sein muss, damit es bei der Planung verwendet werden kann. Die Prozesse der Wissensnutzung beim Planen werden in einem von uns eigens entwickelten Ablaufmodell aufgezeigt. Wir gehen davon aus, dass es nicht nur für diejenigen, die Lehrkräfte ausbilden und fortbilden, sondern für Studierende und Lehrkräfte unverzichtbar ist, die psychologischen Voraussetzungen des Planungshandelns zu verstehen, weil man nur dann nach geeignetem Wissen suchen kann und in der Lage ist, dieses Wissen in einen zielführenden Ablauf einzubinden. In diesem Kapitel geht es um die theoretischen Überlegungen einer psychologischen Analyse der Prozesse bei der Unterrichtsplanung. Die konkreten Wissensbestände, die beim Planen relevant werden, werden dann in den darauf folgenden Kapiteln vorgestellt.

Wissen muss gut organisiert sein, damit es bei der Planung genutzt werden kann

4.1 Zur Struktur des Lehrerwissens

Weder in der Wissensverwendungsforschung und der von ihr inspirierten pädagogischen Professionsforschung noch in der pädagogischen Rezeption der Expertiseforschung mit Blick auf die Lehrerprofession (vgl. Combe/Kolbe 2004) wird in genügender Weise die Frage nach der kognitiven Struktur des Wissens der Lehrkräfte, nach ihrem Aufbau und ihrer Relevanz für das Lehrerhandeln gestellt. Mit Blick auf das Expertenparadigma (vgl. Bromme 1992, 1997) wird die Veränderung der kategorialen Wahrnehmung von Unterrichtssituationen durch Experten beschrieben, aber zu wenig diskutiert, ob und in welcher Weise Unterschiede im theoretischen Wissen der Lehrer/innen und seiner Strukturierung auch verschiedene Handlungskompetenzen induzieren (vgl. Nölle 2002). Uns scheint es bedeutsam, sich mit der Frage des kognitiven Wissens über Unterricht/Unterrichtsplanung fundiert auseinanderzusetzen.

Unterrichtsplanung

In Anlehnung an Bromme/Seeger (1979) bezeichnen wir mit *Unterrichtsplanung* »alle Tätigkeiten, die das (eigene) unterrichtliche Handeln zum Gegenstand haben und dazu dienen, dieses unterrichtliche Handeln optimal zu organisieren« (Bromme/Seeger 1979, S. 4). Unterrichtsplanung geschieht sowohl als antizipierende Vorbereitung des Unterrichts als auch als Beurteilung und Bewertung des vergangenen unterrichtlichen Handelns. Dabei ist Unterrichtsplanung – psychologisch betrachtet – »ein kognitiver Vorgang (Ereignisse resümieren, antizipieren, schlussfolgern, auswählen, bewerten), der selbst wieder kognitive Inhalte, nämlich Wissen, Vorstellungen, Erinnerungen zum Gegenstand hat und dessen Produkt, der Plan nämlich, selbst wieder Wissen ist« (Bromme/Seeger 1979, S. 4).

Planungsmodelle

Eine Theorie der Unterrichtsplanung sollte auf die förderlichen Denkprozesse zielen, die Lehrkräfte beim Planen von Unterricht vollziehen müssen

Eine Vielzahl der vorliegenden Planungsmodelle hat insofern Schwächen, als in ihnen das Vorgehen beim Planen selbst kaum berücksichtigt wird (vgl. Bromme/Seeger 1979, S. 5). Eine Theorie der Unterrichtsplanung sollte auf die förderlichen Denkprozesse zielen, die Lehrkräfte beim Planen von Unterricht vollziehen müssen. Sie sollte den realen Prozess des Planens von Unterricht und die dabei relevant werdenden Denkinhalte berücksichtigen (vgl. Bromme 1981, S. 9).

Mit Blick auf die Unterrichtsplanung finden sich in der Literatur verschiedene Modelle. Tylor (1950) versteht Unterrichtsplanung als *Stufenmodell rationaler Problemlösung*. Sie umfasst die Problemfindung, die Problemformulierung und Problemlösung und die Implementation und Evaluation der Problemlösung und ihr Routinisieren. Hier wird Unterrichtsplanung verstanden als Überwindung der Differenz von »Soll« und »Ist« durch Formulierung von Zielen und Zwischenzielen. Das planende Handeln zielt auf die Beseitigung von Unterschieden zwischen Start- und Zielpunkten durch eine Mittel-Ziel-Analyse. Versteht man die Unterrichtsplanung einer Lehrkraft als Problemlösen, so benötigt sie »eine interne Repräsentation der Daten in der epistemischen Struktur und eine Repräsentation der Operatoren und Metaoperatoren in der heuristischen Struktur« ebenso wie »eine Vorstellung von einem Sollzustand« ihres Handlungsgegenstandes, der zu erreichen ist (Bromme 1981, S. 52). Unterrichtsplanung als Teil eines Problemlöseprozesses besteht in der Antizipation möglicher Schritte zur Problemlösung. Wichtiger Mechanismus dabei ist die Bildung eines vereinfachten Modells des Problems durch Abstrahieren (vgl. Bromme 1981, S. 54). Beim Unterrichtsplanen wird ein Problemraum konstruiert (mit Blick auf die Rahmenbedingungen und eventuell das Verhalten der Schüler/innen), es werden Schritte zum Handeln antizipiert (Problemverhaltensgraph) und mit Blick auf mögliche »Knoten« »Wenn-dann-Regeln« notiert und zu einem »Produktionssystem« zusammengestellt. Neben dem Verständnis des Planungsprozesses von Unterricht als Problemlöseprozess findet sich auch die Auffassung, dass Unterrichtsplanung als Bearbeitung von Aufgaben zu verstehen ist. Daneben gibt es eine *globale Struktur der Planung*. Die partiellen Problemlöseprozesse oder Prozesse der Aufgabenbearbeitung sind Teil einer globalen Struktur; sie erzeugen ein Gesamtergebnis, »das mehr ist als die Summe der Einzelergebnisse der Planung, das aber nicht [...] als Gesamtergebnis getrennt bearbeitet [...] wird« (Bromme 1981, S. 191). Bromme zeigt, dass es sich beim Planen von Unterricht um ein »›routiniertes Problemlösen‹ oder um ein ›problemhaftes Aufgabenbearbeiten‹ – kurz gesagt, um einen Vorgang, der sowohl Aufgaben- wie auch Problemlösemerkmale hat« (Bromme 1981, S. 194 f.) handelt.

Reflexion/Übungsaufgaben

- Geben Sie eine Definition von Unterrichtsplanung.
- Wieso soll eine Theorie der Unterrichtsplanung von den realen Prozessen beim Planen ihren Ausgang nehmen?
- Inwiefern kann Unterrichtsplanung als Problemlöseprozess resp. als Prozess der Aufgabenbearbeitung verstanden werden?

4.2 Unterrichtsplanung als Handlung

Unterrichtsplanung als Handlungsplanung ist durch Bewusstheit, also durch Kenntnisse über die eigenen Handlungen optimierbar

Planen, Durchführen und Reflektieren von Unterricht wollen wir im Rahmen einer *Handlungstheorie* bedenken. Handeln als hoch entwickelte Form menschlicher Aktivität liegt dann vor, wenn Menschen sich aktiv für das Verfolgen von Zielen in den gegebenen oder antizipierten Situationen entscheiden, aus verschiedenen Handlungsmöglichkeiten die geeigneten auswählen und kontrolliert ausführen. Sie nutzen dabei ihr verfügbares Wissen über die Relation von Ziel und Mittel und über die Steuerung der eigenen Aktivitäten und die zu erwartenden Wirkungen in der Außenwelt und bei anderen Personen. Unterrichtsplanung als Handlungsplanung ist durch Bewusstheit, also durch Kenntnisse über die eigenen Handlungen optimierbar.

Zur Unterscheidung von Handeln, Tun und Verhalten

In der Psychologie werden Handeln, Tun und Verhalten unterschieden (Groeben 1986). Das Handeln ist in hohem Maße bewusst und zielgerichtet. Es geschieht in der Regel auf der Basis mehr oder weniger umfangreicher Wissensbestände. Das Tun kann ebenfalls bewusst und zielgerichtet sein, aber es gibt ein Auseinanderfallen von subjektiver Intention und hinter der bewussten Oberfläche wirkender unbewusster Motivation. Das Verhalten umfasst willkürliche und unwillkürliche, bewusste und unbewusste Reaktionen. Oftmals erfolgt es reizgesteuert, selten ohne Anlass und spontan. Storch und Riedener gehen sogar so weit, zwei Systeme im menschlichen Gehirn für das Zustandekommen von Verhalten resp. Handlungen zu postulieren. »Das eine, phylogenetisch ältere, übt eine Reiz gesteuerte Verhaltenskontrolle aus. Das andere, phylogenetisch jüngere, ist zuständig für bewusste, als willkürlich erlebte Handlungen. Verhalten wird unterhalb der Bewusstseinsschwelle gestartet; man reagiert automatisch, impulsiv und schnell. Das andere basiert auf Logik und Verstandestätigkeit, ist daher an Bewusstseinsprozesse gekoppelt und deutlich langsamer« (2005, S. 70).

Handeln wird als eigenständige psychische Gegenstandseinheit verstanden

In einem Verständnis von Handeln, dem wir uns hier anschließen, wird *Handeln als eigenständige psychische Gegenstandseinheit* verstanden, die dem Tun und Verhalten vorgeordnet ist. Handeln lässt sich durch die Merkmale der Zielgerichtetheit, »der Bewusstheit, der hierarchisch-sequentiellen Regulation unter Rückgriff auf (soziale und individuelle) Wissensstrukturen, wobei eine Mindestintegration zwischen Kognition, Emotion und Handlungsausführung vorausgesetzt wird« (Wahl 1991, S. 23), der Selbstüberwachung und Reflexivität kennzeichnen. Es ist hierarchisch organisiert und sequenziell gegliedert. Verschiedene Abläufe finden zeitgleich und in fakultativer Unabhängigkeit voneinander statt; kognitive und emotionale Prozesse sind beteiligt. Es erfolgt eine Regulation des Handelns auf verschiedenen Ebenen (Volition, Emotionen). Handeln geschieht unter Rückgriff auf Wissen, das sich wiederum auf Strukturen und Prozesse bezieht (vgl. Wahl 1991, S. 20 ff.).

Die Unterscheidung von Handeln, Tun und Verhalten ist für Lehrkräfte wie für Schüler/innen von Bedeutung. Da Handeln im Unterricht im Medium der Kommunikation und Interaktion geschieht, kann es dazu kommen, dass eine Lehrkraft, gerade in als kritisch erlebten Situationen, nicht gezielt handelt, sondern sich mehr oder weniger automatisiert verhält oder sich von unbewussten Motivationen bestimmen lässt. Ebenso gilt für die Schüler/innen, dass viele ihrer Handlungen nicht geplant und intentional erfolgen, sondern aus dem Modus des Tuns oder Verhaltens heraus geschehen. Da bei Unterrichtsabläufen im Medium von Interaktion und Kommunikation normativ absichtsvolles Handeln und Reflexivität der Akteure unterstellt wird, kann es zu Fehldeutungen, Missverständnissen oder Konfrontationen kommen. Im Modus des Tuns ist außerdem mit Übertragungen und Gegenübertragung zu rechnen, also mit nicht bewussten Motiven und Deutungsmustern, die aus anderen Beziehungserfahrungen außerhalb der aktuellen Konstellation stammen. So kann z. B. ein Schüler seine Vater-Sohn-Beziehung auf die aktuelle Lehrer-Schüler-Beziehung projizieren. Daher ist es sinnvoll, sich zu vergegenwärtigen, aus welchem Modus heraus (Verhalten, Tun, Handeln) eine Aktion (sowohl von der Lehrkraft wie von den Schüler/innen) gezeigt wird, und darüber in eine Metareflexion und eventuell auch in eine Metakommunikation einzutreten.

Handeln kann wertorientiert oder planorientiert erfolgen

Zusätzlich ist zu bedenken, dass Handeln *wertorientiert* oder *planorientiert* erfolgen kann. Das bedeutet, dass das Handeln auf zwei verschiedene Arten gesteuert werden kann, nämlich entweder mit Blick auf Werte, die es bei jeder Aktion zu beachten gilt oder denen zufolge bestimmte Handlungsweisen ausgeschlossen werden müssen, oder im anderen Modus auf der Grundlage von

Plänen, die eine Schrittfolge von Teilhandlungen vorsehen. *Wertorientierte Steuerung* liegt vor, wenn eine Lehrkraft versucht, den Schüler/innen gegenüber Wertschätzung zu zeigen oder Geringschätzung zu vermeiden. *Planorientierte Steuerung* liegt vor, wenn eine Tagesordnung abgearbeitet wird oder wenn einer Handlungsanweisung oder einem Bauplan gefolgt wird.

Von den Lehrkräften als Erwachsenen und als professionellen Experten für das Lehr- und Lerngeschehen darf erwartet werden, dass sie umfassende Handlungspläne für die Gestaltung des Unterrichts und für ihr Handeln im Unterricht entwerfen. Nur auf dieser Grundlage ist der schrittweise Erwerb von Expertise durch gezielte Reflexion des Erfolgs des Unterrichtshandelns möglich. Daher kommt einer Unterrichtstheorie als Handlungstheorie und umfassenden Plänen für das Handeln im Unterricht Relevanz zu (vgl. Kiper/Mischke 2004). Von den Schüler/innen wird erwartet, dass sie im Kontext der Bewältigung der Entwicklungsaufgaben Handlungsfähigkeit erwerben. Sie basiert auf fachlichen Kompetenzen, die im Kontext fachlichen Lernens erworben werden, aber auch auf Selbst- und Sozialkompetenz (vgl. Kiper/Mischke 2008a).

Unterrichtsplanung ist selbst ein Handeln: es geht also darum, eine Schrittfolge von Aktivitäten auszuführen, um ein Planungs-Ziel zu erreichen. Das Ziel der Planungshandlung ist das Erstellen eines Unterrichtsplans, der so beschaffen sein muss, dass er die Schritte zum Erreichen des angestrebten Handlungsziels im Unterricht beschreibt.

Eine Planungstheorie muss eine Handlungsanleitung geben, wie beim Erstellen eines Plans vorzugehen ist. In Ergänzung zu einer abstrakten allgemeinen Planungstheorie wird es spezielle inhaltliche Bestände von Planungswissen und Vorgehensweisen geben müssen, die für das Gestalten des Plans in der jeweiligen Inhaltsdomäne wichtig sind. Es werden andere Formen der Planung benötigt, um einen Fahrplan, einen Bauplan für ein Haus oder eine Verlaufsplanung für eine Unterrichtsstunde zu entwerfen. Es ist demnach zu klären, welche Wissensbestände für die Bewältigung der beabsichtigten Planungsaufgabe benötigt werden. Wir werden zeigen, dass es bezogen auf den Unterricht unterschiedliche Planungsaufgaben gibt, z. B. die Verlaufsplanung oder die Planung der Stoffverteilung. Daher sind auch unterschiedliche Planungsinstrumente erforderlich.

Reflexion/Übungsaufgaben

- Was ist unter Verhalten, Tun und Handeln jeweils zu verstehen?
- Wieso sollte man prüfen, in welchem Modus gehandelt wird?
- Was bedeutet Wertorientierung und Planorientierung beim Handeln?
- Wieso kann man Unterrichtsplanung als Handeln begreifen?
- Wieso benötigt man zusätzlich verschiedene Wissensbestände bei der Unterrichtsplanung?

4.3 Strukturen des handlungsrelevanten Wissens über Unterricht

Handlungsrelevantes Wissen über Unterricht umfasst »alle Kognitionen, die vor der Handlung erworben und im Gedächtnis gespeichert worden sind und die sich auf handlungsrelevante Gesichtspunkte beziehen« (von Cranach 1983, S. 21, zitiert nach Wahl 1991, S. 47).

Mentale Repräsentation von Unterricht

Unterricht soll bestimmte Ergebnisse (z. B. Wissen und Können) erzeugen. Die Ergebnisse gemeinsamen unterrichtlichen Handelns von Lehrkräften und Schüler/innen sollen dem entsprechen, was vor der Handlung als Ziele benannt wurde. Planungshandeln ist möglich, wenn es mentale Repräsentationen gibt, die eine Antizipation von Abläufen und der damit zu erreichenden Ziele erlauben. Die vorstellbaren Abläufe (wenn a, dann b) müssen dafür unter der Kontrolle des Akteurs stehen, also hergestellt oder initiiert werden können. Sie existieren ideell, als Vorstellungen oder tätigkeitsleitende Abbilder künftiger Ergebnisse. Ohne sie ist kein erfolgreiches Handeln im Unterricht möglich. Sie müssen vor Beginn des Unterrichts entworfen und bis zum Handlungsabschluss als Vergleichsgrundlage im Gedächtnis bewahrt oder schriftlich niedergelegt werden, um neu aufgerufen und für einen Soll-Ist-Vergleich herangezogen werden zu können.

Tätigkeitsleitende Abbilder über Unterricht müssen neben Zielen und Teilzielabfolgen die prinzipiell möglichen Handlungen im Unterricht und die Be-

Abb. 6: Was müssen tätigkeitsleitende Abbilder enthalten? (›Leerstellenschema‹; nach Hacker 2009, S. 147)

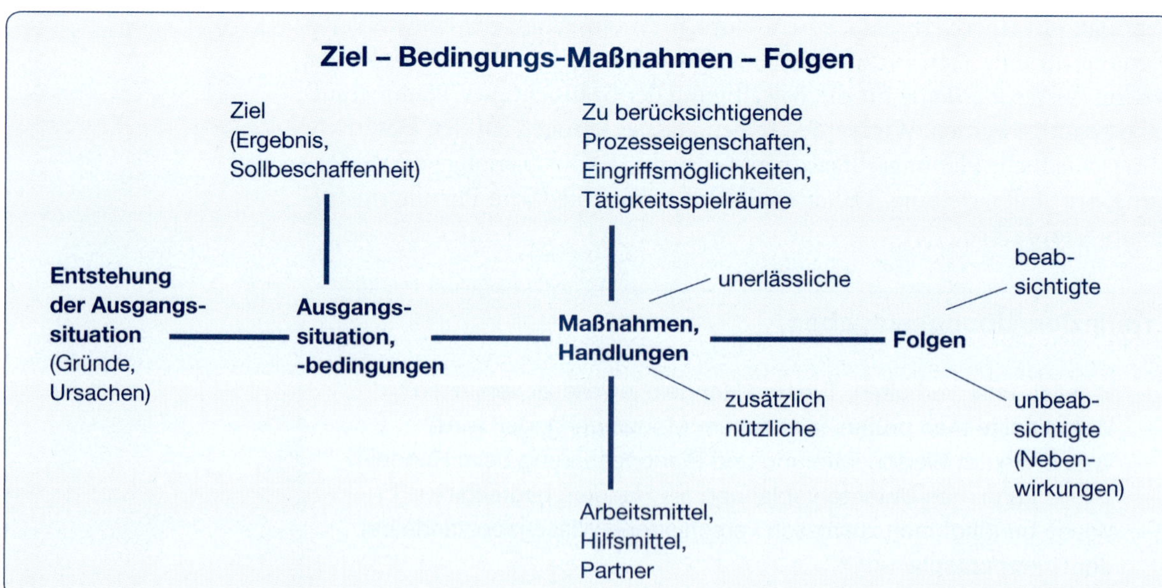

dingungen, unter denen diese Handlungen möglich und erfolgreich sind, beinhalten. Winfried Hacker spricht von einer Ziel-Bedingungs-Maßnahmen-Struktur als Minimalstruktur für tätigkeitsleitende Abbilder (vgl. Abb. 6). »Vollständiger gehören dazu präzise Vorstellungen über den Ausgangszustand und seine Ursachen, den Zielzustand, die möglichen und die erforderlichen Maßnahmen, die nutzbaren Mittel und Kooperationspartner sowie die Ausführungsbedingungen« (Hacker 2009, S. 146).

Weiterführende Literatur

Hacker, W. (2005): Allgemeine Arbeitspsychologie. Bern: Huber.

Der Arbeitspsychologe konkretisiert: »Je unvollständiger und ungenauer diese tätigkeitsleitenden Abbilder sind, desto langwieriger und unbefriedigender ist die Verwirklichung der Maßnahmen. Also ist die erste Grundlage erfolgreicher Veränderungen das Erarbeiten dieser Handlungsgrundlagen. Ein bewährtes Hilfsmittel zum Erarbeiten präziser tätigkeitsleitender Handlungsgrundlagen sind die so genannten Fragewort- oder W-Fragen (vgl. Abb. 7). Sie können der Kontrolle der individuellen Handlungsvorbereitung und der Strukturierung und Ergebniskontrolle [...] dienen« (Hacker 2009, S. 146 f.).

Hacker konkretisiert – mit Blick auf die Lehrkräfte –, dass sie mindestens über zutreffende Vorstellungen in den folgenden Bereichen verfügen müssen:

- Über »ihre Schüler, genauer über deren Wissen, Fähigkeiten und Einstellungen sowie über die Vorstellungen der Schüler über den Lehrer.
- Die Stoffgebiete mit ihrer Struktur und Einordnung einschließlich Nutzbarkeit in der außerunterrichtlichen Wirklichkeit. Das ist erforderlich, um den Schülern kognitiv Wissen über Fachgebietsstrukturen (Ordnungswissen als advanced organizer) und motivationale schülergerechte Nutzenvorwegnahmen als lernstoffimmanente Motivation vermitteln zu können.

Abb. 7: Hilfsmittel zum Erarbeiten ausreichender Handlungsgrundlagen (Fragewort-[W-]Fragen-System; nach Hacker 2009, S. 148; vgl. Abb. 6)

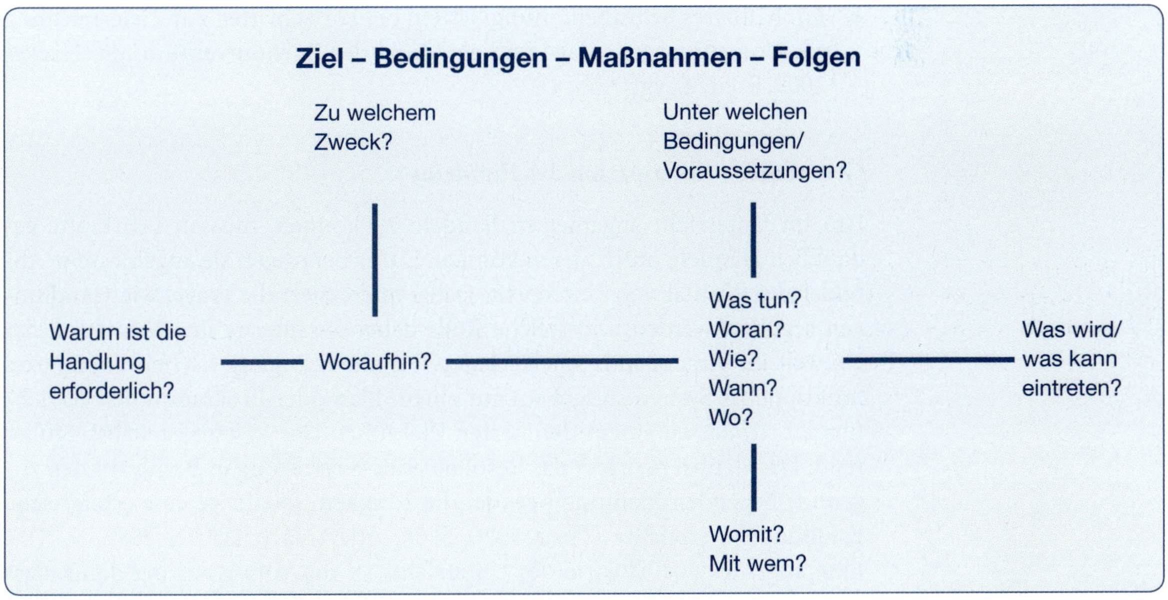

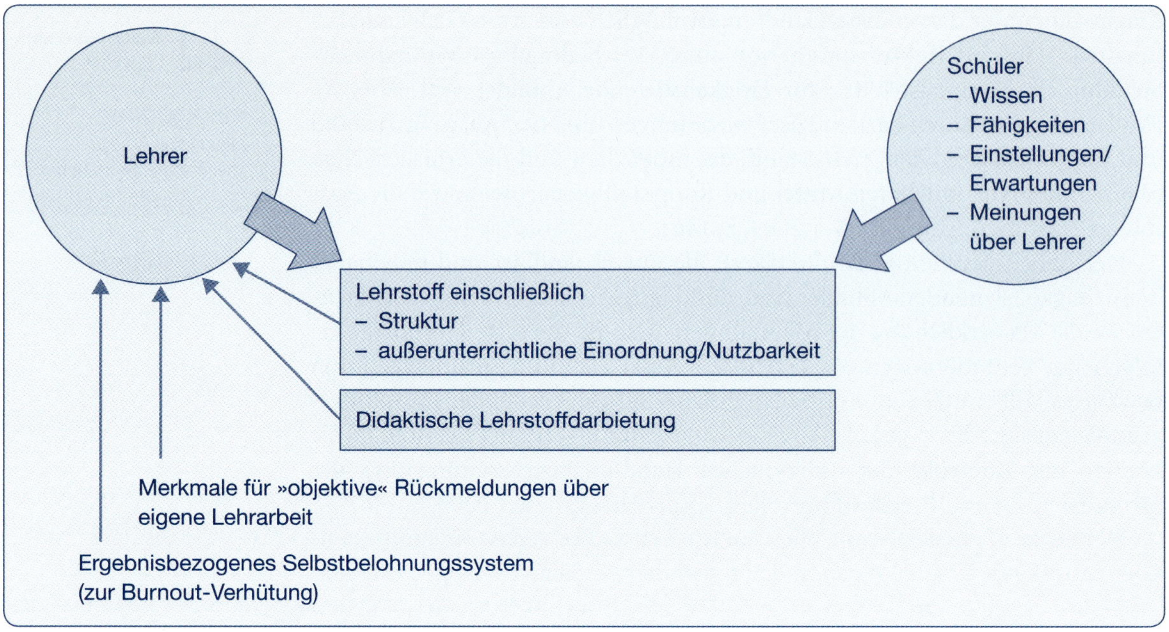

Abb. 8: Differenzierung zu tätigkeitsleitenden Abbildern des Lehrers im interaktiven pädagogischen Prozess (vgl. Hacker 2009, S. 149)

- Die didaktische Stoffaufbereitung in Bezug auf den jeweiligen Erkenntnisstand der Kinder bzw. Jugendlichen, unter anderem bezüglich Informationstransformationen, Reihenfolge oder den Zeitbedarf.
- Objektive Kontrollkriterien als Rückmeldungskriterien über die eigene Lehrarbeit. Das ist kompliziert, weil dabei Fremdattribuierungen (bspw. auf wirkliches oder erst erzeugtes Schülerdesinteresse) von Selbstattribuierungen (bspw. didaktische Lücken) objektiv getrennt werden müssten.
- Ein haltbares Selbstbelohnungssystem bei Fortschritten zur Zielerreichung als Motivationsgrundlage und als Mittel der Burnoutverhütung« (Hacker 2009, S. 147 f., vgl. Abb. 8).

Gedankliche Antizipation des Handelns

Um im Unterricht angemessen handeln zu können, müssen Lehrkräfte gedanklich Handeln antizipieren können. Dafür benötigen sie angemessene Abbilder der Realität von Unterricht. Dabei interessiert die Frage, wie Handlungen reguliert werden und welche Rolle dabei die interne Repräsentation der Umwelt im Organismus spielt. »Jeder Verhaltensvorgang (ist) ein komplexes funktionelles System, aufgebaut auf einem Plan oder Programm der Verrichtungen …, das zu einem definierten Ziel führt. Das System ist selbstregulierend: Das Gehirn beurteilt das Resultat jeder Verrichtung in Bezug auf den zugrunde liegenden Plan und beendet die Tätigkeit, sobald sie eine erfolgreiche Erfüllung … erreicht« (Luria 1970, S. 66, zitiert nach Hacker 1996, S. 770). Eine angemessene Theorie des Unterrichts ist die Voraussetzung dafür, dass

Lehrkräfte in einer Situation solche mentalen Modelle über Unterricht entwerfen, die eine tätigkeitsregulierende Repräsentation über das Handeln im Unterricht zu entwickeln erlauben. Hacker benennt solche mentalen Repräsentationen, die dazu verhelfen, angemessen zu handeln, mit dem Begriff »handlungsleitende psychische Abbilder« (HAB). Er versteht darunter »relativ überdauernde stabile Wissensgefüge über einen handlungsbezogenen Realitätsbereich, die mit Bezug auf die Handlungsausführung entstehen und eine Tendenz zur Umsetzung in diese einschließen« (Hacker 1996, S. 771). Ein Sachverhalt (hier: Unterricht) ist angemessen abzubilden (Theorie des Unterrichts); ein handlungsleitendes psychisches Abbild (HAB) wäre dann das von einem Individuum gewonnene, relativ beständig vorhandene und verschiedene Handlungsphasen überdauernde psychische Abbild von Unterricht. Es umfasst Ziele, ein Handlungsprogramm und die Bedingungen seiner Umsetzung. Die Besonderheit tätigkeitsleitender Abbilder liegt in ihrer handlungs-, tätigkeits- oder noch allgemeiner verhaltensregulierenden Funktion (vgl. Hacker 1996, S. 776). Eine angemessene Theorie des Unterrichts ist hilfreich für das Aufbauen sinnvoller handlungsleitender psychischer Abbilder (HAB) über Unterricht.

Eine angemessene Theorie des Unterrichts ist hilfreich für das Aufbauen sinnvoller handlungsleitender psychischer Abbilder (HAB) über Unterricht

Handlungsleitende psychische Abbilder beziehen sich auf verschiedene Anteile von Tätigkeiten. Hacker unterscheidet sie in Ziele und Teilzielhierarchien (vorweggenommene Ergebnisse oder Sollwerte), in Repräsentationen der Ausführungsbedingungen von Tätigkeiten, die beim Erreichen von Zielen zu berücksichtigen sind, und Repräsentationen der Überführungsmaßnahmen des Ist- in den Sollzustand (Pläne, Programme).

»Die Bedeutung des Systems von HAB besteht mithin darin, dass seine Richtigkeit und seine Differenziertheit die Güte der an ihm orientierten kognitiven, beispielsweise problemlösenden Prozesse und die Güte des an ihm orientierten umweltverändernden Handelns bestimmt. Damit gilt, dass Tätigkeiten umso effektiver sein können, je angemessener das der Handlungsregulation zugrunde liegende ›innere Modell‹ ist. [...] Die Beschaffenheit der HAB als tätigkeitsleitende Gedächtnisrepräsentation hat also eine Vorhersage- und Erklärungsfunktion für Leistungen und Aufwände« (Hacker 1996, S. 773).

Der Psychologe unterscheidet zwei Gruppen von Inhalten der handlungsleitenden psychischen Abbilder, nämlich tätigkeitserzeugende Antizipationen (Ziele, Hypothesen, Maßnahmeschritte) und Abbildungen gegenwärtiger Sachverhalte (z. B. ablaufende Vorgänge). Nach Hacker sind die handlungsleitenden psychischen Abbilder sowohl sprachlich-abstrakt wie bildhaft analog repräsentiert. Als multiple und hierarchisch organisierte Repräsentationen sind sie anforderungsabhängig (abhängig von der Bedeutung für die Tätigkeitsregulation), charakterisiert durch verallgemeinerte, schematische Züge (Repräsentation von Klassen von Merkmalen und Relationen), aufwandsbezogen (Unterstützung von Strategien, die das Erfüllen von Anforderungen mit möglichst geringem Aufwand ermöglichen) und verschieden repräsentiert. Den handlungsleitenden psychischen Abbildern kommt die Aufgabe zu, Handeln angemessen vorzubereiten, Hilfen für das Auswählen angemessener Maßnahmen zu geben, das Bewerten der Folgen möglicher Schritte und das Treffen angemessener Entscheidungen zu ermöglichen. Die HABs helfen dabei, Problemlagen abzubilden, Lösungen zu entwerfen und Handlungsfehler zu vermeiden. Die Regulation des Handelns erfolgt nicht mehr nur wahrnehmungsgesteuert, sondern gedächtnisgestützt; dabei werden ein rückkoppelnder Soll-Ist-Vergleich vorgenommen, das Handeln angemessen vorbereitet (Planen) und Wissen über unterschiedliche Probleme, die auftauchen könnten (Problemabbildungen), über verschiedene denkbare Lösungsstrategien und über Kriterien für je unterschiedliche Lösungsgüte entwickelt.

Differenzierte HAB sind das Ergebnis zielgerichteten Ausführens von Handlungen einschließlich des Verarbeitens der im Handeln entstehenden Rückmeldungen

»Differenzierte HAB entstehen in der Tätigkeit bzw. der Handlung, für deren Regulation sie benötigt werden. Sie sind das Ergebnis zielgerichteten Ausführens von Handlungen einschließlich des Verarbeitens der im Handeln entstehenden Rückmeldungen über das Zutreffen oder Nichtzutreffen der Vollzüge und der ihnen zugrunde liegenden gedanklichen oder gedächtnismäßigen Ableitungen« (Hacker 1996, S. 785). Dabei wird die Hypothesenbildung zu einem regulierenden Faktor in der Tätigkeit.

Der Wissenschaftler zeigt, dass handlungsleitende psychische Abbilder durch aktiv-erkundende Tätigkeit mit unverzögerten und informativen Rückmeldungen, durch aktiv-erkundendes, hypothesenbildendes und hypothesenprüfendes Erlernen von Tätigkeiten gebildet werden. Ebenso ist das Bereitstellen geeigneter, tätigkeitsbezogener (operativer) Informationen und explorierbarer Situationen für den Aufbau angemessener handlungsleitender psychischer Abbilder hilfreich.

»Was das Informationsangebot selbst betrifft, so kann eine Reihe von Merkmalen erheblich zum effizienten Aufbauen nützlicher HAB beitragen: Es sollte tätigkeitsbezogen (operativ) und demzufolge in der Regel hierarchisch-sequentiell organisiert sein; es sollte mit den möglichen Anforderungen übersetzungsfrei vereinbart (kompatibel) [...] und bei alledem minimal (gedächtnisfreundlich) und verständlich ausgedrückt sein« (Hacker 1996, S. 786).

Reflexion/Übungsaufgaben

- Was versteht Hacker unter der »mentalen Repräsentation« von Unterricht?
- Nennen Sie Hilfsmittel für das Erarbeiten ausreichender Handlungsgrundlagen.
- In welchen Bereichen müssen Lehrkräfte zutreffende Vorstellungen ausbilden?
- Was versteht Hacker unter tätigkeitsregulierenden Repräsentationen über das Handeln im Unterricht?
- Wie werden handlungsleitende psychische Abbilder gebildet?

4.4 Die Planung als Prozess und Produkt

Die Qualität von Plänen

Wenn Lehrkräfte im Unterricht mit Blick auf die Lernbedürfnisse und Lernfähigkeiten der Lerner/innen bei Lehrhandlungen zielführend, effektiv, effizient und human handeln wollen, müssen sie angemessene Pläne über den Unterricht entwickeln können. Dabei kann die Qualität von Plänen unterschiedlich sein. Die Voraussetzungen, auf denen die Pläne beruhen, können besser oder schlechter bekannt sein und in den Plänen berücksichtigt werden. Die Pläne können auf mehr oder weniger fachlicher Expertise beruhen. Sie können mehr oder weniger deutlich mit Blick auf die aufzubauenden Kompetenzen entworfen sein. Möglichkeiten zur Steuerung und Überwachung des Lehr- und Lernprozesses können unterschiedlich differenziert vorausgedacht sein. Ein Plan ist dann angemessen, wenn er die Ziele ausweist und präzisiert, wenn er Unterziele benennt und wenn er auf einer angemessenen Situationswahrnehmung, die alle für das Handeln relevanten Aspekte umfasst, beruht. Er muss – mit Blick auf die zu erreichenden Teilziele – verschiedene Handlungsschritte präzisieren und helfen, dass die intendierten Handlungsschritte ausgeführt werden können. Dabei muss er Hinweise zur Kontrolle der Ausführung (Steuerung des Lehr- und Lernprozesses) geben. Wir thematisieren die Qualität von Plänen im Hinblick auf eine Maximierung von Lernerfolg für die Schüler/innen. Die Güte eines Plans bemisst sich danach, ob es gelingt, das angestrebte Ziel zu erreichen. Diese kurzen Überlegungen sollen die Annahme stützen, dass durch Unterrichtsplanung in verschiedenster Hinsicht ein Vorteil für eine gelungene Realisierung von Unterricht gewonnen werden kann. Die planende Person benötigt eine Vielfalt von sachlich richtigen Kenntnissen über die Regelhaftigkeiten, um sich diese planend nutzbar machen zu können. Normative Konzepte allein, ohne zugehöriges Wenn-Dann-Wissen oder fehlerhafte subjektive Theorien über Prozesse nützen wenig.

Chancen und Probleme einfacher und komplexer Modelle

Gute Pläne kann eine Person nur entwickeln, wenn ihr mentales Modell der Situation genügend Details und die relevanten Strukturen der Realität enthält und in angemessen komplexer Weise Entwicklungs- und Veränderungsmöglichkeiten abbildet. Eine Voraussetzung für die Entwicklung von Unterrichtsplanungen besteht darin, dass genügend Wissen über die Komplexität von Unterricht vorhanden und dass dieses Wissen angemessen geordnet und strukturiert ist (vgl. Hacker 1992). Komplexe Modelle führen oft zu einer Überforderung ihrer Nutzer/innen. Daher ist die Unterscheidung zwischen angemessenen Theorien der Gegenstandsbereiche lernwirksamen Unterrichts (Curriculumtheorie, Unterrichtstheorie, Planungstheorie) und den psychologischen Prozessen der Theorie- resp. Modellnutzung nötig. Hier wird vorgeschlagen, die jeweiligen Theorien in ihrer Grundstruktur und in ihren Erweiterungsmöglichkeiten zu denken. Bei Prozessen der Planung und Steuerung wird mit einer bestimmten Zentrierung und einem spezifischen Auflösungsgrad operiert. Bei auftauchenden Problemen wird der Brennpunkt der Aufmerksamkeit umzentriert und bereichspezifisch feiner aufgelöst; so können kleinere Details in der Situation wahrgenommen und verarbeitet werden.

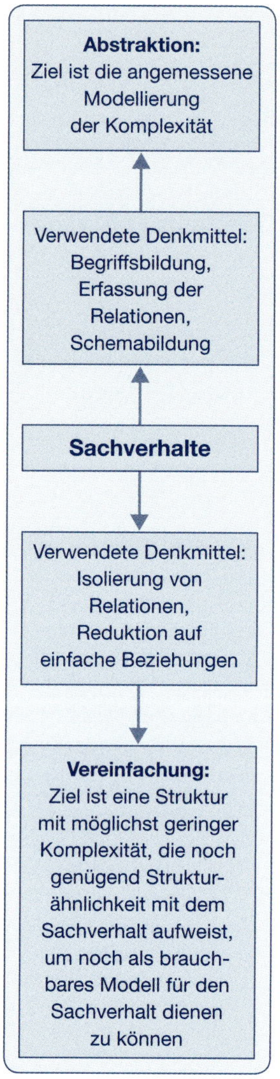

Abb. 9: Zur Unterscheidung von Abstraktion und Vereinfachung bei der Modellbildung

Abstraktion und Vereinfachung bei der Modellbildung

Um mit komplexen Sachverhalten des Alltags umgehen zu können, sind zwei unterschiedliche Vorgehensweisen denkbar (Abb. 9). Die Varianten des Geschehens werden von der Person als Abweichungen von einer Grundstruktur gedeutet, es werden für Aspekte der Struktur Begriffe gebildet und ein allgemeines Baumuster (Schema) wird erkannt. Diesen Vorgang kann man Bearbeitung durch Abstraktion nennen. Werden nicht die volle Variationsbreite und die Komplexität des Geschehens bei der Verarbeitung verwendet, sondern werden einzelne Teilstrukturen aus dem Geschehen herausgelöst und statt der vorherigen Komplexität ersatzweise verwendet, kann von Vereinfachung gesprochen werden.

Vereinfachung kann ein strategisch richtiger Schritt sein, um eine aktuell unübersichtliche komplexe Situation handhabbar zu machen. Dem Akteur ist dabei stets bewusst, dass die vorgenommene Vereinfachung auch zu fehlerhaftem Handeln führen kann. Bevor gar nicht gehandelt werden kann, ist eine Herstellung von Handlungsoptionen durch Vereinfachung ein aktueller Ausweg aus der erlebten Komplexität. Auf Dauer ist Vereinfachung kein angemessener Weg zum Aufbau von Handlungskompetenz; Abstraktion ist der bessere, allerdings mühsame Weg zum Aufbau angemessener HABs.

Reflexion/Übungsaufgaben

- Was sind Voraussetzungen für die Planbarkeit von Unterricht?
- Erklären Sie, inwiefern es eine unterschiedliche Qualität von Planen geben kann.
- Erläutern Sie die Relevanz von einfachen und komplexen Modellen.

Planung als Repräsentation von zukünftiger Unterrichtsrealität

Planung ist Vorwegnahme von Realität und bedarf dafür einer internen Repräsentation dieser Realität. Diese interne Repräsentation kann von ganz unterschiedlicher Modalität sein. Als Extreme sind die lebhafte, quasi bildliche vs. die abstrakt begriffliche Repräsentation des Geschehens denkbar. Beide Modi sind zur Entwicklung von Handlungsentwürfen verwendbar. Die in einem konkreten Planungsakt verwendeten Repräsentationen sind als Schemata aufzufassen. In der Planung sind von Moment zu Moment bestimmte Aspekte der Repräsentation bestimmend. Andere Aspekte werden dabei zwar irgendwie mitgedacht, aber mit einer gewissen Unschärfe versehen. Im weiteren Planungsverlauf ist es möglich, diesen zuerst unscharf repräsentierten Bereich zu elaborieren, d.h. vorher nur mitgedachte Aspekte einer Situation oder Handlung mit einer genaueren detaillierten Repräsentation auszugestalten. Der Planer kann sich gewissermaßen in seinen Repräsentationen bewegen und deren einzelne Aspekte je nach Bedarf zusammenfassen oder gezielt einzeln ausarbeiten. Die Erfahrung lehrt, welche Aspektkombinationen als planungstaugliche Realitätsmodelle verwendet werden können.

Begriffliche Strukturierung als Grundlage

Die Möglichkeit, Erfahrungen zu machen und diese bei der Planung einzusetzen, ist gegeben, wenn individuelle *Kategorien zur Ordnung von Situationen, Zielen und Handlungsmöglichkeiten* entwickelt werden. Es werden Verknüpfungen zwischen Situationen, Zielen und tauglichen Handlungsmöglichkeiten aufgebaut. Die internen Repräsentationen entstehen nicht unabhängig von den Begriffen, Konzepten und Modellen, die in der Ausbildung vermittelt werden. Raster zur Auswahl von Bildungsinhalten (Klafki 1958) oder zur Analyse und Planung von Unterricht (wie etwa Heimann/Otto/Schulz 1968) haben insofern eine Funktion, als sie als Kristallisationskerne für Erfahrungen verstanden werden können. Daher sind solche Planungsraster zu entwickeln, die eine Anlagerung von Erfahrungselementen erlauben. Die Entwicklung von Expertise beim Planen und Reflektieren von Unterricht geht mit dem Erfassen komplexer Konstellationen einher, die auch mit einem Bedeutungswandel der verwendeten Begriffe, die als Kristallisationskern dienten, verbunden sein kann.

Zur Detaillierung der Planung

Die Planungen werden in den verschiedenen Bereichen unterschiedlich detailliert ausgearbeitet sein. Dabei gibt es Bereiche, die genau geplant, und andere, die für spontane Entscheidungen bzw. situative Planung offengehalten werden (vgl. auch Kap. 9). Diese spontanen Entscheidungen sind passender zu treffen, wenn vorher Handlungsalternativen durchdacht wurden. Geht man von dieser Möglichkeit aus, wird man beim Planungsgeschehen erwarten, dass zu verschiedenen Zeitpunkten unterschiedlich detaillierte Repräsentationen des gleichen Bereiches entfaltet werden, je nachdem, für welchen Planungszweck diese gerade elaboriert werden. Für Entscheidungen zum Zeitpunkt 1 genügt eine grobkörnige, schemenhafte Repräsentation, für spätere Planungsaufgaben sind Genauigkeit und Detailreichtum unerlässlich.

Unterrichtsplanung mit Blick auf eigene Stärken und Schwächen

Der planende Mensch geht von einer subjektiven Sicht bzw. Erfahrung der Wirklichkeit aus. Er erwartet das Eintreten von Ereignissen auf der Grundlage von subjektiven Annahmen über die Wahrscheinlichkeit des Eintretens von erhofften oder befürchteten Ereignissen; sie entsprechen keineswegs den empirischen Häufigkeiten. Die eigenen Handlungsmöglichkeiten der Person sind an der subjektiven Sicht ihrer eigenen Stärken und Schwächen orientiert. Das Planen einer Person ist mit ihrer Weltsicht verbunden. Das Handeln in Interaktion gelingt nur, wenn mindestens partielle Übereinstimmung in der Deutung der Situation durch die beteiligten Akteure gelingt. Falls dies nicht gelingt, handeln diese parallel, aber nicht aufeinander bezogen.

Eine gezielte Planung des Unterrichts ermöglicht eine Entlastung des Lehrers von Entscheidungen im Prozess des Unterrichtens

Unterrichtsplanung als Grundlage für situative Entscheidungen

Eine gezielte Planung des Unterrichts bedeutet zwar noch nicht, dass damit eine gekonnte Ausführung schon gegeben ist; sie ermöglicht aber eine Entlastung des Lehrers von Entscheidungen im Prozess des Unterrichtens und verhilft dazu, das Interaktionsgeschehen besser wahrnehmen und geeignete Entscheidungen in diesem Bereich spontan treffen zu können.

Reflexion/Übungsaufgaben

- Inwiefern sind Theorien und Modelle von Unterricht als »Kristallisationskerne von Erfahrungen« zu verstehen?
- Warum sind hinreichend komplexe Planungsraster zu entwickeln?
- Warum sind beim Planen verschiedene Alternativen zu bedenken?
- Warum sind – zusätzlich zur Unterrichtsplanung – Kompetenzen für die Unterrichtsdurchführung zu erwerben?

4.5 Wie gehen Lehrkräfte bei der Unterrichtsplanung vor?

Betrachtet man das Vorgehen von Lehrkräften beim Planen von Unterricht (vgl. Bromme 1981; Mischke/Wragge-Lange 1983), z. B. durch das Anfertigen und Auswerten von Protokollen des lauten Denkens im Planungsprozess, fällt ein spiralförmiger Verlauf ins Auge. Von den Lehrer/innen werden Entscheidungen getroffen, die zu einem späteren Zeitpunkt wieder ins Zentrum der Aufmerksamkeit geraten und dann im Detail ausgearbeitet oder unter einem anderen Planungsaspekt durchdacht werden. Planungen bestehen aus verschiedenen Abschnitten, und sie beziehen sich auf verschiedene Abschnitte der Realisation. Es wird sowohl in kurzfristiger als auch in langfristiger Perspektive geplant; dies kann zu einer Verschachtelung von Handlungsentwürfen führen. Gesprochen wird über aktuelle Entscheidungen, langfristige Aspekte werden möglicherweise nur mitgedacht und nicht expliziert.

Erfahrung als Filtersystem

Jede Lehrkraft hat bereits seit ihrer eigenen Zeit als Schüler/in ein Wissen darüber, was Unterricht ist und worin die Aufgaben eines Lehrers bestehen. Diese naive Theorie des Unterrichts stellt in gewisser Weise ein *Filtersystem* dar, welches die Informationen passieren müssen, um im Wissensspeicher aufgenommen zu werden. Das Filtersystem entscheidet darüber, was als relevant aufgefasst wird und in welcher Färbung bzw. Akzentuierung die Informationen wahrgenommen werden. In den Vorstellungen werden erworbene Wissensbestände über Curricula, Unterricht und Unterrichtsplanung nicht in vollständiger Form, sondern nur als *gefilterte Varianten* zu finden sein. Das übernommene Wissen ist eine Neukonstruktion. Jede neue Information beeinflusst wiederum das Filtersystem. Es ist denkbar, dass besonders bedeutsame Informationen zu gewissermaßen großflächigen Umstrukturierungen von Wissensbeständen führen können.

Eine naive Theorie des Unterrichts stellt in gewisser Weise ein Filtersystem dar, welches die Informationen passieren müssen, um im Wissensspeicher aufgenommen zu werden.

Die planende Lehrkraft verwendet dabei Begriffe, die teils an didaktische Termini angelehnt sind, teils bedient sie sich der Umgangssprache. Dabei stellt sich die Frage, welche Begriffe und Kategorien dabei helfen, dass sich Erfahrungswissen mit dem Unterricht anlagert, welche Begriffe und Informationen umstrukturierende Wirkungen haben. Haben Lehrkräfte nur unzureichende oder gar falsche Kategorien über Unterricht und Unterrichtsplanung zur Verfügung, wird ein Lernen aus Erfahrungen erschwert bzw. ganz unmöglich.

Von Interesse ist auch die Frage, unter welchen Bedingungen Lehrkräfte gegenstandsorientierte oder schülerorientierte Wissensbestände aufbauen und bei der Planung einsetzen.

Die Gesamtaufgabe der Unterrichtsplanung wird vom Lehrer in Teilaufgaben oder Teilprobleme zerlegt werden, z. B.:

- Stoff/Inhalt für bestimmte Zielsetzungen aufbereiten
- den Ablauf des Unterrichts mit Blick auf die relevanten Lern- und Lehrprozesse antizipieren
- Kenntnisse und Lernstrategien der Schüler/innen bedenken
- Lernwege durchdenken
- passende Methoden zur Gestaltung der Lernwege suchen
- sinnvolle Lernarrangements planen
- Arbeitsaufgaben auswählen oder selber formulieren
- Arbeitsmaterial suchen oder eigenständig herstellen
- Kriterien für Unterrichtsqualität formulieren.

Lineare und verzweigte Pläne

Man kann zwischen verzweigten und linearen Plänen unterscheiden. Die Möglichkeit, einen alle Varianten der Situationsentwicklung berücksichtigenden, verzweigten Plan für Unterricht zu entwerfen, ist sicherlich durch die Speicherkapazität des Menschen begrenzt. Einzelne Lehrkräfte durchdenken Varianten für den Unterricht und suchen – mit Blick auf verschiedene Lerner/innen – nach unterschiedlichen Lernarrangements; andere Lehrkräfte bedenken nicht die Notwendigkeit, mit Blick auf verschiedene Lerner/innen je unterschiedliche Arrangements zu durchdenken.

Planendes und momentanes Vorgehen

Hacker unterscheidet das planende Vorgehen und das momentane Vorgehen

Hacker unterscheidet zwei Klassen von Vorgehensmöglichkeiten, nämlich das planende Vorgehen und das momentane Vorgehen; beide Vorgehensvarianten unterscheiden sich mit Blick auf die Wissengrundlagen. »Das *momentane Vorgehen* ist auf die jeweils gegenwärtig abzuwickelnden Verrichtungen konzentriert oder sogar beschränkt. Handlungserfordernisse werden im Maße ihres Anfalls reaktiv erfüllt. Dafür genügt das Erfassen der handlungsveranlassenden situativen Bedingungen« (Hacker 1996, S. 787). *Planendes Vorgehen* ist durch das Formulieren von Fernzielen gekennzeichnet und basiert auf der Auswertung der Folgen vergangener Handlungen. Es baut auf umfassendem Wissen auf, »unter anderem auf

- Voranzeigen für künftig entstehende Handlungserfordernisse,
- Freiheitsgrade für unterschiedlich auf Aufgaben bezogenes Vorgehen,
- Vorgehensvarianten und deren Voraussetzungen,
- Ursachen für Zustände bzw. Vorgänge, die handelnd zu beeinflussen sind,
- Folgen von Handlungsmöglichkeiten« (Hacker 1996, S. 788).

Aufgaben- oder Problemcharakter der Planung

Je nach Wissensstand werden diese Teilmomente der Unterrichtsplanung Aufgaben- oder Problemcharakter haben. Lehrkräfte werden unterschiedliche Strategien und Heurismen einsetzen, um diese Aufgaben/Probleme zu bewältigen. In Abhängigkeit vom Grad der Bewusstheit können steuernde Selbstkommunikationen erfolgen. Selbstkommunikationen können hilfreich für den Fortgang der Bewältigung sein, aber auch als Behinderung wirken, z. B. dann, wenn sie sich auf das Vergegenwärtigen der Schwierigkeiten von Situationen, von Schülerverhalten oder eigene Unfähigkeiten beziehen und nicht lösungsorientiert mit Blick auf die Teilaufgaben erfolgen. Bei der Realisation von Unterricht sind Zeitbedarf und Sequenzierung von Abläufen ein wichtiger Punkt. Es wird vom Ausmaß der Erfahrung und von situativen Bedingungen abhängen, ob dieser Aspekt bereits in der Planung thematisiert oder mitgenommen und nur im Problemfall elaboriert wird. Mitgedachte Aspekte von Situationen und Handlungen durch Expertenlehrer/innen (vgl. Bromme 1992) steuern oft Entscheidungen. Bestimmte Aspekte des beim Planen vorweggenommenen Geschehens werden im Verlauf des Planungsprozesses bedeutsam: So können konzipierte Aufgabenstellungen, Materialien oder gedachte Aktivitäten zum Kern der Planungstätigkeiten werden. An sie werden neu entworfene Teilpläne angelagert.

Reflexion/Übungsaufgaben

- Inwiefern können Erfahrungen mit Unterricht wie Filtersysteme wirken, die ein Aufnehmen neuer Informationen über Unterricht und ein Verarbeiten dieser Informationen erleichtern resp. erschweren?
- Welche Teilaufgaben gehören zur Unterrichtsplanung?
- Was versteht man unter linearen resp. verzweigten Plänen?
- Was meint planendes und momentanes Vorgehen?
- Was berücksichtigen Expert/innen bei der Unterrichtsplanung?

4.6 Unterrichtsplanung und Unterrichtsdurchführung

Die Bedeutung eines verbalisierten Plans wird aus der Analyse der Realisierung erschließbar

Wie hängen nun Unterrichtsplanung und die Durchführung von Unterricht zusammen? Welche Abläufe im Unterricht werden durch welche Planungsakte und Planungsarten gesteuert? Nur wenn man sich Plan und Realisierung zusammen ansieht, gibt es die Chance nachzuvollziehen, auf welche Aspekte der Wirklichkeit und des Handelns sich einzelne Planungsschritte tatsächlich beziehen. Die Bedeutung eines verbalisierten Plans wird nach unserer Überzeugung letztlich erst aus der Analyse der Realisierung erschließbar.

Situationswahrnehmung bei komplexen Konstellationen

Das Geschehen im Unterricht ist so vielschichtig und informationshaltig, dass die Auffassung und Verarbeitung aller in der Situation verfügbaren Informationen nur schwerlich geleistet werden kann. Will man eine angemessene Vorstellung vom Informationsverarbeitungsgeschehen während des Unterrichts gewinnen, ist vielleicht eine Analogie zu strategischen Spielen nützlich. Aus experimentellen Untersuchungen zur Situationswahrnehmung bei strategischen Spielen ist bekannt, dass erfahrene Spieler ihre Spielzüge nicht an einer sukzessiven Analyse der Stellung einzelner Figuren orientieren. Der erfahrene Spieler erfasst komplexe Konstellationen von Figuren und erwirbt die Fähigkeit, für bestimmte Figurenkonstellationen eine Zugfolge spielen zu können, die es überflüssig macht, jeweils aktuell alle Variationen möglicher Züge einzeln prüfen zu müssen (Peters 1974). Die Erfassung von Konstellationen ermöglicht die raschere Bewältigung größerer Informationsmengen. Aufgrund der Erfahrungen des Spielers ist dieser in der Lage, rasch und sicher zu entscheiden, welcher Zug angemessen ist, ohne alle Details der Situation gesondert untersuchen zu müssen.

Die erfahrene Lehrkraft ist in der Lage, Konstellationen simultan zu erfassen

In Analogie dazu kann man sich die erfahrene Lehrkraft als jemanden vorstellen, die nicht mehr die verwirrende Fülle aller in der Situation verfügbaren Einzelinformationen wahrnimmt und aus deren sukzessiver Bearbeitung dann zur Entscheidung über das angemessene Vorgehen kommt. Die erfahrene Lehrkraft ist in der Lage, *Konstellationen simultan zu erfassen*. Wird die Anfängerin oder der Anfänger durch die Fülle unstrukturierter Informationen handlungsunfähig, so nutzt der erfahrene Praktiker genau diese Fülle durch Bildung von Konstellationen, also komplexen internen Repräsentationen der Wirklichkeit optimal aus.

Die Möglichkeit, Konstellationen von Aspekten zu erfassen, ist die Folge von konstruktivem Bemühen und die Herausbildung von Expertise im Kontext von Planungshandeln. Handlungssteuerung aufgrund einer komplexen ganzheitlichen Erfassung der Gegebenheiten ist nur dann erfolgreich, wenn bei diesen konstruktiven Bemühungen die wesentlichen Aspekte der Situation zu Konstellationen verknüpft werden (vgl. Bromme 1992). Es sind Praktiker/innen vorstellbar, die zwar Konstellationen wahrnehmen, aber die entscheidenden Aspekte der Situation nicht angemessen repräsentieren, und daher fehlerhaft handeln. Es werden eventuell störende Situationsaspekte ständig übersehen – z. B. die fehlende Mitarbeit bestimmter Schüler/innen – und demgemäß falsche Maßnahmen zur Optimierung des Geschehens ergriffen.

Reflexion/Übungsaufgaben

Was unterscheidet die Wahrnehmung des Unterrichts von Novizen und Expertenlehrer/innen?

Situationstypen und Handlungspläne von Lehrkräften

Storch/Krause (2005, S. 123) unterscheiden verschiedene Situationstypen, nämlich (1) Situationen, in denen die Verwirklichung von Handlungsplänen einfach gelingt, (2) Situationen, in denen die Verwirklichung eines Ziels schwierig ist, die aber vorhersehbar sind und vorbereitet werden können. (3) Bei einem dritten Situationstypus gestaltet sich die Verwirklichung von Zielen schwierig, weil sie unvorhersehbar sind und überraschend eintreten. Während man sich auf die ersten beiden Situationstypen gut vorbereiten kann, scheint das Handeln im dritten Situationstyp in besonderer Weise schwierig. Hier kann entweder nur noch wertorientiert reagiert werden oder es können Standardpläne abgerufen werden, die bei Möglichkeit zur situativen Planung an die gegebenen Bedingungen angepasst werden.

Handeln im Unterricht ist einerseits abhängig von den Wissensbeständen über Unterricht (Struktur- und Prozesswissen), von der Fähigkeit, dieses Wissen dafür zu verwenden, zielorientiert und angemessen Prozesse im Unterricht zu planen, durchzuführen und zu evaluieren. Darüber hinaus ist es abhängig von der Fähigkeit, die Passung der Planung für die jeweilige Situation bzw. den Situationstyp zu erfassen und evtl. umzuplanen (situative Planung) resp. Störungen zu beheben und Probleme zu lösen (Lösungswissen). Es ist abhängig von der Fähigkeit, die eigenen Emotionen zu regulieren, sich zu beruhigen, und damit abhängig von den eigenen Bewältigungsressourcen.

Die Struktur von Handlungsplänen für den Unterricht

Die psychologische Theorie der Handlungsplanung als Teil jedes zielgerichteten Handelns geht von einer hierarchischen Struktur des Handlungsplans aus

»Die psychologische Theorie der Handlungsplanung als Teil jedes zielgerichteten Handelns geht von einer hierarchischen Struktur des Handlungsplans aus. Dabei sind ›ganz oben‹ die Regeln über Planung selbst angesiedelt. Es sind dies Prinzipien oder auch Fähigkeiten, die das Erstellen von Plänen, d.h. die Produktion von Informationen, die in Plänen verwendet werden, selbst betreffen. ›Darunter‹ kommen die Regeln und Prinzipien, die die Speicherung und Kombination sowie das Abrufen von vorhandenen Wissensbeständen betreffen. Wiederum darunter schließt eine Ebene an, auf der die jeweiligen aktuellen Handlungspläne liegen. Diese sind nur wirksam, wenn es auch Pläne für die Koordination einzelner Körperteile und der Motorik gibt« (Bromme/Seeger 1979, S. 23). Die Wissenschaftler arbeiten den hierarchischen Charakter, die Ineinanderschachtelung von Regeln und Fähigkeiten, die für das Erreichen komplexer Ziele erforderlich sind, heraus.

Mit Blick auf die *Handlungspläne* können – abhängig vom Situationstyp – ausreichende und vollständige Handlungspläne, unzureichende Handlungspläne, die mögliche Schwierigkeiten und Lösungsmöglichkeiten nicht antizipieren, und fehlende Handlungspläne oder falsche, unpassende Handlungspläne unterschieden werden. Mit Blick auf die Handlungspläne von Lehrkräften ist daher zu fragen:

- Sind sie vollständig, d.h. erfassen sie die Faktoren des Unterrichts mit Blick auf die Strukturen?
- Helfen sie bei Zielbildungsprozessen?
- Sind die Ziele als Annäherungsziele formuliert? Helfen sie bei der Umsetzung der Annäherungsziele? Bilden sie die zu initiierenden Prozesse ab?
- Haben sie den Lehr-Lernprozess mit Blick auf die kognitiven Verarbeitungsprozesse der Schüler/innen im Blick (Tiefenstruktur des Unterrichts)?

- Helfen sie, passende Lehr-Lernarrangements zu gestalten?
- Wird der Aufbau von Selbststeuerungs- und Selbstregulationskompetenz der Schüler/innen mitgedacht?
- Gibt es Handlungspläne dafür, Störungen zu vermeiden oder bei Störungen angemessen zu handeln?
- Gibt es eine Metareflexion über das Unterrichtsgeschehen, um zu lernen, bessere Pläne zu machen, Routinen aufzubauen, emotionale Kompetenz zu entwickeln?

Weil Unterricht ein komplexes Geschehen ist, scheint es uns wichtig, dass angemessenes Wissen (Struktur- und Prozesswissen) aufgebaut wird, dass gelernt wird, angemessene Handlungspläne für den Unterricht zu entwerfen, auszuprobieren und zu routinisieren, damit möglichst viel freie kognitive Verarbeitungskapazität vorhanden ist, um auf unerwartete Situationen und Probleme reagieren zu können. Das gelingt, wenn Schritt für Schritt Expertise erworben wird und eine Vielzahl der Teilprozesse im Unterricht als Routinen abläuft und sie daher nicht auf kognitive oder metakognitive Regulations- und Steuerungsprozesse angewiesen sind.

Routinen zur Erleichterung des beruflichen Alltags

Routinen werden mit dem Ziel entwickelt, den Aufwand für Entwurf und Auswahl angemessenen Handelns zu minimieren

Unterricht enthält Routinen. Für Klassen von Situationen sind Hierarchien von Handlungsentwürfen im Repertoire, die situativ gesteuert abgerufen werden und ein spontanes Verhalten ermöglichen. Wir gehen davon aus, dass Lehrkräfte bestrebt sind, ihren beruflichen Alltag im Sinne rationalen Handelns zu bewältigen und es dabei sinnvoll, rational und ökonomisch ist, sich der erfahrbaren Regelhaftigkeit von Abläufen zu bedienen. Routinen werden mit dem Ziel entwickelt, den Aufwand für Entwurf und Auswahl angemessenen Handelns zu minimieren; das ist ihr rationaler Kern. Der aktive, hypothesenbildende, regelerzeugende Praktiker ist erfolgreich in der Lage, sinnvolle Routinen zu bilden. Er wird ökonomisch und rational seine Mittel einsetzen, auch um dadurch auf aktuelle Brennpunkte des Geschehens mehr Zeit, Anstrengung und Aufwand konzentrieren zu können.

Reflexion/Übungsaufgaben

- Welche Bedeutung kommt Routinen im Unterricht zu?
- Welche Situationstypen können unterschieden werden?
- Benennen Sie Merkmale von Handlungsplänen.
- Inwiefern ermöglichen angemessene Handlungspläne den Grad der freien kognitiven Verarbeitungskapazität für das Handeln im Unterricht?

4.7 Ein Modell des Planungsprozesses

Im folgenden Modell des Informationsverarbeitungsprozesses beim Planen wird versucht, einen Zusammenhang zwischen der Planung und der Ausübung der Tätigkeit herzustellen. Planung wird dabei als Teilprozess der Handlungssteuerung angesehen. Handeln gelingt, wenn die gegebene Ausgangssituation klar erkannt wird, realistische Ziele angestrebt werden und der dafür passende Handlungsentwurf ausgewählt und umgesetzt wird (Abb. 10). Planung liefert den Handlungsentwurf für eine zukünftige Situation.

Modelle akzentuieren jeweils bestimmte Aspekte des modellierten Realitätsbereichs. Das Erkenntnisinteresse des Konstrukteurs entscheidet über die Auswahl der Aspekte. Wir entscheiden uns für ein handlungstheoretisch orientiertes Modell (im Sinne der Position von Werbik 1978).

Pädagogische Handlungen haben sowohl mit Wertvorstellungen als auch mit instrumentellen Plänen zur Realisierung von Zielen zu tun. Wie die Verknüpfung von Werten und Plänen beim Handeln gedacht werden kann, haben Carver und Scheier (1998) in ihrer Regulationstheorie vorgestellt. Betrachten wir zunächst das Grundmodell (Abb. 11). Dieses Modell beschreibt, wie Ziele, Standards als Referenzwerte dafür sorgen, dass ein Effekt in der Außenwelt kontrolliert erreicht werden kann.

Die Abbildung 12 zeigt die Verknüpfung von instrumentellen Plänen mit Werten. Werte entscheiden demnach auf höchster Ebene über die Bedeutung von Handlungen und regulieren damit die aufzubietende Energie, um auf den niedrigeren Ebenen eine instrumentelle, geplante Handlungs-

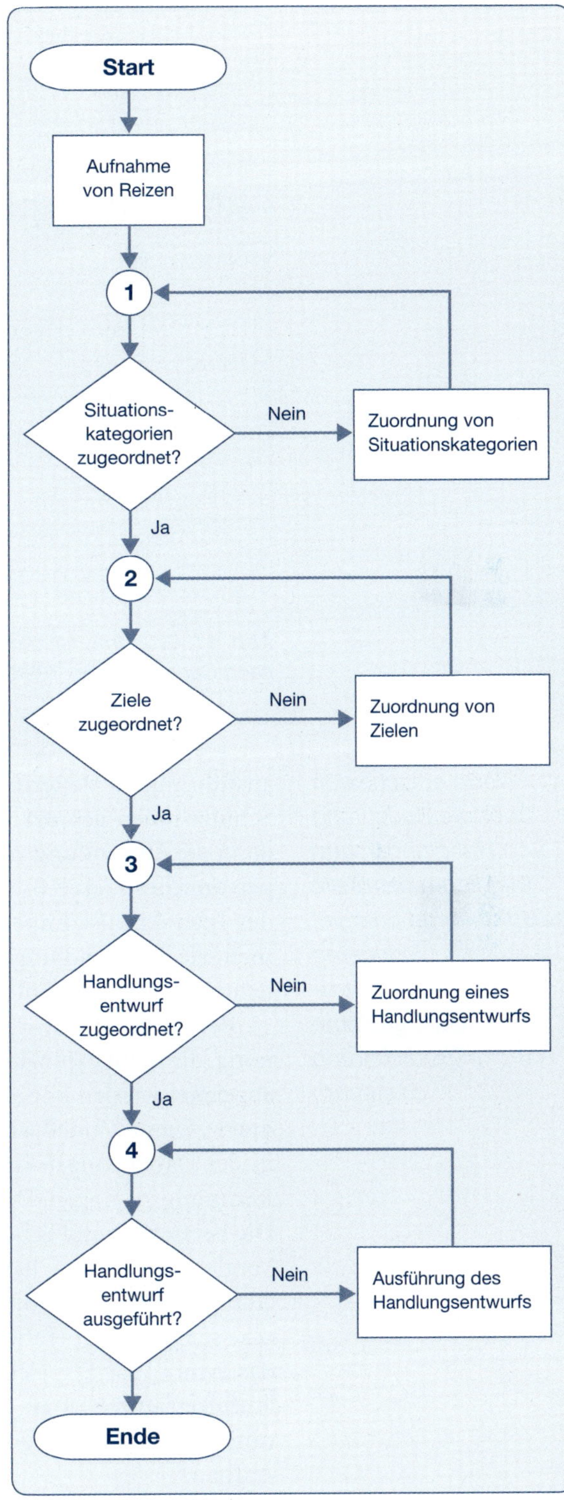

Abb. 10: Informationsverarbeitung bei der Ausübung einer Lehr-Handlung.
① Ausgangslage
② Ziellage
③ Handlungsentwurf
④ Handlungsausführung.

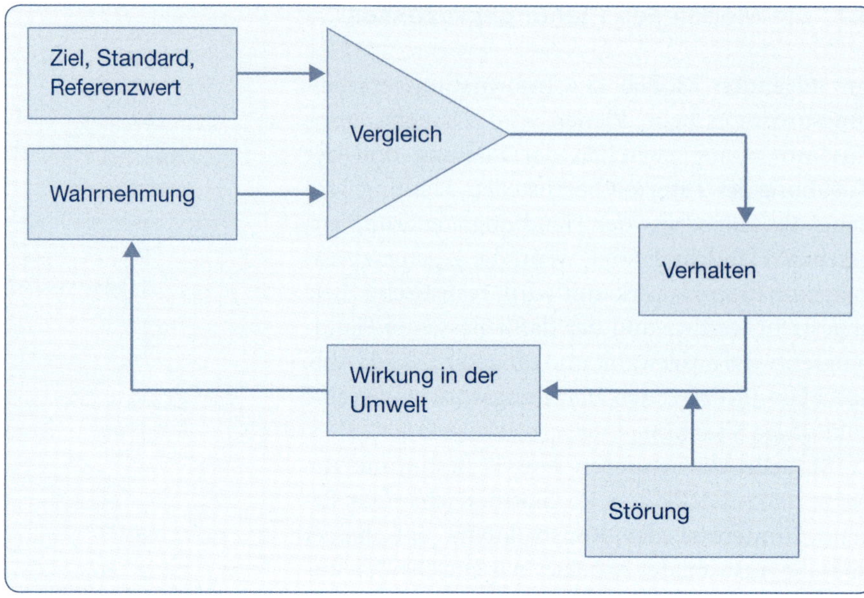

Abb. 11: Grundmodell der Handlungssteuerung durch ein Ziel (Steuerungsmodell nach Carver/Scheier 1998)

Werte entscheiden über die Bedeutung von Handlungen und regulieren damit die aufzubietende Energie, um auf den niedrigeren Ebenen eine instrumentelle, geplante Handlungsausführung zu steuern

ausführung zu steuern. Dieses Modell kann für selbst reguliertes Lernen bei Schüler/innen genutzt werden: Die instrumentelle geplante Endhandlung ist dann die Anwendung von Lernstrategien, um damit ein für wichtig gehaltenes persönliches Ziel (z. B. Kompetenzerwerb, Prüfung bestehen) zu erreichen. Bei der Interaktionskompetenz von Lehrkräften und Schüler/innen sind instrumentelle Endhandlungen solche, die sozialen Einfluss auf andere Personen nehmen; sie stehen unter der Regulation durch Werte der handelnden Person.

Bei dieser Struktur des Steuerungssystems sind noch einige Teilprozesse nötig, die nicht explizit aufgeführt sind, die aus der Theorie von Kanfer (1987) abgeleitet werden können: Selbstbeobachtung, Selbstbewertung, Selbstkonsequenz. Unser Modell wird in Form eines Flussdiagramms ausgeführt, um auch in der Darstellungsform dem Prozesscharakter des modellierten Geschehens Rechnung zu tragen. Die Abbildung zeigt die Struktur des Ablaufprogramms. Die bei Carver und Scheier getrennt aufgeführten Aspekte von Normwert und Vergleichsoperation haben wir im Flussdiagramm als Prüf- und Überwachungsstruktur zusammengefasst und mit einer Raute abgebildet. Die Rechtecke stellen die Operationen dar, die Flächen mit den gekrümmten Seiten sind das Symbol für gespeicherte Daten. Die Durchführung eines derartigen Ablaufprogramms ist an die Existenz bestimmter Funktionsbereiche der kognitiven Ausstattung gebunden. Die Abbildung 13 zeigt den notwendigen Aufbau.

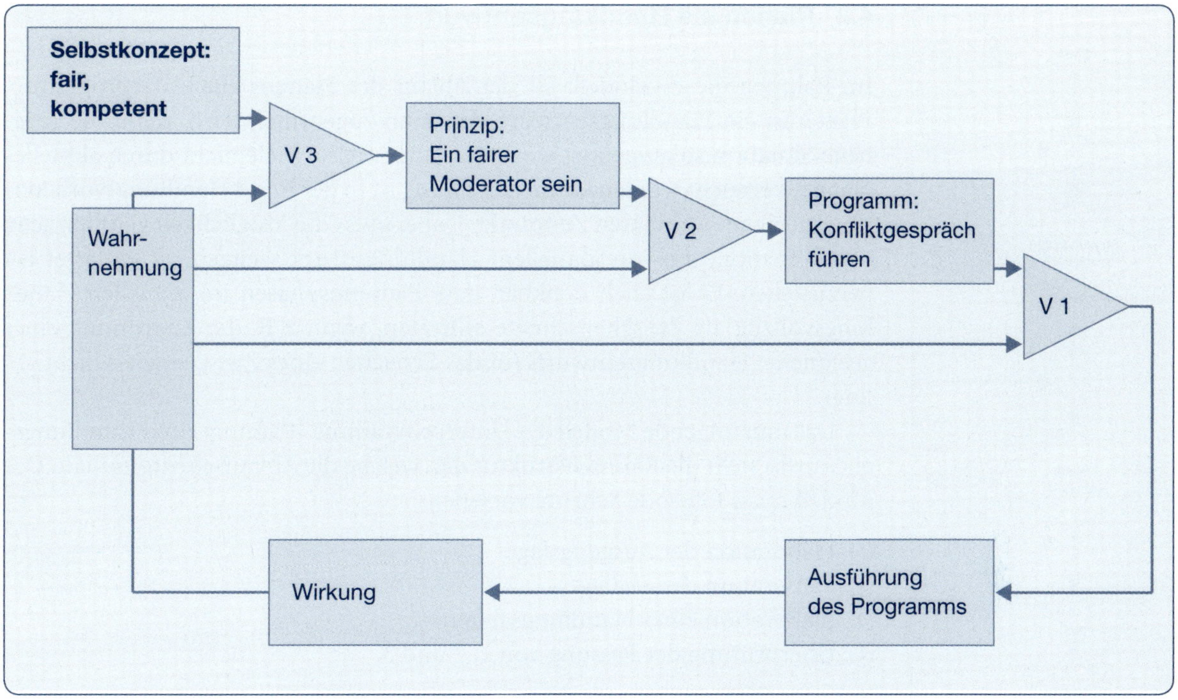

Abb. 12: Verschachtelung von Zielen (nach Carver/Scheier 1998). V = Vergleich.

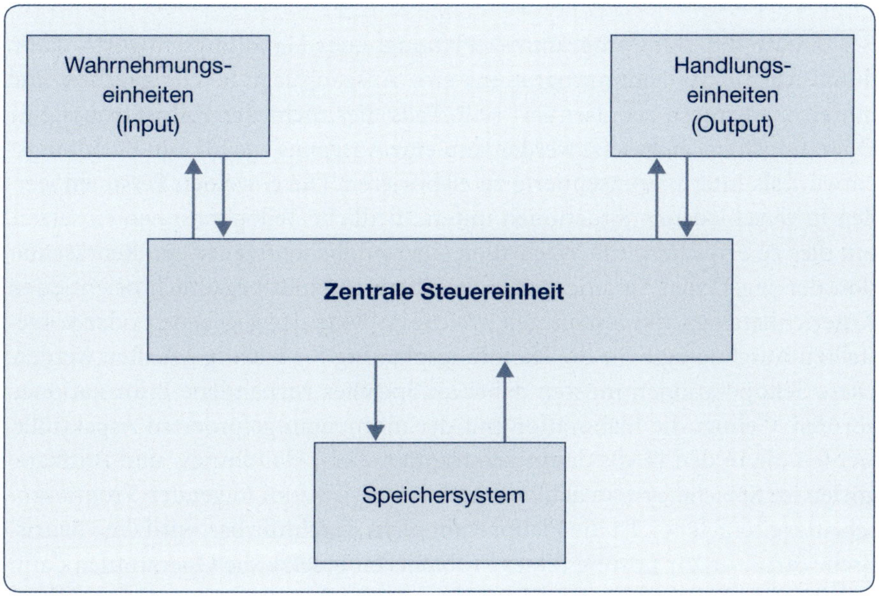

Abb. 13: Modell der kognitiven Ausstattung

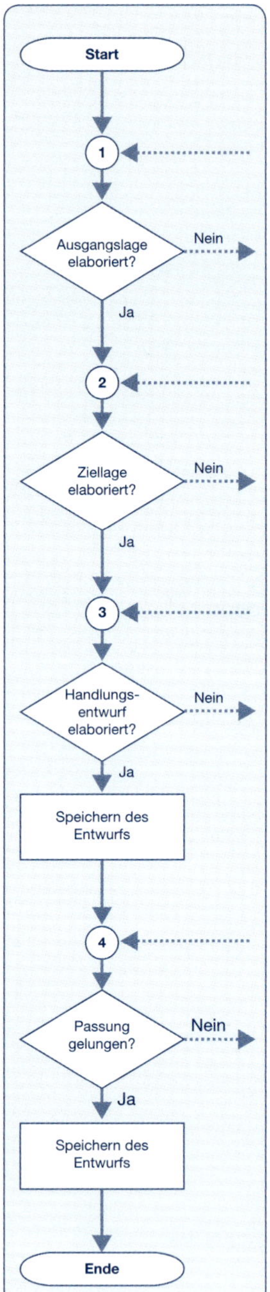

Abb. 14: Gesamtablauf des Programms »Planung eines Handlungsentwurfs«

4.8 Planen als Handlungsentwurf

Im Rahmen dieses Modells ist der Ablauf des Planens ein Unterprogramm. Planen ist ein Handlungsentwurf, der dann zugeordnet wird, wenn die gegebene Situation so aufgefasst wird, dass angestrebte Ziele nicht durch aktuelles Handeln erreicht werden können. Planung ist in der Regel Handlungsvorbereitung zu einem wählbaren Zeitpunkt. Dabei muss die Möglichkeit gegeben sein, eine Situation, die von aktuellem Handlungsdruck weitgehend entlastet ist, herzustellen. Es ist auch denkbar, dass Planungsphasen im aktuellen Handlungsvollzug als Zwischenschritte auftreten, wenn z.B. die Zuordnung eines geeigneten Handlungsentwurfs für das Erreichen eines Zwischenziels nicht gelingt.

Das nun folgende Modell des Unterprogramms »Planung eines Handlungsentwurfs« stellt die Rahmenstruktur dar, welche die Ablaufschritte enthält. Das Modell muss folgende Schritte vorsehen:

① Elaboration der Ausgangslage
② Elaboration der Ziellage
③ Elaboration eines Handlungsablaufs
④ Überprüfung der Passung von 1, 2 und 3.

Abbildung 14 zeigt den Gesamtablauf des Programms im Überblick.

Elaboration der Ausgangslage

Bei Einsatz des Unterprogramms »Planung eines Handlungsentwurfs« kann durch Ablauf des Hauptprogramms eine Ausgangslage bereits gegeben und hinreichend intern repräsentiert sein. Falls dies nicht der Fall ist, muss eine Operationsfolge eingesetzt werden, um eine Ausgangslage für den Handlungsentwurf als intern repräsentierte zu elaborieren. Die einzelnen Personen werden in verschiedenen Situationen unterschiedliche Teiloperationen einsetzen, um dies zu erreichen, z.B. Wachrufen einer bildlichen/szenischen Repräsentation der gegebenen Situation oder Durchlaufen eines begrifflich orientierten Kriterienkatalogs, um festzulegen, welche Aspekte der gegebenen oder vorgestellten Ausgangslage für die Handlungsplanung für wichtig gehalten werden. Diese Teiloperationen müssen dabei im Speicher vorhandene Informationen abrufen. Gelingt die Elaboration mit der momentan geforderten Aspektfülle, werden die in den HABs damit verknüpften Ziel-, Handlungs- und Prüfkategorien im Speichersystem aktiviert und dann wird zum folgenden Programmschritt weitergeleitet. Ist die Elaboration nicht durchführbar, wird eine heuristische Struktur zur Lösung dieses Problems eingesetzt, die Operationen dafür bereitstellt oder herstellt, z.B. Heurismen zur Elaboration einer Ausgangslage. Die grafische Darstellung des bisher besprochenen Programmschritts zeigt Abbildung 15.

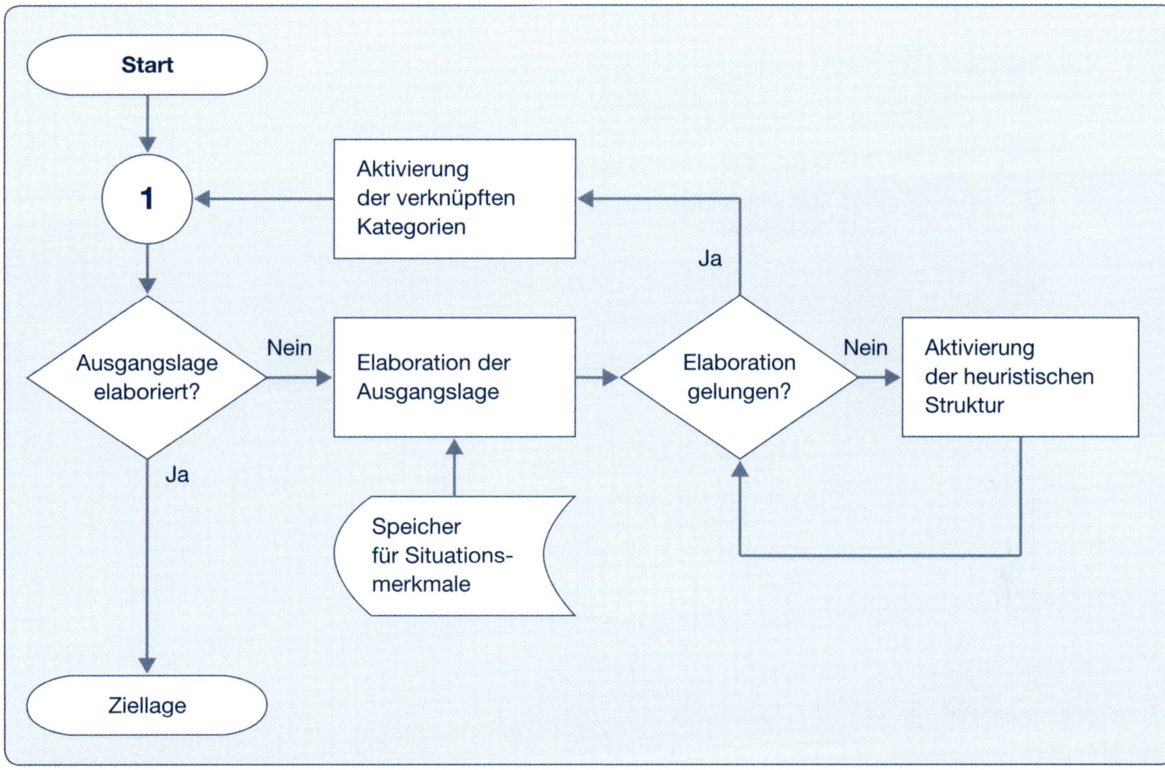

Abb. 15.: Elaboration der Ausgangslage ①

Elaboration der Ziellage

Die Ziellage ist ebenfalls entweder schon im Hauptprogramm definiert, oder es ist eine Ziellage erst in interner Repräsentation zu elaborieren. Dabei sind dann Teiloperationen wie Visualisierung, Operationalisierung oder andere begrifflich orientierte Operationen denkbar. Diese Operationen der Elaboration von Lagen sind mit den Operationen der Speicherung und des Abrufs von Informationen innerhalb von Gedächtnistheorien vergleichbar. Aus der gegebenen Ausgangslage der Lerngruppe und/oder der Struktur des Unterrichtsgegenstandes bzw. der Analyse der Lernstruktur werden Ziele generiert, die im idealen Fall Teil eines HABs sind, für die es also Verknüpfungen mit einem Handlungsentwurf gibt. Es kann sich dabei sowohl um bewusstseinsferne Operationen (das Ziel drängt sich als Vorstellung auf) als auch um bewusste konstruierte Verfahrensweisen handeln. Ist die Ziellage nicht als Aufgabenlösung elaborierbar, ist der Einsatz einer heuristischen Struktur zur Problemlösung nötig. Die grafische Darstellung des Programmschritts zeigt Abbildung 16.

Elaboration des Handlungsentwurfs

Zur Ausgangslage und zur Ziellage wird ein geeigneter Handlungsentwurf elaboriert. Möglich ist jedoch auch der Ablauf, dass der Handlungsentwurf schon

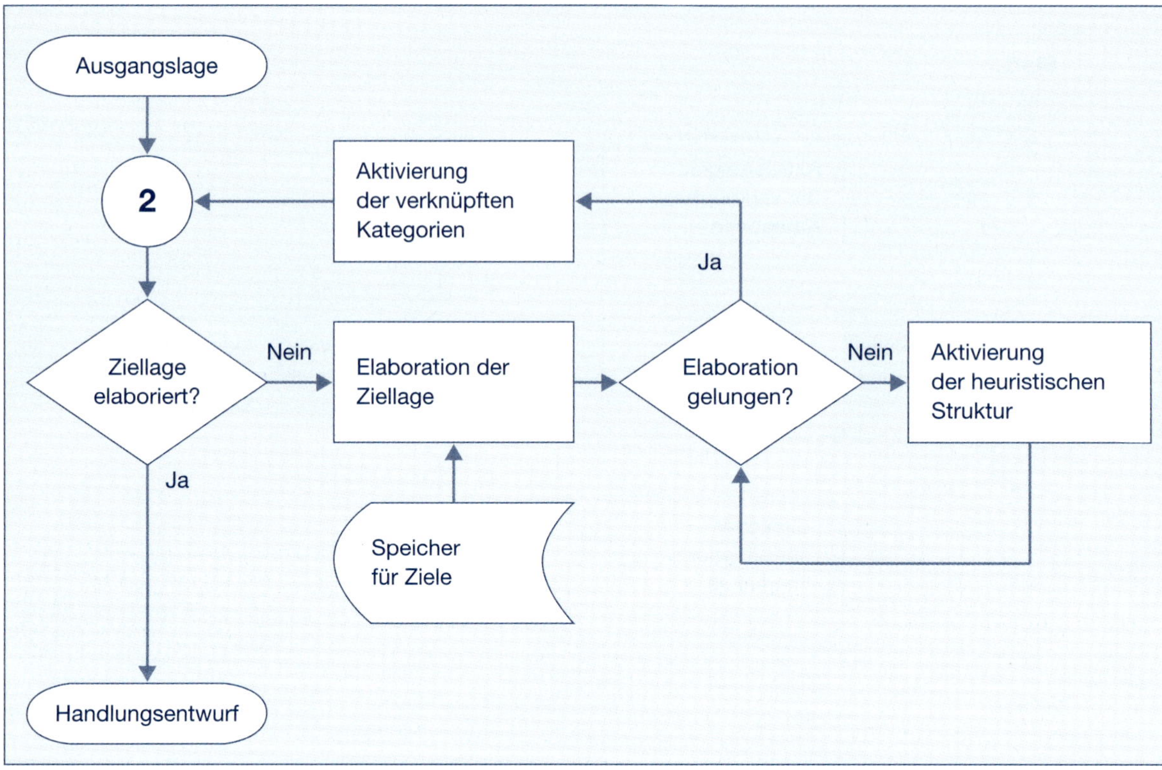

Abb. 16: Elaboration der Ziellage ②

als Repräsentation im Hauptprogramm vorgelegen hat und im Unterprogramm »Planung« nun noch die Elaboration von Ausgangs- und Ziellage erfolgen müsste, um die Tauglichkeit zu prüfen. Bei der Planung ist der Hauptschritt sicherlich das Schaffen eines Handlungsentwurfs mit Operationen, wie z. B. Zerlegung in Teilschritte, die eine Elaboration von Zwischenlagen notwendig machen. Wenn handlungsleitende psychische Abbilder (HABs) mit einer vollständigen Wenn-dann-Verknüpfung verfügbar sind, wird dies leicht gelingen. Ist der Handlungsentwurf nicht als Aufgabenlösung mit Speicherbeständen durchführbar, muss wiederum eine heuristische Struktur die kreative Problemlösung steuern. Die Abbildung 17 zeigt die Ablaufstruktur.

Beim Elaborieren eines Handlungsentwurfs wird aus dem Speicher zunächst ein für die jeweilige Planungsdomäne geeignetes Leerstellenraster aktiviert, das die Grundstruktur Situation – Handlung – Ziel für den Gegenstandsbereich spezifiziert und das vorhandene abstrahierte Wissen über das Handeln in diesem Bereich enthält. Im schlichtesten Fall kann die Grundstruktur für den Unterricht aus einer einfachen Kette bestehen, z. B. Einstieg – Erarbeitung – Festigung – Hausaufgabe. Es kann auch eine Verknüpfungsstruktur sein, wie in der Berliner Didaktik (Heimann/Otto/Schulz 1968) mit der Interdependenz von Inhalt, Ziel, Methode, Medien. Der von Klauer und Leutner (2007) formulierte Lehralgorithmus kann hier verwendet werden. Das diese Grundstruktur

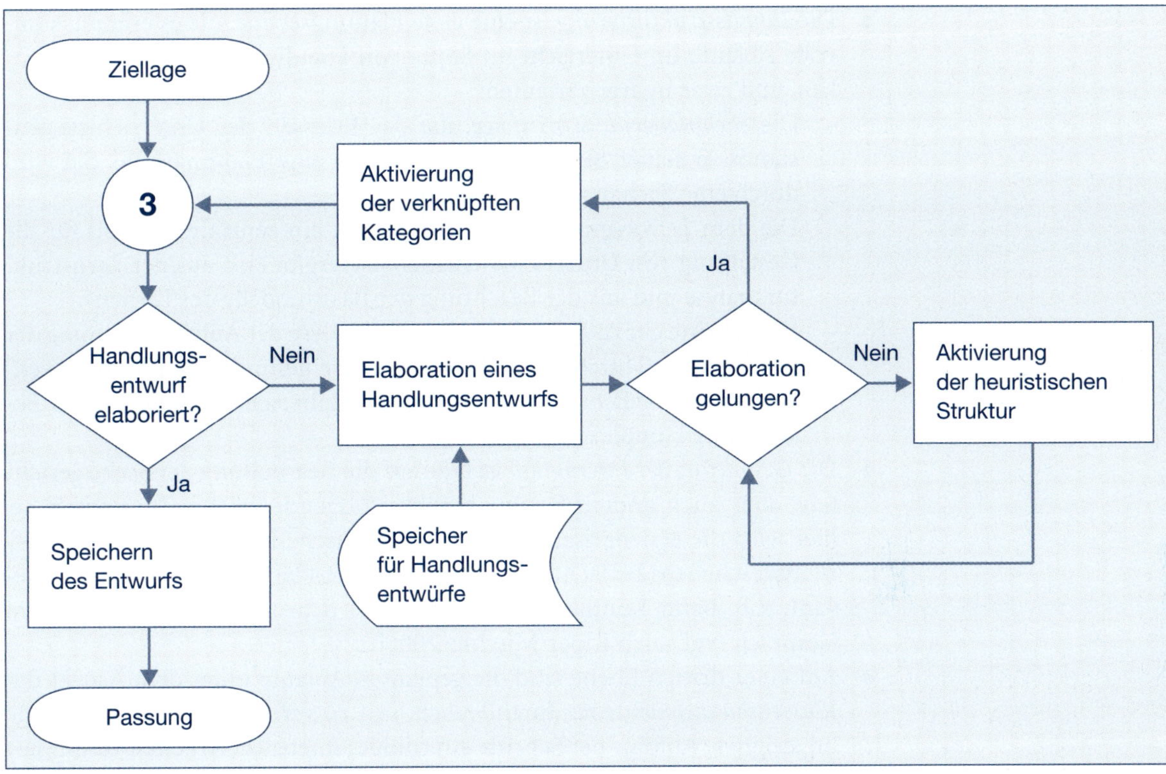

Abb. 17: Elaboration des Handlungsentwurfs ③

mit konkreten Inhalten auffüllende handlungsleitende Abbildsystem kann aus hierarchisch geschachtelten Strukturen mit Oberziel/Unterziel und Rahmenhandlung/Detailhandlung bestehen.

Der schlichteste Fall ist die Speicherung einer unreflektierten Schrittfolge im Sinne von Rezeptwissen. Dies ist unzureichend, weil dabei die intendierten Prozesse bei den Schüler/innen nicht näher bestimmt sind und daher kein Wissen verfügbar ist, um die Prozesse zu überwachen. Eine angemessene situative Modifikation kann nicht gedacht werden, wenn die Verknüpfung mit einer Theorie fehlt, die Hinweise für Modifikationsmöglichkeiten geben könnte.

Relevante Leerstellen und Planungsraster

An dieser Stelle wird deutlich, dass gute Planung damit anfängt, dass ein komplexes inneres Modell von Unterrichtsprozessen in ihrer Verzahnung vorhanden ist, um einen genügend komplexen Planungsprozess mit relevanten Leerstellen zu erzeugen. Eine didaktische Theorie muss diese Funktion erfüllen und auf wichtige Aspekte hinweisen. Die integrative Didaktik (vgl. Kiper/Mischke 2004) gibt in dieser Hinsicht folgende Hilfen:

- Die *Inhaltsstrukturierung* ist eine erste Planungsebene, die es erlaubt, sinnvolle Abläufe im Unterricht im Sinne von Handlungsschritten zu bedenken, und zwar in drei Varianten:
  - Die *sachbezogene Schrittfolge*, die das Erfassen des Unterrichtsgegenstands in seiner Struktur ermöglicht, ist eine Planungshilfe. Sie wird durch eine Sachanalyse ermöglicht.
  - Die dem *Lernweg* geschuldete Abfolge ist ein zentrales Prinzip für die Gestaltung von Unterrichtsschritten; sie ergibt sich aus der Lernstrukturanalyse und aus der Beachtung der Basismodelle des Lernens.
  - Die Schritte der Aufgabenlösung (z.B. Analyse der Aufgabe, Planung der Bearbeitung, Durchführung, Prüfung der gefundenen Lösung, Feedback durch die Lehrkraft oder Gruppe) ergibt sich aus der Logik der Bearbeitung komplexer Aufgabenstellung.
- Die *Gestaltung der Interaktion* ist eine auf die Bearbeitung der Sache gerichtete, aber auch andere Bezüge berücksichtigende zweite Planungsebene; hier wird die erzieherische bzw. sozialisatorische Komponente des Unterrichtsgeschehens bedacht. Sie ist auch für die Planung von Abfolgen relevant, z.B. beim Konfliktgespräch oder bei Schritten des Erarbeitens im Gespräch (vgl. auch Kiper/Mischke 2008b).
- Auf einer dritten Ebene sind die geplanten Abläufe unter dem Aspekt des *Klassenmanagements* zu durchdenken, um zu vermeiden, dass durch eine ungeeignete Abfolge der Schritte ein ruhiges intensives Arbeiten verhindert wird.
- Die *Kompetenzorientierung* gibt Hilfen für die Konstruktion von Aneignungs-, Übungs- und Prüfaufgaben.
- Das Konzept des *Monitoring* hilft, die Überwachung von Prozessen bei der Planung zu bedenken.

Für die jeweiligen Planungsebenen sind daher konkretisierende Wissensbestände aufzubauen

Für die jeweiligen Planungsebenen sind daher konkretisierende Wissensbestände in der Ausbildung aufzubauen, die der oben beschriebenen Struktur der HABs entsprechend angelegt sein müssen, um bei der Planung verwendet werden zu können.

Überprüfung der Passung

Die Passung von Ausgangs-, Ziellage und Handlungsentwurf ist durch Prüfoperationen zu kontrollieren, und gegebenenfalls ist die Passung durch Veränderung bzw. Rücksprung im Programm herzustellen. Dabei werden die Kriterien für angemessene Aspektfülle und Detailgenauigkeit der Prüf-Abfragen für gelungene Elaboration von Ausgangs-, Ziellage und Handlungsentwurf gegebenenfalls zu ändern sein. Art und Ausmaß der notwendigen Veränderung dieser Kriterien stellen wir uns als Auswirkung der Arbeit einer heuristischen Struktur vor.

Die beschriebene Struktur des Planungsprozesses macht so nachvollziehbar, dass der Planungsprozess nicht immer an der gleichen Stelle beginnt. Ist der planenden Person klar, welche Ausgangssituation gegeben ist, ist eine Elaboration zunächst unnötig. Werden die Zielstruktur und die möglichen Handlungen elaboriert, kann ein Rücksprung zur detaillierten Elaboration der Ausgangslage mit einem feineren Auflösungsrad nötig werden, um die Machbarkeit des Plans im Detail zu prüfen. Ist die Passung gegeben bzw. wurde sie hergestellt, wird der »Plan« im Speicher festgehalten, um zur Ausführung bereitzustehen. Der aktuelle Handlungsvollzug, d.h. das Hauptprogramm wird wieder aufgenommen. Wir gehen davon aus, dass solche Tätigkeiten wie Notizen machen, Diagramme zeichnen, Materialien sichten oder herstellen, gewissermaßen als Hilfsprogramme für die Durchführung des Unterprogramms »Planen« bereitgestellt werden.

Beim Planen können mehrere Planungsstränge bearbeitet werden

Beim Planen können mehrere Planungsstränge bearbeitet werden. Die Situation kann aus lernstruktureller Sicht, als Interaktionsproblem oder aus der Sicht des Klassenmanagements elaboriert werden. Dafür sind dann Ziele und Handlungsentwürfe zu generieren. Die Passungsprüfung hat bei parallelen Planungssträngen nicht nur die Aufgabe, innerhalb des jeweiligen Stranges eine Passung zu erzeugen, sondern auch zwischen den einzelnen Strängen nach Verträglichkeit zu suchen. Dabei sind entweder klare Prioritäten zu setzen oder sinnvolle Kombinationen zu entwickeln, um für eine Inhaltsschrittfolge die angemessene Interaktionsform und die für das Klassenmanagement passende Strukturierung der Situation zu finden.

Das Ablaufschema für den Schritt »Überprüfung der Passung« zeigt die Abbildung 18 (S. 64). Bei fertig vorgefundenen Plänen beginnt die Analyse mit der Passungsprüfung für die gegebene Situation des Nutzers.

Die heuristische Struktur

Die heuristische Struktur, die dann aktiviert wird, wenn es keine erfolgreiche Aufgabenbewältigung gegeben hat (Abb. 19, S. 65), verwendet Heuristiken, um das Problem zu lösen. Heuristiken sind Findestrategien wie z.B. Zielanalyse, Materialanalyse oder vom Ende her rückwärts denken (vgl. Dörner 1976).

Weiterführende Literatur

Dörner, D. (1976): Problemlösen als Informationsverarbeitung. Stuttgart, Berlin, Köln, Mainz: Kohlhammer.

Individuelle Varianten beim Planen

Die individuellen Varianten beim Planen entstehen durch die individuell unterschiedlichen Operationsmöglichkeiten und andersartige Füllung der Speicher bei verschiedenen Personen. Das skizzierte Modell beschreibt die Verkettung von notwendigen Operationen, damit ein funktionierender Plan entsteht. Das Planungsprogramm operiert beim erfahrenen Planer im Hintergrund, nur die Inhalte werden bewusst. Bei Anfängern wird es nötig sein, die einzelnen Schritte als bewusst gestellte Teilaufgaben abzuarbeiten. In den Makro-Opera-

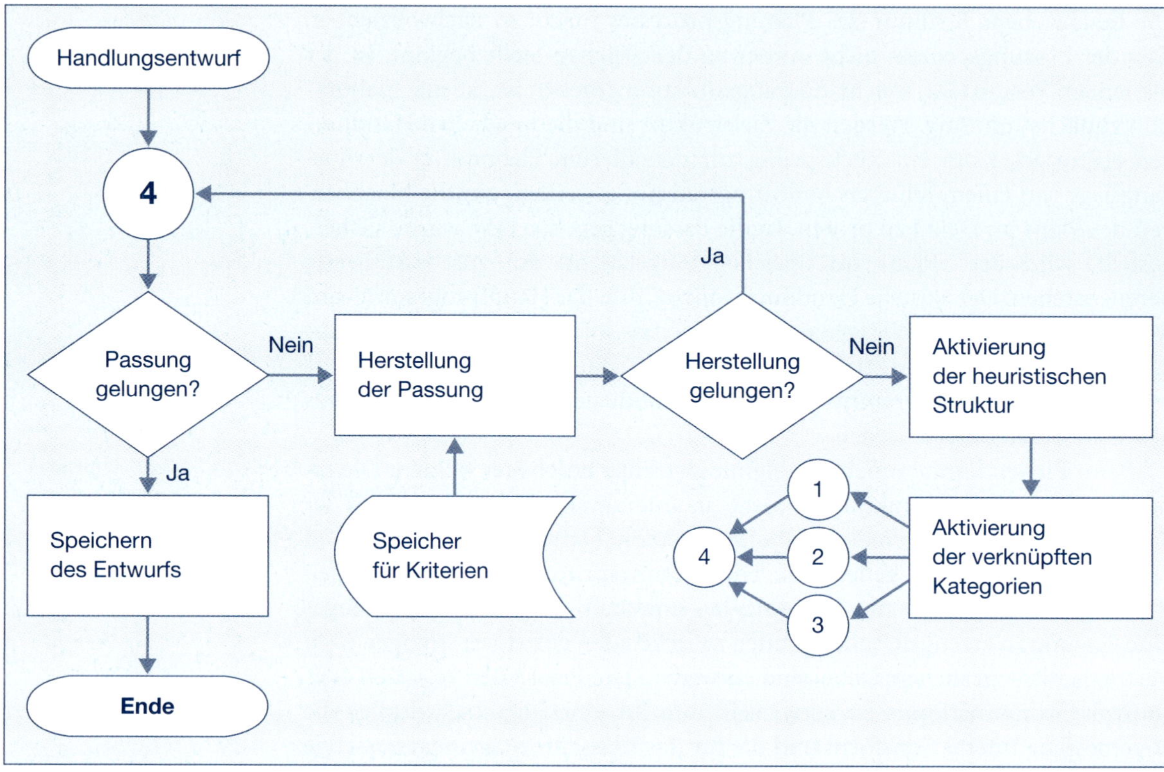

Abb. 18: Überprüfung der Passung
(① Ausgangslage
② Ziellage
③ Handlungsentwurf
④ Passung)

tionen wie z.B. »Elaborieren« und »Passung herstellen« ist eine ganze Reihe von Teiloperationen verborgen. Die Planungstheorie muss nicht nur die Makro-Operationen beschreiben, sondern auch Angaben zu den Vorgehensweisen machen, die dabei benutzt werden und die gelernt werden müssen, um angemessen planen zu können.

Für die jeweiligen Inhaltsdomänen sind daher Denkabläufe zu benennen, die zur Lösung der folgenden Aufgaben benötigt werden:

- Analysieren (z.B. Struktur eines Textes, Bildungsgehalt, Lernausgangslage, Lernstrukturanalyse)
- Konstruieren (z.B. eine Erklärung entwickeln, Ablauf zur Begriffsbildung planen)
- Argumentieren/Prüfen (Äquivalenzprüfung von Theorien und Realisierungsplänen, Passung von Lernziel und Prüfaufgaben)
- Ablauf-Kontrolle zur Prozessüberwachung (bei der eigenen Handlungssteuerung und beim Planen).

Für die Analyseaufgaben sind Pläne zu erwerben, wie z.B. für das Erfassen der Struktur eines Textes. Dabei muss es Operationen geben, die das Erfassen der im Text gegebenen Sinnabschnitte mit den jeweiligen elementaren Aussagen bzw. Propositionen ermöglichen, die eine Verknüpfung der elementaren Aussagen zu einer Argumentationsstruktur zu analysieren helfen, und solche, die eine auf den Leser bzw. Hörer gerichtete taktische Struktur der Informationsvermittlung zu entschlüsseln ermöglichen.

Aufbau einer Steuerstruktur für den Planungsprozess

Für das Konstruieren bzw. Synthetisieren ist die heuristische Struktur aufzubauen, die notwendige Produktionen bzw. Erfindungen erzeugen kann. Dafür müssen geeignete Heurismen erworben werden. Dazu gehören Programme zur Verkettung von Elementen bei Interpolationsproblemen, das Umstrukturieren und das Generieren von Realisierungsideen aus gefundenen Funktionalwerten (vgl. Dörner 1976). Die Steuerstruktur für den Planungsprozess ist als Fertigkeit aufzufassen, die durch Automatisierung in den Hintergrund treten kann. Die beim Planen verwendeten Inhalte müssen als Wissensbestände vorhanden sein. Ohne einen Vorrat an Funktionswissen (mit der Struktur von HABs) ist auch keine heuristische Struktur in der Lage, Problemlösungen zu konstruieren.

Abb. 19: Die heuristische Struktur

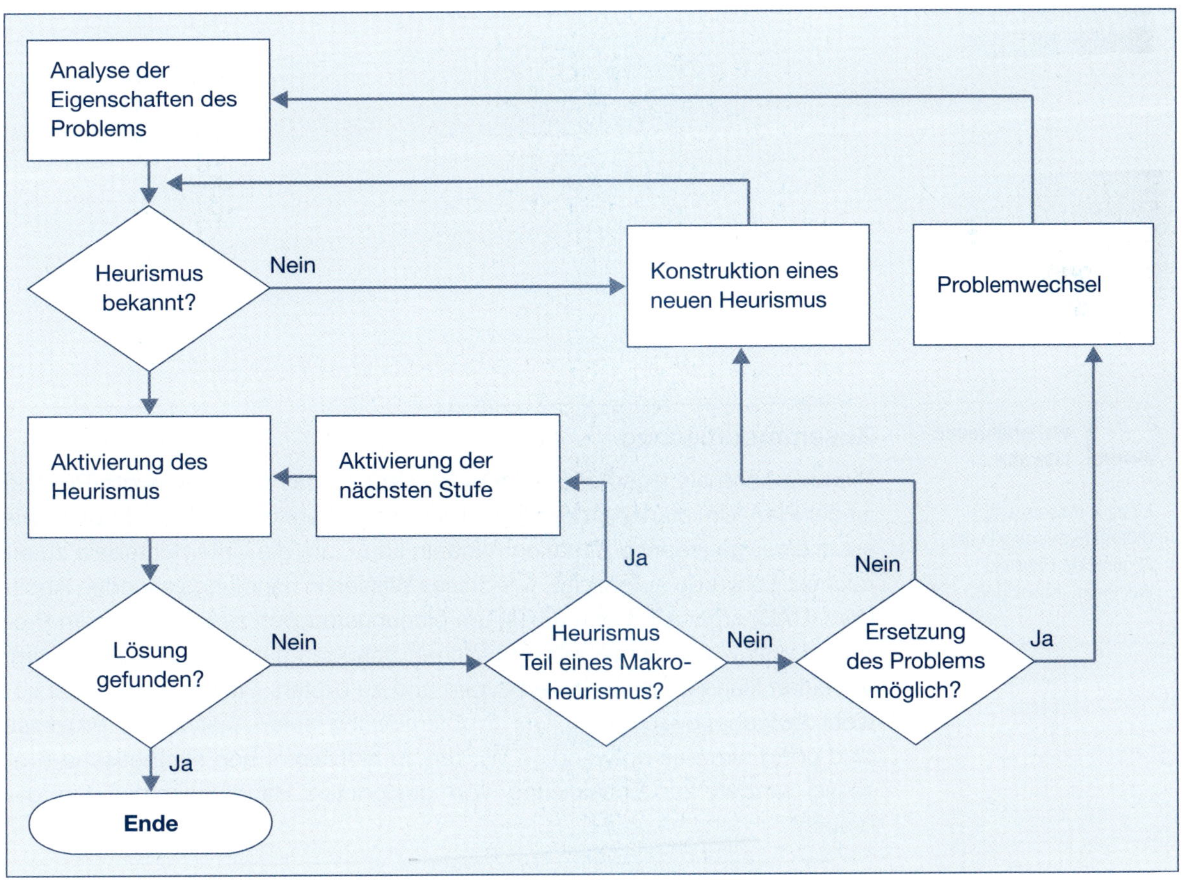

Reflexion/Übungsaufgaben

- Wie muss das Wissen von Lehrern strukturiert sein, damit es bei der Planung verwendet werden kann?
- Erläutern Sie, in welcher Hinsicht Planen eine Handlung ist.
- Welche Teilschritte sind bei der Planung notwendig?
- Welches Wissen wird benötigt, um eine pädagogische Situation zu elaborieren?
- Welches Wissen wird gebraucht, um pädagogische Ziele zu elaborieren?
- Welche Rolle spielt ein Raster für den Entwurf einer pädagogischen Handlung?
- Was ist unter Passung und Passungsprüfung zu verstehen?

Weiterführende Literatur

Kiper, H./Mischke, W. (2004): Einführung in die Allgemeine Didaktik. Weinheim, Basel: Beltz

Zusammenfassung

Planung kann als Handlung aufgefasst werden; das dabei erzeugte Produkt ist der Plan. Um planen zu können, braucht eine Lehrkraft Wissen darüber, wie sie in einer gegebenen Situation handeln kann, um die Unterrichtsziele zu erreichen. Es wurde aufgezeigt, wie dieses Wissen in handlungsleitenden Abbildern (HAB) organisiert sein muss, um planungstauglich zu sein. In einem Prozessmodell wurde vorgestellt, in welchen Schritten das Wissen benutzt wird, um einen Handlungsplan zu erzeugen und zu prüfen. Planen kann dabei sowohl Aufgabenbearbeitung wie Problemlösung sein. Analytische Prozesse sind nötig, um das notwendige Wissen zu aktivieren, und synthetische Prozesse werden zur Entwicklung von geeigneten Handlungsentwürfen gebraucht.

5. Mikroplanung

5.1 Zur Unterrichtsplanung

Mehr dazu finden Sie unter: www.beltz.de/Material Kennwort: 34200

Die Mikroplanung des Unterrichts hat die Aufgabe, den Unterricht und die darin bereitgestellten Angebote mit Blick auf die Nutzer, die Lerner/innen zu durchdenken. Der Fokus richtet sich also auf einen gekonnten Verlauf des Unterrichts, der lernwirksam und – von seinem Ablauf her – interessant gestaltet ist und die Schüler/innen zu eigenen Lernprozessen resp. Ko-Produktionsprozessen aktiviert.

Unterrichtsplanung ist also auf die Unterrichtsdurchführung und die Unterrichtsanalyse und Unterrichtsreflexion bezogen. Unterrichtsplanung enthält daher in der Regel implizit eine Theorie des Unterrichts und der Unterrichtsqualität, die expliziert werden muss, wenn über den Unterricht gegenüber Schüler/innen, Schulleitung, Eltern und Schulverwaltung Auskunft gegeben werden muss resp. wenn man – mit Blick auf die Entwicklung des professionellen Selbst – eigene Expertise im Licht von Unterrichtsplanungen zu analysieren versucht.

In der Schulpädagogik wird eine Vielzahl von Rastern zur Unterrichtsplanung vorgestellt. Wir gehen davon aus, dass viele der vorliegenden Raster sich vor allem auf den äußeren Verlauf des Unterrichts beziehen, also auf die Oberflächenstruktur, die sich darin zeigt, welche Themen oder Inhalte behandelt und welche Lehr- und Lernarrangements gewählt werden.

Es kommt darauf an, einen Unterricht anzubieten, der sachlogisch richtig und der den lernpsychologisch fundierten Lernprozessen verpflichtet ist

Wir haben an verschiedenen Stellen expliziert, dass es darauf ankommt, einen Unterricht anzubieten, der sachlogisch richtig und der den lernpsychologisch fundierten Lernprozessen, die dabei relevant werden, verpflichtet ist. Auf der Basis der Unterscheidung von Oberflächenstrukturen (Sichtstrukturen) des Unterrichts und Tiefenstrukturen des Unterrichts, wo es um die Passung zwischen den Lerninhalten bzw. sichtbaren Abläufen und den für den Erwerb notwendigen Teilschritten der Lernprozesse geht, schlagen wir eine Unterrichtsplanung vor, die die Tiefenstruktur des Unterrichts bedenkt. Es geht also um die Fundierung des Lernens im Unterricht durch eine Lernstrukturanalyse.

Will man auf diese Weise Unterricht planen, ist das Denken so anzulegen, dass über ein inhaltliches und methodisches Denken über Unterricht hinaus auch auf die dabei stattfindenden relevanten Lernprozesse geachtet wird. Das Planungsraster, das wir schon an anderer Stelle vorgestellt haben (vgl. Kiper/Mischke 2004), zielt daher darauf, die Sachstruktur der Inhalte und die Lernstruktur zu bedenken, bevor Methoden des Unterrichts ausgewählt werden. Auf der Grundlage der Auseinandersetzung mit der sachlogischen Struktur und der Lernstruktur ist eine Planung vorzunehmen, wobei passend zu den geforderten Lernprozessen Lernarrangements (Arbeitsaufgaben, Materialien und Methoden) durchdacht werden. Wir gehen davon aus, dass zu einer Unterrichtsplanung im umfassenden Sinn folgende Momente gehören (Abb. 20).

Sachanalyse	Struktur des Gegenstandes, sachlogische Schrittfolge
Didaktische Analyse	• Bedeutung des Themas • Stellung im Curriculum • Lernvoraussetzungen der Klasse, einzelner Schüler/innen • Überlegungen zur Lernstruktur • Lehr- und Lernziele • Aufgaben und Prozessmerkmale zur Überprüfung des Unterrichtserfolgs (Monitoring und Erfolgskontrolle) • Methoden • Lehr-Lernarrangements • Hausaufgaben
Verlaufsplan	Lehr- und Lernschritte im zeitlichen Verlauf
Kriterien für die Unterrichts-qualität	• Indikatoren/Beobachtungskategorien • Maßstäbe für die Unterrichtsreflexion

Abb. 20: Momente der Unterrichtsplanung

Diese Liste kann unter handlungstheoretischer Sicht durchdacht werden: Was ist die Ausgangslage resp. gegebene Situation? Was sind sinnvolle Ziele? Welche Handlungsoptionen gibt es und welche sollen realisiert werden? Wie können Ausführung und Reflexion geordnet werden, um die Funktionalität des jeweiligen Planungsaspekts für die gesamte Handlungsplanung zu zeigen? Es ergibt sich folgende Zuordnung:

- Ausgangslage
  bezogen auf die inhaltlichen Anforderungen:
  - Sachanalyse
  - Bedeutung des Themas im Curriculum

  bezogen auf die Klasse:
  - Entwicklungsstand der Klasse
  - Lernstand

  - Verfügung über Methoden/Lernstrategien
  - Heterogenität
  - Besonderheiten einzelner Schüler/innen
- Zielfindung
  - Lernstrukturanalyse
  - Ableitung von Lehr- und Lernzielen
- Handlungsplanung
  - Didaktische Überlegungen (Ausmaß der zu berücksichtigenden Heterogenität, Besonderheiten von Stoff und Klassensituation)
  - Abfolge von Schritten in der Tiefenstruktur
  - lernrelevante Besonderheiten der Schüler/innen
  - mögliche methodische Varianten
  - konkrete Lernarrangements
- Realisation/Kontrolle
  - geeignete Formen der Leistungsprüfung/Prüfaufgaben
  - Formen des Monitoring der Lernprozesse
  - geeignete Übungs- bzw. Erwerbsaufgaben
  - Kategorien der Unterrichtsevaluation/Befragung/Beobachtung.

Bei den analytischen Verfahren geht es darum, einen Sachverhalt und seine Struktur bzw. Komponenten systematisch zu erarbeiten

Um das jeweilige Problem erfolgreich bearbeiten zu können, sind Verfahren bzw. Instrumente nötig. Grundsätzlich ist zwischen analytischen und synthetischen Verfahren zu unterscheiden. Bei den *analytischen* Verfahren geht es darum, einen Sachverhalt und seine Struktur bzw. Komponenten systematisch zu erarbeiten. Die Gegenstände der Analyse sind z. B. als potenzielle Unterrichtsinhalte oder Lernausgangslagen der Schüler/innen unabhängig von der analysierenden Person schon vorhanden, dennoch konstituiert erst die Analyse den im Planungsprozess relevanten Sachverhalt. Es kann einen Streit darüber geben, ob die vorgenommene Analyse den richtigen Sachverhalt ermittelt oder den Sachverhalt angemessen darstellt. Die Analyse kann mit ungeeigneten Mitteln vorgenommen worden oder in der Durchführung fehlerhaft gewesen sein.

Durch die Anwendung synthetischer Verfahren werden Sachverhalte aus vorhandenen Komponenten erst konstruiert bzw. entworfen

Durch die Anwendung *synthetischer* Verfahren werden Sachverhalte aus vorhandenen Komponenten erst konstruiert bzw. entworfen. Ohne die Anwendung der Verfahren zur Synthese gibt es keinen Plan und er kann nicht ausgeführt werden. Obwohl es sich um Entwicklungen/Erfindungen handelt, kann es dennoch ein »richtig« oder »falsch« geben, denn die Erfindung kann tauglich oder untauglich dafür sein, das intendierte Ziel zu erfüllen. Hier wird nicht ein schon vorhandenes Objekt mit subjektiv gelungener Analyse konfrontiert, sondern eine subjektive Konstruktion mit den Bedingungen des Gelingens. Fehler können durch Bezug auf falsche Theorien oder durch die fehlerhafte Umsetzung von Theorien bei der Konstruktion eintreten oder schon durch Fehler in der Analyse bedingt sein. Auf ein nicht richtig analysiertes Problem wird mit einer nicht passenden Lösung geantwortet.

Diese Betrachtungen zeigen, dass wesentliche Teile des Planungsprozesses mit der analytischen Bestimmung der Gegebenheiten zu tun haben. Die angemessene Bedingungsanalyse ist Voraussetzung für die geeigneten Konstruktionen. Wenn die begriffliche Rasterung der Analyseprozeduren nicht mit den handlungsleitenden Konzepten zusammenpassen und die Kriterien des Unterrichtserfolgs begrifflich nicht angemessen sind, ist keine gelingende Planung und auch kein Lernen aus Erfolg oder Misserfolg zu erwarten. Wir müssen daher die jeweilige Planungsaufgabe, die dafür verwendbaren Instrumente und ein einheitliches aufeinander beziehbares Begriffsraster entwickeln, um den planenden Personen ein geeignetes Rüstzeug zu vermitteln. Im Folgenden gehen wir auf die einzelnen Aspekte der Unterrichtsplanung ein, erläutern sie und geben Hinweise zum Vorgehen.

Sachanalyse

Aus welchen Teilen besteht der Sachverhalt? Welche Relationen haben diese Teile zueinander?

In der Regel findet sich eine Praxis, ein Thema sofort unter methodischen Gesichtspunkten auszuwählen. Das hat den Nachteil, dass erstens das Thema mit Blick auf übergreifende (z.B. bildungstheoretische) Zielsetzungen nicht geprüft wird und zweitens die fachliche Auseinandersetzung einer Lehrkraft mit dem Sachverhalt zu kurz kommt. Die Lehrkraft muss sich darum bemühen, einen Sachverhalt präzise zu verstehen. Dazu gehört auch, sich mit einem Gegenstand aus einer oder mehreren fachlichen Perspektiven auseinanderzusetzen und den Sachverhalt angemessen zu strukturieren. Dabei ist zu berücksichtigen, wie das jeweilige Denken auf das Verständnis des Gegenstandes zurückwirkt. Die *Sachanalyse* basiert auf einer fachwissenschaftlichen Analyse der Struktur eines Gegenstandes oder Inhalts. Dies könnten dabei geeignete Fragen sein: Aus welchen Teilen besteht der Sachverhalt? Welche Relationen haben diese Teile zueinander? Welche Verfahren/Methoden sind für die Bearbeitung dieser Sachverhalte aus fachwissenschaftlicher Sicht bedeutsam?

Curriculare Überlegungen

Welche Kompetenzen sollen mit diesem Inhalt erworben werden? Welche Aufgaben sollen nach dem Lernen der Inhalte und Verfahren gelöst werden können?

Grundlage curricularer Überlegungen ist die Verknüpfung der Analyse der Struktur des Lerninhalts mit Überlegungen zum Ort dieses speziellen Inhalts in einer Abfolge von Inhalten. Es wird geklärt, was als Voraussetzung zur Erarbeitung dieser Inhalte notwendig ist und welche Inhalte danach erarbeitet werden können. Bei der Analyse der Stellung eines Inhaltes im Curriculum sind die folgenden Fragen zu erörtern: Welche Kompetenzen sollen mit diesem Inhalt erworben werden? Welche Aufgaben sollen nach dem Lernen der Inhalte und Verfahren gelöst werden können? Welche Kenntnisse sind notwendig, um die mit dem Thema verbundenen Informationen aufzunehmen und zu verarbeiten? Welche Reihenfolge ist für die Aneignung des Wissens und/oder den Aufbau des Könnens sinnvoll? Die Lehrkraft muss sich Lernaufgaben ausdenken und diese in eine geeignete Reihenfolge bringen. Mit Blick auf die Bildungsstandards ist zu durchdenken, welche inhaltlichen Wissensbestände und welche Methoden und Verfahren unverzichtbar sind und welche eventuell zusätzlich vermittelt werden sollen. Dabei ist die Aufteilung des relevanten Wissens in ein Fundamentum und ein Additum zu bedenken. Die relevanten Wissensbestände, die notwendig sind, um etwas zu verarbeiten, zu verstehen und flexibel weiter zu denken, gehören sicherlich zum Fundamentum; weitere Wissensbestände können gegebenenfalls für Lerner/innen angeschlossen werden, die über die Regelstandards hinaus Wissen erwerben wollen.

Didaktische Analyse

Die Planung des Unterrichts sollte eine kurze Begründung für die Wahl der Stoffe, Inhalte, Themen, Probleme oder Wissensbestände geben

Die didaktische Analyse hat zum Ziel, über relevante Stoffe, Themen, Probleme, deklarative und prozedurale Wissensbestände unter übergreifenden Leitorientierungen nachzudenken. Wolfgang Klafki schlug in seiner Didaktischen Analyse (1958) vor, Inhalte mit Blick auf ihren bildungstheoretischen Gehalt auszuwählen. Er wandte sich gegen eine verkürzte Auswahl allein unter methodischen Gesichtspunkten. Andere Autoren fragen nach der Bedeutung von Lerngegenständen für den Erwerb von Qualifikationen oder den Aufbau umfassender Handlungskompetenzen. Die Planung des Unterrichts sollte eine kurze Begründung für die Wahl der Stoffe, Inhalte, Themen, Probleme oder Wissensbestände geben, z.B. mit Blick auf die Relevanz des Themas für Bildung, für das Erkennen oder für den Aufbau und die Vernetzung einer soliden Wissensbasis oder für den Kompetenzerwerb. Es ist aufzuzeigen, welche wichtigen Begriffe und Kategorien für fachliches Verstehen oder Weltverstehen anhand des Inhalts erarbeitet werden können. Auf der Grundlage der fachlichen Auseinandersetzung mit dem Thema ist mit Blick auf den/die Lerner/in – unter didaktischer Perspektive – zu reflektieren, welchen Bezug der Sachverhalt zu den Erfahrungen der Schüler/innen hat und welche Bedeutung er in deren Gegenwart und Zukunft einnimmt.

Zur Unterscheidung von Lehr- und Lernzielen

Soll beim Planungsprozess die Handlung der Lehrperson im Mittelpunkt stehen, sind Handlungsziele für die Aktionen dieser Person zu beschreiben. Soll darauf geachtet werden, welche Wirkung diese Handlungen bei den Schüler/innen haben, sind diese als Lernziele zu benennen und geeignete Prüfoperationen zu entwerfen. Beide Arten sind demnach komplementär zu sehen. Lehrpersonen versuchen durch die Planung ihrer Angebotshandlungen Lernarrangements zu entwerfen, die den Schüler/innen das Erreichen von Lernzielen ermöglichen. Beim Misslingen sind Nachbesserungen zu erwägen, sei es durch ein alternatives Lernangebot oder durch ein Training zur Verbesserung der Nutzungsmöglichkeiten seitens der Schüler/innen.

Lernziele – Operationalisierung – Niveau der Lernziele

Die Ziele des Unterrichts sind die Grundlage für die fachliche und lernprozessbezogene Planung

Welche Kompetenzen sollen durch den Unterricht aufgebaut werden? Die Ziele des Unterrichts sind die Grundlage für die fachliche und lernprozessbezogene Planung. Ziele sind so anzugeben, dass nach dem Unterricht überprüft werden kann, ob die intendierten Lernergebnisse erreicht wurden. Es sind nicht nur fachliche, sondern auch fächerübergreifende Lehrziele anzugeben. Mit Blick auf den Aufbau von Kompetenzen durch die Vermittlung/Aneignung von Lehrstoffen (also den inhaltlichen Gegenständen des Unterrichts) ist genau festzulegen, welches *deklarative Wissen* und welches *prozedurale* Wissen mit welchem *Kompetenzgrad* erworben werden soll.

- Über welches Wissen und über welche (Teil-)Kompetenzen sollen die Schüler/innen nach der Unterrichtsstunde auf welchem Niveau verfügen?
- Aus welchen Anforderungsbereichen soll Wissen und Können vorhanden sein? Dazu sind die in den Bildungsstandards genannten Anforderungsbereiche heranzuziehen. Das Anforderungsniveau für das deklarative und prozedurale Wissen ist zu markieren.
- Lernziele sind in operationalisierter Form anzugeben. Das bedeutet, die Durchführungsweise der Lernzielerfassung zu beschreiben, z. B. Operationen nennen, die Schüler durchführen sollen (z. B. fassen zusammen, geben wieder, lösen, stellen gegenüber, vergleichen, erklären, beschreiben). Die Aufgabenstellung und die zu verwendenden Hilfsmittel sind anzugeben.
- Die Aufgaben, die die Schüler/innen nach dem Unterricht lösen können, sollen angegeben werden.

Überprüfungsaufgaben

Überprüfungsaufgaben zeigen, welche Sorte Aufgaben die Schüler/innen lösen können, wenn der Unterricht erfolgreich war

Sie zeigen, welche Sorte Aufgaben die Schüler/innen lösen können, wenn der Unterricht erfolgreich war. (Die Aufgaben müssen so angelegt sein, dass sie nicht schon vorher – ohne Unterricht – lösbar waren, sondern dass sie zeigen, was an Lernzuwachs durch Unterricht organisiert wurde). Die wesentlichen Inhaltsbestände und die Operatoren sind zu bedenken. Es ist anzugeben, welche Hilfsmittel die Schüler/innen dabei verwenden können und in welcher Zeit die Aufgaben gelöst werden sollen.

Lernausgangslage der Schüler/innen, Klassensituation

Die Zusammensetzung der Klasse, die Besonderheiten einzelner Schüler/innen in Bezug auf den gerade zu planenden Unterricht sind wesentliche Bedingungen für den Erfolg der geplanten Vorgehensweise. Es werden dafür Theorien benötigt, die etwas über diese Zusammenhänge aussagen: Das empirisch ermittelte Faktum, dass der Vorkenntnisstand die sicherste Voraussage über den Erfolg eines Lernangebots erlaubt (Treiber/Weinert 1985) zeigt, dass die planende Lehrkraft sich klarmachen muss, was mit Blick auf die intendierten Lernprozesse die relevanten Vorkenntnisse und wie diese in der Lerngruppe verteilt sind. Dieser Zustand kann aufgrund der Erfahrungen mit der Lerngruppe abgeschätzt werden oder muss gelegentlich durch Erhebungen des Lernstands geprüft werden. Dies sollte nach unserer Auffassung ohne Benotung geschehen. Verfahren zur systematischen Ermittlung der notwendigen Vorkenntnisse sind z. B. Begriffsanalyse oder empirische Ermittlung der notwendigen Teilkompetenzen.

Verlauf des Unterrichts als Lernweg

Auf der Grundlage des diagnostizierten Vorkenntnisstands der Schüler/innen und der für den Unterricht festgelegten Lernziele ist ein Lernweg zu planen. Die Lehr- und Lern-Aktivitäten, die dazu führen sollen, dass die Lernenden das angestrebte Wissen erwerben und das Können aufbauen, sind zu benennen. Dazu gehören:

- Durchdenken des Lernwegs mit Blick auf die erforderlichen Lernprozesse unter Beachtung der Basismodelle des Lernens
- Ausweisen der Angebote, die die Lehrkraft machen muss, damit die Schüler/innen erfolgreich lernen können
- Reflektieren, was von den Schüler/innen erwartet wird, damit sie diesen Lernweg erfolgreich durchlaufen
- Konstruieren der geeigneten Lernaufgaben.

Lernalgorithmus und Basismodelle des Lernens

Durch welche Lehrakte soll das Lernen der Schüler/innen – mit Blick auf den vorgestellten Lernalgorithmus – unterstützt werden?

Es ist zu überlegen, um welche Art Lernen es sich bei der geplanten Unterrichtsstunde handelt. In der Regel handelt es sich in der Schule um Lernen als Wissenserwerb. Es kann aber auch um den Erwerb einer motorischen Fähigkeit gehen. Hierbei sind in der Schule meist Momente des Lernens als Wissenserwerb enthalten. Mit Blick auf das fachlich gewählte Thema ist der Lernalgorithmus zu beschreiben. Durch welche Lehrakte soll das Lernen der Schüler/innen – mit Blick auf den vorgestellten Lernalgorithmus – unterstützt werden? Welche Tafelbilder oder Schaubilder, welche Informationsmaterialien und welche Aneignungsaufgaben können dabei eingesetzt werden? Bei der Beschreibung des Lernalgorithmus ist zu bedenken, um welche Basismodelle des Lernens es jeweils geht.

Lernaufgaben (oder Aneignungsaufgaben)

Unter Lernaufgaben verstehen wir ausgewählte und präparierte Lernobjekte, die geeignet sind, Lernprozesse zu initiieren und zu organisieren (vgl. Seel

1981, S. 19). Lernaufgaben sind objektbezogen (d.h. durch einen Sachverhalt und spezifische Operationen gekennzeichnet) und lernprozessorientiert. Die Lernaufgaben sollen lernförderlich sein, d.h. zum Inhaltslernen und zum Lernen von Begriffen, Operationen und Problemlöseverfahren herausfordern. Sie können einen Beitrag zur Steuerung des Lernprozesses leisten (vgl. Seel 1981). Lernaufgaben können durch Darbieten (Expository) oder durch Fragen (Inquisitory) präsentiert werden. Die Präsentation kann in Form einer generellen Aussage (Generality) oder durch ein Beispiel (Instance) erfolgen (vgl. Seel 1981, S. 27).

Es sind passende Aufgabenstellungen zu suchen, anhand derer erfolgreiche Lernprozesse (Aneignen von Wissen, Aufbau von Können) vorgenommen werden können

Es ist festzulegen, durch welche Aufgaben die Schüler/innen die Lehrziele erreichen können. Es sind passende Aufgabenstellungen zu suchen, anhand derer erfolgreiche Lernprozesse (Aneignen von Wissen, Aufbau von Können) vorgenommen werden können. Die für die Bearbeitung der Aufgaben notwendigen Operationen sind ebenso anzugeben wie die Bedingungen, unter denen die Aufgaben gelöst werden. Dabei ist davon auszugehen, dass sich Aufgaben in einen Anfangs- und Endzustand zerlegen lassen und dass ein *Operator* die Aufgabe vom Anfangs- in den Endzustand überführt (Schott/Neeb/Wieberg 1981, S. 37).

Lernmaterialien

Lernmaterialien bestehen aus einer Anordnung von Lernaufgaben mit Blick auf die angestrebten Lernziele und die erforderlichen Lernprozesse (vgl. Seel 1981). Geeignete Lernaufgaben und Lernmaterialien sind zusammenzustellen, die den Schüler/innen dabei helfen, die Lernziele zu erreichen. Aufgaben aus verschiedenen Anforderungsbereichen sind sinnvoll. Aufgabenstellungen und Arbeitsmaterialien für Einzelarbeit, Partnerarbeit und Gruppenarbeit sind unterschiedlich anzulegen.

Lehrverfahren und Sozialformen

Es ist zu entscheiden, welches Lehrverfahren (darbietendes oder entdecken lassendes Lehrverfahren) für den Unterricht geeignet ist und in welchen Sozialformen (Einzelarbeit, Partnerarbeit, Gruppenarbeit) gearbeitet werden soll. Die geplanten Tafelbilder, Arbeitsblätter und Medien sind zu bedenken, auch mit Blick darauf, in welchen Lernschritten das Lernen geschehen soll.

5.2 Das Planungsraster

Planungsraster bilden im Idealfall die relevanten Aspekte der bei der Planung verwendeten Unterrichtstheorie ab

Planungsraster bilden im Idealfall die relevanten Aspekte der bei der Planung verwendeten Unterrichtstheorie ab. Dies sollte so sein, weil das Raster eine Stützfunktion im Planungsprozess hat. Es soll sicherstellen, dass ein erfolgreich ausführbarer und legitimierbarer Plan erstellt wird, der die für den Erfolg wichtigen Faktoren enthält. Sie sind also nicht beliebig. Es ist nicht sinnvoll, nach einem möglichst schlichten Raster zu suchen. Das Raster sollte zwar eine Zusammenfassung der vorhergehenden Planungsschritte sein, bei Bedarf aber die Ausfaltung aller relevanten Überlegungen ermöglichen.

Beim Planen werden die Gedanken zur Gestaltung der Lehr- und Lernprozesse in einem Raster gebündelt, das die Überlegungen zur Struktur des Gegenstands, zur Lernausgangslage und zum Vorgehen im Unterricht in einem Ablaufplan umsetzt. Ausgehend von der Überlegung, dass es für die Lernwirksamkeit wichtig ist, dass die zu bearbeitenden Inhalte den Schritten der Tiefenstruktur entsprechend verarbeitet werden, stellen wir das folgende Raster für den Unterrichtsverlauf vor (Abb. 21).

Ziele des Unterrichts	Inhalte des Unterrichts	Basismodelle des Lernens (Lernprozess)	Lehr-Lern-Arrangement unter Angabe von Lehr- und Lernschritten	Scaffolding	Monitoring	Zeit

Abb. 21: Das Planungsraster für den Unterrichtsverlauf

Wir schlagen vor, die Konzeption der Basismodelle des Lernens (vgl. auch Kiper/Mischke 2004, S. 114 ff.) zu verwenden. Dabei wird von der Annahme ausgegangen, dass es für einen gelingenden Lernprozess nötig ist, eine Abfolge von Schritten anzubieten, die das jeweilige Lernergebnis zu erreichen erlauben. Es gibt eine Reihe von Tiefenstrukturen (Basismodelle des Lernens), z. B. Erfahrung machen, Begriffe bilden, einen Sachverhalt verstehen, eine Operation aufbauen, Problemlösen), für die die zum Lernen notwendigen Teilschritte beschrieben werden können. Wie ein derartiger Teilschritt auf der Oberfläche (in der Sichtstruktur) realisiert wird, ist dabei für den Lernerfolg unerheblich, kann aber unterschiedliche Auswirkungen, z. B. auf das Motivationsniveau, haben. Bei der Planung verwendet, ist also entweder das Basismodell zu suchen und dann die zu realisierende Sichtstruktur zu bedenken oder ein Ablauf wird bedacht und mithilfe des zugeordneten Basismodells wird geprüft, ob dieser Ablauf lernwirksam sein wird.

Das Planungsraster als Planungsinstrument

Das Planungsraster ist ein Planungsinstrument, das einen aus theoretischen Gründen für wichtig gehaltenen Leerstellenvorrat formuliert

Das beim Planungsprozess verwendete Planungsraster ist nicht nur eine Hilfe für das Aufschreiben der Planungsergebnisse, sondern ein Planungsinstrument, das einen aus theoretischen Gründen für wichtig gehaltenen Leerstellenvorrat formuliert, in den hineingeplant werden soll. Die Leerstellen werden im Planungsprozess gefüllt und dienen entweder als Anlass für den Start von Überlegungen oder als Prüfstrukturen, die festzustellen erlauben, ob die Planung vollständig genug ist. Soll z. B. im Unterricht ein hoher Grad an Individualisierung angeboten werden, sollte im Planungsraster bei jeder Aufgabenstellung in einer Spalte »Scaffolding« über mögliche Gerüste nachgedacht werden, die eine derartige Individualisierung ermöglichen. (»Scaffolding« ist ein Begriff, der aus der Theorie der »cognitive apprenticeship« (Kognitive Lehre) entnommen wurde (vgl. auch Kiper 2003, 2008).

Planung setzt das Verfügen über Wissen voraus. Wenn ich weiß, wie ein Begriff gebildet werden kann, kann ich dieses Wissen über einen geeigneten Ablauf bei meiner Planung benutzen und eine Analogie bilden. Das Wissen muss dafür auf begrifflichem Niveau verfügbar sein. Der nur als Schrittfolge vorgegebene Ablauf kann nur nachgemacht werden; er erlaubt keine begründete Veränderung in der Sichtstruktur. Falls kein durch Erfahrung begründetes Wissen vorliegt, kann auf theoretisches Wissen zurückgegriffen werden. Dann muss mithilfe der Äquivalenzprüfung (vgl. Abb. 1, S. 22) geklärt werden, inwiefern ein hypothetischer Ablauf als Realisierung einer technologischen Regel anzusehen ist. Dieser Gedanke ist deshalb wichtig, da kein Studium und keine Ausbildung auf alle mögliche Situationen durch Erfahrungsbildung vorbereiten können. Sie können nur einen Vorrat von Theorien vermitteln und die Logik der Transformation in technologische Regeln und darauf vertrauen, dass die Novizen daraus Verfahren ableiten können, die sie durch geeignete Evaluationsprozesse als günstig oder ungünstig erkennen. Das Lernen ist in diesem Sinne nicht auf Nachahmung des Tuns beschränkt, sondern zielt auf Einweisung in die Technik der Konstruktion von lernwirksamen Abläufen.

Auf der Ebene der Planungsprozesse gilt dies auch. Planung wird nicht durch Nachahmung am Modell gelernt, sondern durch den Aufbau einer abstrakten Steuerstruktur, die durch wiederkehrende eigenständige Anwendung elaboriert wird. Das Theoriegefüge muss die komplette Planung abbilden. Bei der Anwendung kann es aber ausreichen, nur Ausschnitte für ein konkretes Planungsziel zu verwenden.

In der Entwicklung der Planungskompetenz wird durch die Erfahrung mit erfolgreichen Abläufen ein Vorrat von Handlungsplänen entstehen, die bei der folgenden Planung als Module eingesetzt werden können. Die Expertenplanungen sind daher immer globaler und nicht so detailliert wie die der Novizen. Die Novizen müssen sich einzelne Schritte klarmachen, da es eben noch keine gekonnten Routinen in ihrem Handeln gibt, auf die sie zurückgreifen können.

Beispiele: Module für Gesprächsführung

Wir werden zwei Gesprächssteuerungsvarianten vorstellen, die als Module beim Unterrichten verwendet werden können und eine abgekürzte Planung erlauben, wenn sie erworben wurden.

Modul 1: Genaues Reden über einen Text

Beim Bearbeiten von Texten kann eine Lehrperson folgende handlungsleitende Werte verfolgen: Die Schülerinnen und Schüler sollen angehalten werden, den gemeinten Sachverhalt gedanklich genau zu fassen, dabei eine angemessene sprachliche Form zu verwenden und wenn möglich einen Bezug zum Text herzustellen. Die in der Abbildung 22 (S. 78) dargestellte Steuerstruktur würde dieses wertorientierte Handeln ermöglichen.

Um diese Struktur auch interaktiv angemessen zu nutzen, müssen im Repertoire der Lehrperson mehrere geeignete Formulierungen für »Bitten um«/»Anhalten zu«/»Auffordern zu« vorhanden sein. Eine wiederkehrende behutsame Verwendung dieses Moduls wird eine spracherzieherische Wirkung nicht verfehlen, wenn die Schüler/innen erkennen, dass dies keine Schikane der Lehrperson ist, sondern tatsächlich der präzisen Verständigung dient.

Modul 2: Gesprächsführung in einer Diskussion

Bei einer Diskussion kommt es darauf an, das Thema zu bestimmen und darauf zu achten, dass die Beiträge der Diskutanten zum Thema gehören. Um ein Ergebnis zu erzielen, ist darauf hinzuwirken, dass die Diskussion eine Struktur hat, d.h. das Thema mithilfe einer systematischen Abfolgestruktur bearbeitet wird. Es ist günstig, zunächst Stellungnahmen zum Thema zu sammeln, diese zu ordnen und dann Folgerungen zu ziehen. Die einzelnen Beiträge sind nach thematischer Ähnlichkeit bzw. Verschiedenheit und nach ihrer argumentativen Funktion einzuordnen, Visualisierung kann hier helfen, den Überblick zu behalten. Metakommunikation über den Gesprächsablauf hilft, die nötige Ordnung bei der Bearbeitung des Themas zu erzeugen (vgl. Abb. 23, S. 78).

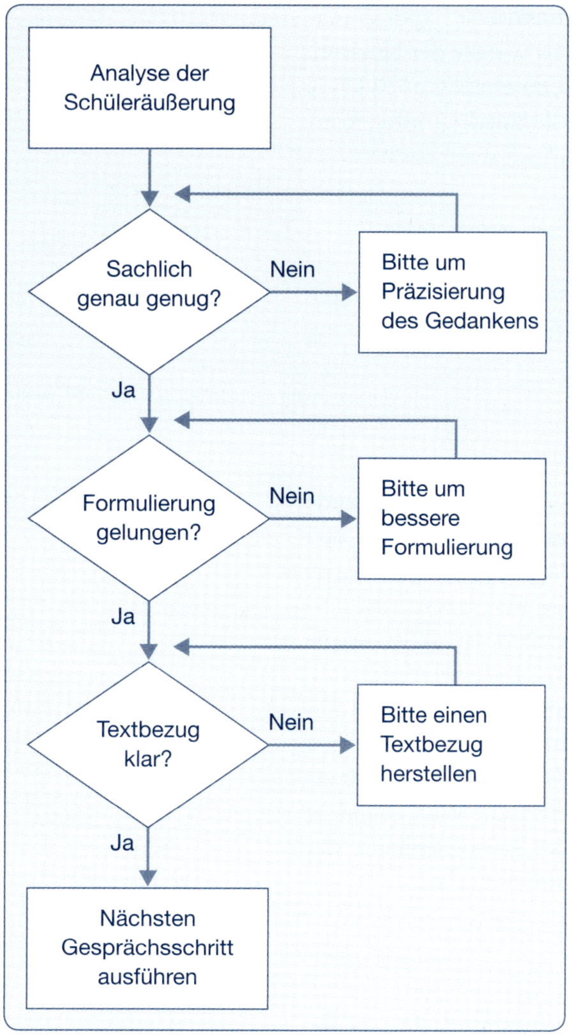

Abb. 22: Steuerstruktur für Lehrerhandeln, um genaues Reden über einen Text zu unterstützen

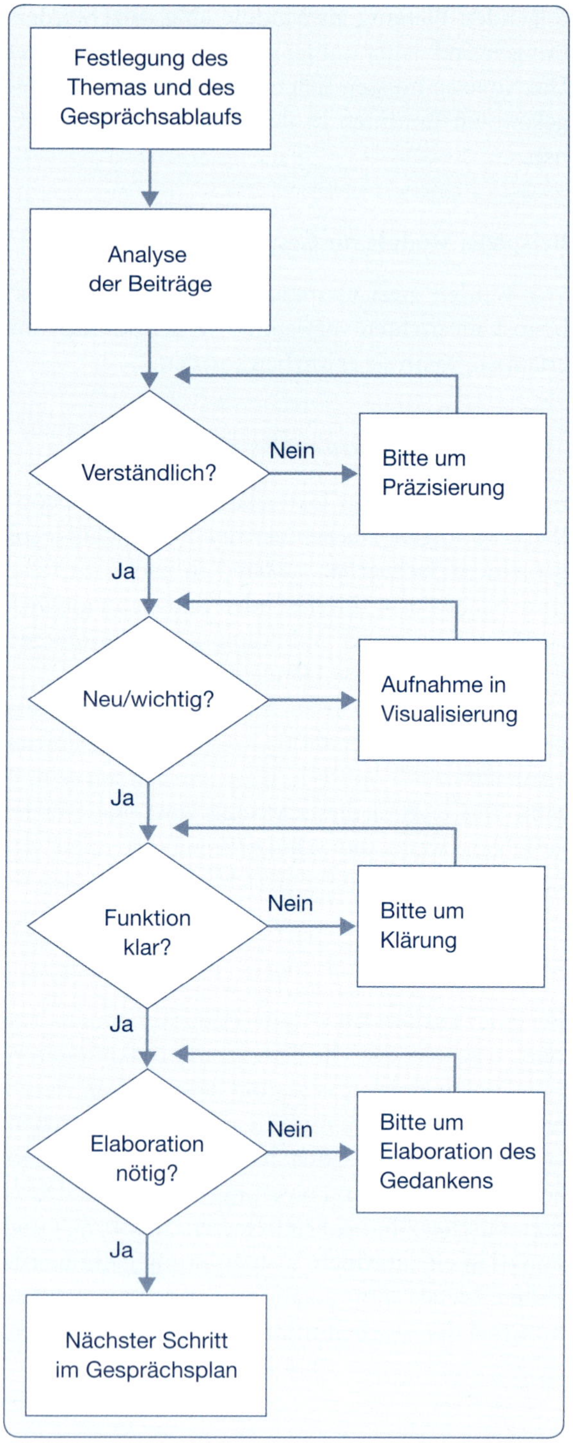

Abb. 23: Steuerstruktur beim Moderieren einer Diskussion

5.3 Ein Planungsbeispiel – Platons Höhlengleichnis

Wir werden hier den Planungsprozess und das Planungsprodukt vorstellen. Dabei wird der Denkprozess nicht im realen Verlauf abgebildet, sondern es werden die logischen Grundstrukturen dargestellt, die zu dem endgültigen Verlaufsplan zusammengefügt werden. Die Planungsaufgabe beginnt mit der analytischen Klärung der Struktur des Textes und der Situation der Klasse.

Mehr dazu finden Sie unter: www.beltz.de/Material Kennwort: 34200

Ausgangslage bezogen auf die inhaltlichen Anforderungen

Die Analyse des gesamten Textes zeigt, dass es auf die Einbettung des Höhlengleichnisses in die Argumentationslinie ankommt. Das Gleichnis wird eingesetzt, um an diesem Bild eine Vorstellung von der Möglichkeit, zur Erkenntnis zu gelangen, zu entwickeln und daraus eine Bildungskonzeption abzuleiten. Es muss ein entsprechender Textausschnitt von Platon ausgewählt und zur Verfügung gestellt werden, sodass die argumentative Verwendung des Gleichnisses deutlich werden kann.

Die *Struktur* kann also so dargestellt werden:

1) Ankündigung des Gleichnisses und der damit verbundenen Absicht, den Unterschied zwischen Bildung und Unbildung zu klären.
2) Gleichnis:
   - Beschreibung der Höhle
   - Beschreibung der Fesselung der Menschen
   - Klärung der Bedeutung von Feuer, Weg, Wand und getragenen Geräten, Statuen
   - Kurze Klärung der Relevanz: Die Gefesselten gleichen uns. Diese Leute würden nichts anderes für wahr halten als die Schatten.
3) Denkexperimente
   - Denkexperiment 1: Lösung aus Ketten und Heilung von Unverstand
     a) Was geschieht beim Umdrehen? – Fehlerhafte Beurteilung der Wirklichkeit
     b) Was geschieht, wenn ein bisher in der Höhle Gefesselter ans Licht der Sonne gebracht wird? – Schmerz, aber durch Gewöhnung wird zuletzt das Erkennen des Wesens der Sonne möglich
   - Denkexperiment 2: Vergleich des Befreiten mit der Lage der Gefesselten in der Höhle
   - Denkexperiment 3: Rückkehr in die Höhle
     a) Die Unfähigkeit im Unterscheiden der Schatten wird belacht. Der Aufstieg wird als nicht lohnend erachtet.
     b) Wie wird der Versuch, die anderen zu befreien und herauszuführen, bewertet?

4) Deutungsangebote im Text für das Gleichnis
Vergleiche und Folgerung: In der Welt des Erkennbaren ist die Idee des Guten die Höchste und nur mit Mühe erkennbar. Erziehung ist nicht Einpflanzung von Wissen, sondern Umwendung hin auf das Gute.

Der Text hat also folgende Ebenen:

- Führung des Lesers zum Nachvollzug einer Bildungskonzeption
- Rolle von Sokrates und Glaukon im Gespräch
- Ebene des Bildes/Gleichnisses
- Ebene der Denkexperimente
- Schlussfolgerungen für die Erkenntnis und die Erziehung

Der Autor Platon beabsichtigt, mit der geschickten Verwendung dieser Elemente die Stellungnahme des Lesers zu beeinflussen und Zustimmung zu erhalten. Daraus ergibt sich im Vorgriff auf die Verlaufsplanung folgende Idee der Prüfaufgaben:

- Welche Konzeption von Bildung soll mit diesem Text begründet werden?
- Was sind dafür die argumentativen Teilschritte?
- Wofür wird dabei das Gleichnis benötigt?
- Was ist der Sinn des Gleichnisses, d.h., worin besteht die darin versteckte Erkenntnistheorie?

Es ist als Hilfe für die Schüler/innen sicherlich sinnvoll, Platons im vorausgehenden Kapitel durch das Liniengleichnis gegebene Unterscheidung der Stufen der Erkenntnis einzubringen. Die Welt zerfällt nach dieser Auffassung in:

- die Welt des Sichtbaren: Schatten, Dinge der Sinnenwelt
- die Welt des Erkennbaren: mathematische Formen, Ideen.

Die zugehörigen Stufen der Erkenntnis sind: Vermuten, Meinen, Nachdenken, Erkennen.

Ausgangslage der Klasse

Ein genaueres Nachdenken über die Zusammensetzung der Lerngruppe, dem Verfügen über Vorkenntnisse in Bezug auf die von den Schüler/innen anzuwendenden Lern- und Arbeitsstrategien könnte zu folgender Präzisierung der Ausgangslage führen: Die Klasse besteht aus sieben Schülerinnen und acht Schülern der Klasse 11 des Gymnasiums. Alle können sinnentnehmend lesen. Die Trennung der Struktur des Textes von der Struktur des Gleichnisses könnte einigen Schüler/innen Schwierigkeiten bereiten, da sie dazu neigen, schnell nach der Verwendbarkeit einer Idee zu suchen, aber nicht die Geduld zur genauen Analyse der Texte aufbringen.

Die Schüler/innen sind Gruppenarbeit gewöhnt. Es können leicht drei Gruppen gebildet werden; die Schüler brauchen dazu nur ihre Stühle umzurücken.

Den Schüler/innen fehlen Informationen über den Kontext, d.h. die Struktur des Buches »Der Staat« und einige vorher im Text entwickelte Gedanken, z.B. die im vorherigen Kapitel im Liniengleichnis entfaltete Konzeption des Wissens, die bei der Interpretation des Höhlengleichnisses helfen könnte.

Zielfindung

Übergeordnete Ziele: Den Zusammenhang von Voraussetzungen und Folgerungen erkennen, Formen der philosophischen Argumentation erkennen, Platon und seine Position kennen lernen.

- Ziel 1: Verstehen des Textes und seiner Struktur
- Ziel 2: Verstehen der Struktur des Gleichnisses
- Ziel 3: Analyse – Klären der Bauweise und Funktion eines Gleichnisses
- Ziel 4: Analyse der Komponenten des Höhlengleichnisses und Übertragung auf den angezielten Sachverhalt
- Ziel 5: Analyse – Erkennen der Funktion und Wirkung des Gleichnisses im Text Platons
- Ziel 6: Synthese – Was sagt uns dieser Text heute?

Handlungsplanung

Die erfahrene Lehrkraft kann diesen Zielen einerseits Aktionsformen der Lehrperson zuordnen und Aktionsformen der Schüler/innen, die dabei eingesetzt werden müssen, um das so gestaltete Lernarrangement erfolgreich bearbeiten zu können.

- *Lehreraktivitäten:* Fragend entwickelndes Gespräch oder Diskussion; Stellen von Aufgaben
- *Schüleraktivitäten eines idealen Informationsverarbeiters:* Text lesen, Struktur erkennen, wesentliche Gedanken erfassen und in eine Mindmap oder Strukturgrafik umformulieren können, Problemlösung: Übertragbarkeit des Gleichnisses auf die Wirklichkeit durchdenken.

Basismodelle des Lernens

- Begriffsbildung
- Erfassen eines Sachverhalts
- Problemlösung
- Klärung durch Argumentation

Reflexion der Planung (Passungsprüfung)

Bei der Konstruktion der Aufgaben kommt der Einfall, dass es sinnvoll ist, kontinuierlich darauf zu achten, dass möglichst nahe am Text gearbeitet wird und alle Aussagen durch Hinweis auf Textstellen zu belegen sind. Außerdem ist zu prüfen, ob die Schüler/innen sich genau ausdrücken. Aus dieser Präzisierung kann nun der Ablauf für eine Doppelstunde entwickelt und als Produkt der vorhergehenden Überlegungen aufgeschrieben werden (Abb. 24).

Mit diesem Plan könnte der Unterricht durchgeführt werden. Bei einer Hospitation würden zusätzlich eine Beschreibung der Klasse, die ausführliche Sachanalyse und eine didaktische Reflexion über die Bedeutung des Höhlengleichnisses und das gewählte Vorgehen im Unterricht schriftlich mitgegeben. Diese Ablaufidee ist durchführbar, wenn die planende Lehrperson über folgende Routinen verfügt:

- Aufforderung, Textbezug herzustellen
- Nachfrage nach präziser Formulierung (in Abhängigkeit vom vermuteten Sprachvermögen der jeweiligen Schüler/innen)
- Gesprächssteuerung, Moderation
- Erstellen eines Tafelbilds auf der Grundlage der wichtigsten Ideen
- Scaffolding (Gerüst-Bauen), d.h. Sicherstellen der erfolgreichen Bearbeitung einer Aufgabe durch schwächere Schüler/innen durch Vorgabe von Zwischenschritten oder Hilfen bei einer Aufgabe. So könnte bei der Gruppenarbeit zu Beginn der zweiten Stunde der schwächeren Gruppe eine Liste mit Leitfragen vorgegeben werden: Welche Beeinträchtigung der Erkenntnisfähigkeit erleiden die Höhlenbewohner? Warum ist die Beseitigung der Beeinträchtigung aber schmerzhaft? Welche Schwierigkeit hat eine Person, die außerhalb der Höhle war, wenn sie in die Höhle zurückkommt? Warum ist dieser Unterschied (immer in der Höhle gewesen, in die Höhle zurückkommen) für Platons Argument wichtig?

Die Schüler/innen müssen für diesen Unterricht über folgende Vorkenntnisse und Fertigkeiten verfügen: Erfahrungen mit Gruppenarbeit, Techniken der Textarbeit: Unterscheidung verschiedener Ebenen, Analysieren können von Argumentation. Der Text muss gelesen worden sein.

Eine abschließende Passungsprüfung könnte ergeben: Das Ausmaß an Gruppenarbeit ist für diese Klasse zu groß, kostet zu viel Zeit. Es könnte vermutet werden, dass für die Gruppenarbeit Hilfestellungen zu entwickeln sind, da nicht alle Gruppen die Aufgaben auf Anhieb lösen werden. Das kann durch vorbereitete Texte mit Leitfragen oder durch in der Situation mündlich gegebene Hilfen erfolgen. Der Entwurf kann dann entsprechend geändert werden.

Eine Möglichkeit zur Beteiligung von Schüler/innen besteht, wenn diese genügend Erfahrungen mit Abläufen im Unterricht haben und dieses Wissen in

Verlaufsplan der 1. Stunde

Ziele des Unterrichts	Inhalte des Unterrichts	Basismodell des Lernens (Lernprozess)	Lehr-Lern-Arrangement	Lernkontrolle (Monitoring)	Zeit (Min.)
Ziel 1: Verstehen der Struktur des Textes	Gesamter Text	Verstehen eines Sachverhalts	Fragend entwickelndes Gespräch Fragen: Was ist das im Text genannte Ziel? Welche Schritte der Argumentation gibt es? Welche Folgerungen werden im Text gezogen?	Sammlung der Schülerantworten an der Tafel	10
			Gruppenarbeit: Zusammenfassung erarbeiten	Einigung der Klasse auf eine Zusammenfassung	10
Ziel 2: Verstehen des Struktur des Gleichnisses	Das Höhlen-Gleichnis	Verstehen eines Sachverhalts	Gruppenarbeit: Entwickeln einer Zeichnung	Einigung der Klasse auf eine Zeichnung	15
Ziel 3: Klären der Bauweise und Funktion eines Gleichnisses		Begriffsbildung Reflexion	Begriffsklärung: Gleichnis im Klassengespräch Wann hat man ein Gleichnis verstanden?	Definition an die Tafel schreiben Zuordnung von Elementen des Bildes zu Elementen der angezielten Realität	5 5

Verlaufsplan der 2. Stunde

Ziele des Unterrichts	Inhalte des Unterrichts	Basismodell des Lernens (Lernprozess)	Lehr-Lern-Arrangement	Lernkontrolle (Monitoring)	Zeit (Min.)
Ziel 4: Analyse der Komponenten des Gleichnisses und Übertragung auf den angezielten Sachverhalt		Verstehen eines Sachverhaltes	Klärung der Komponenten des Gleichnisses und deren Bedeutungen: Höhle, Fesselung, Schatten, Sonne Entwicklung einer Zuordnungsliste	Interpretation des Gleichnisses Tafelbild entwickeln	10
Ziel 5: Erkennen der Funktion und Wirkung des Gleichnisses im Text Platons	Gesamter Text	Verstehen eines Sachverhalts	Gruppenarbeit: Rolle des Bildes? Rolle der Gedankenexperimente? Im Text gezogene Folgerungen?	Präsentation der Gruppenergebnisse Tafelbild als Zusammenfassung	10
Ziel 6: Synthese: Was sagt uns dieser Text heute?		Reflexion	Kriterien suchen: Innere Folgerichtigkeit, Angemessenheit der impliziten Annahmen, Prüfung durch Formulierung von Gegenpositionen	Diskussion im Plenum	5
		Reflexion	Gruppenarbeit: Was ist die Erkenntnistheorie? Wie ist der Zusammenhang mit der Bildungskonzeption? Teilen wir diese Sicht?	Präsentation der Gruppenergebnisse Diskussion im Plenum	15 5

Abb. 24: Planung einer Doppelstunde über Platons Höhlengleichnis

einen gemeinsamen Planungsprozess einbringen können. Da Lehrer Unterricht planen lernen müssen, obwohl sie Schüler waren, ist klar, dass das unreflektierte Erleben von Unterricht keineswegs zur Planung befähigt.

Will der Lehrer mit Schüler/innen gemeinsam planen, muss durch Unterrichtsreflexion und Erarbeitung von Modulen diese Planungsfähigkeit aufgebaut werden. Zusammen mit der Konzeption der Methodenkompetenz von Schüler/innen wird das Vermitteln von Lernstrategien und von selbstgesteuertem Lernen und die Vermittlung von Planungsfähigkeit eine sinnvolle Kombination von Aufgaben (vgl. Kiper/Mischke 2008a).

Unvollständige Planungsprozesse kann es auch bei entwickelter Expertise der planenden Person geben. So kann eine elaborierte Sachanalyse oder die gründliche Analyse der Vorkenntnisse unterbleiben, wenn hohe subjektive Klarheit bei der planenden Person vorliegt oder diese Analyse bei anderer Gelegenheit schon durchgeführt wurde.

Liegt schon eine Unterrichtsplanung vor, z.B. aus dem Internet, kann bei der Passungsprüfung begonnen werden. So kann beispielsweise gefragt werden, ob die Schüler/innen die geforderten Vorkenntnisse haben. Bei fehlender Passung muss eine Umplanung erfolgen. In unserem Beispiel etwa ist ein kurzer Vorkurs einzuschieben, wenn die notwendigen Voraussetzungen nicht gegeben sind.

Weiterführende Literatur

Peterßen, W.H. (2003): Lehreraufgabe Unterrichtsplanung. Das Weingartener Planungsmodell. München: Oldenbourg.

Becker, G.E. (2007): Unterricht planen. Teil I. Weinheim, Basel: Beltz.

Kriterien für die Unterrichtsbeurteilung

Im Verlauf des Unterrichts könnte beobachtet werden, ob sich die Schüler/innen an den Ablaufschritten angemessen beteiligen. Es könnte gefragt werden, ob der Schwierigkeitsgrad der Aufgabenstellungen für die Lerngruppe angemessen war, ob die Schüler/innen auf dem angezielten Reflexionsniveau argumentieren konnten. Abschließend kann reflektiert werden, ob die gewählte Schrittfolge zum Erreichen der Ziele tauglich war.

Folgende Fragen können Ihnen helfen, Ihr Verständnis der Ausführungen in diesem Kapitel zu überprüfen:

1) Was muss eine vollständige schriftliche Planung alles enthalten?
2) Worin besteht der Unterschied zwischen Sachanalyse und didaktischer Analyse?
3) Was sind Analyseschritte und was sind Konstruktionsschritte bei der Unterrichtsplanung?
4) Wie können der Lehr-Lernalgorithmus und die Basismodelle des Lernens bei der Planung verwendet werden?
5) Wofür wird ein Planungsraster benötigt?
6) a) Prüfen Sie folgende Planungsideen zum Höhlengleichnis auf ihre Lernwirksamkeit:
   - Ein Rollenspiel: Sokrates und Glaukon diskutieren das Höhlengleichnis.
   - Anfertigen einer Skizze der Höhlensituation oder Bau eines Höhlenmodells.

   b) Welche Funktion könnten diese Ideen für das Verstehen, für die Motivation und für die Reflexion haben?

Zusammenfassung

Es wurde die Planungsaufgabe »Verlaufsplanung des Unterrichts« mit den zugehörigen Teilaufgaben beschrieben und das Leerstellengefüge entwickelt, das im Planungsprozess mit Inhalten gefüllt werden muss. Ein Planungsraster muss die für die Unterrichtsdurchführung relevanten Aspekte des Lehrerhandelns angeben. Planung kann nicht alle Details der Lehrerhandlung festlegen, da Unterricht ein Interaktionsgefüge ist und die erwarteten Schüler/innenhandlungen nicht durch Pläne festgelegt werden können. Die Planung kann Ziele formulieren und die Lernarrangements beschreiben, muss aber bei der Unterrichtsdurchführung auf den Einsatz von flexibel gehandhabten Modulen des Lehrerhandelns setzen. Am Beispiel von Platons Höhlengleichnis wurde eine mögliche Planung als Prozess und Produkt vorgestellt.

6. Handlungs- und Interventionswissen für die Unterrichtsgestaltung

Mehr dazu finden Sie unter: www.beltz.de/Material Kennwort: 34200

Wir haben dargestellt, dass eine Lehrkraft, die Unterricht planen und durchführen will, eine sinnvolle Anordnung der Inhalte (mit Blick auf die Struktur der Inhalte) und ein Durchdenken der Lernprozesse auf der Grundlage einer Lernstrukturanalyse vornehmen muss. Der Lehr- und Lernprozess ist zu sequenzieren; die beim Aneignen der Inhalte relevanten Denkprozesse sind zu antizipieren. Bei der Planung von Unterricht sind geeignete *Lernarrangements* (Materialien, Aufgabenstellungen, Arbeits- und Sozialformen) zu durchdenken.

6.1 Lernarrangements

Ein Lernarrangement konkretisiert jeweils einen relevanten und nötigen Schritt innerhalb eines Basismodells des Lernens. Dynamische Lernarrangements können mehrere Teilschritte umfassen und ein gesamtes Basismodell des Lernens umsetzen

Unter Lernarrangements verstehen wir die Gesamtheit der lernrelevanten Merkmale einer Unterrichtssituation. Wir verwenden in unserer Theorie des Unterrichts (Kiper/Mischke 2006) den Begriff der Lernarrangements, um zu zeigen, dass – mit Blick auf das Erreichen von Lernzielen oder umfassender: mit Blick auf den Aufbau von Kompetenzen – Wege zum Erreichen dieser Ziele gedacht werden müssen, die sich sowohl auf das Lernen (Tiefenstruktur des Unterrichts) wie auf die Oberflächenstruktur des Unterrichts beziehen sollen. Hier stellt sich die Frage nach geeigneten Materialien, Medien, Aufgabenstellungen und Methoden. Dabei sind Fragen der Passung zum Lehr- und Lernprozess ebenso zu bedenken wie dramaturgische Aspekte und Fragen der Schaffung und Erhaltung der Aufmerksamkeit der Schüler/innen. Ein Lernarrangement konkretisiert jeweils einen relevanten und nötigen Schritt innerhalb eines Basismodells des Lernens. Dynamische Lernarrangements können mehrere Teilschritte umfassen und ein gesamtes Basismodell des Lernens umsetzen. Abbildung 25 zeigt die Komponenten eines Lernarrangements.

Dadurch wird ein *Lernangebot* für die Schüler/innen realisiert, und durch geeignete *Nutzung* entsteht ein Prozess, der zu einem *Lernergebnis* (z. B. Verstehen eines Sachverhaltes) führt. Lernarrangements verschränken Inhalte und Methoden (einschließlich der Arbeits- und Sozialformen), Zeitvorgaben, Prüf- und Kontrollaufgaben im Blick auf geplante und durchdachte, mögliche Lernwege und Aneignungsformen der Schüler/innen (vgl. Kiper/Mischke 2006). Die Lehrkraft hat die Aufgabe, Lernangebote (durch Bereitstellung von Materialien, Lernaufgaben, Methoden, Medien) bereitzustellen. Sie muss, basierend

Das **Lernarrangement** besteht aus:

Inhalt

Material/Medien

Aufgabenstellung(en)

Sozialform

Methode
Oberflächenstruktur: sichtbare Lehr- und Lernaktivitäten
Tiefenstruktur: Schritte gemäß den Basismodellen des Lernens

Abb. 25: Komponenten eines Lernarrangements

auf ihren Überlegungen über die zu organisierenden Lernprozesse, *Lernarrangements* organisieren. Lernarrangements sind die zentrale Struktur des Unterrichts; durch die Interaktion mit den Schüler/innen wird aus dieser Struktur der wirksame Ablauf. Für die Gestaltung von Lernarrangements benötigt eine Lehrkraft verschiedene Wissensbestände, die sie – mit Blick auf die oben genannte Aufgabe – produktiv berücksichtigen muss. Sie werden im Folgenden aufgeführt.

Wissen über geeignete Unterrichtsinhalte

Zu den zentralen Aufgaben der Lehrkraft gehört die Auswahl von relevanten Inhalten für den Unterricht. Bildungstheoretische Überlegungen (vgl. Klafki 1985) sind nötig, um den Bildungswert eines Inhalts zu analysieren. Im Kapitel 8.4 Unterrichtsplanung mit dem Ziel des systematischen Wissensaufbaus werden wir für die Auswahl und Anordnung von Inhalten geeignete Überlegungen anbieten.

Unterrichtsmaterialien und Unterrichtsmedien

Wenn wir bei der Unterrichtsplanung darauf verweisen, dass ein Lernprozess gedacht werden muss, auf den sich dann das Lehren bezieht, kommt den Unterrichtsmaterialien, den Unterrichtsmedien und den Aufgaben eine wichtige Bedeutung zu. Unter Medien versteht man Mittel zur Verbreitung von Mitteilungen mit gedanklichem Inhalt in Wort, Schrift, Ton und/oder Bild an einen größeren Personenkreis.

Bijan Adl-Amini (1994, S. 23 ff.) gruppiert die Medien auf drei Ebenen. Auf der ersten Ebene ist das Medium ein *Hilfsmittel*, das *ziel- und inhaltsneutral* in jedem Unterricht eingesetzt werden kann. Das Medium fungiert hier als Darstellungs-, Demonstrations- oder Veranschaulichungsmittel (z. B. die Wandtafel). Das Medium steht im Funktionsrahmen einer Zweck-Mittel-Relation. Auf der zweiten Ebene ist das Medium selbst *Träger gestalteter Inhalte und Sinnzusammenhänge*. Ziele und Inhalte kommen im Medium selbst zur Darstellung (z. B. der Unterrichtsfilm). Das Medium steht hier im Funktionsrahmen eines interaktiven Nachvollzugs von Sinn. Auf der dritten Ebene ist das Medium *geformtes Material*. Zwischen diesem und der geistigen Entwicklung des Lerners besteht eine Affinität (z. B. Montessori-Material). Das Medium fungiert hier als Katalysator für geistige Formung. Im Rahmen des Unterrichts werden verschiedene Medien eingesetzt: Solche, die im Rahmen darbietender Lehrverfahren wichtig werden, werden als *Lehrmittel* bezeichnet (z. B. Lehrbücher, Wandkarten, Transparente, Dia- und Tondiareihen, Lehrfilme, Tonbänder, Videokassetten, CDs, DVDs); solche, die im Rahmen der Lernaktivitäten der Schüler/innen bedeutsam werden, nennen wir *Lernmittel* (Bücher, Atlanten, Lexika, Arbeitsblätter, Experimentierkästen, Karteien, Internet). Daneben sind Medien, die Produkte oder *Ergebnisse eines Lernprozesses* (Wandzeitung, Bild, grafische Darstellung, gedrucktes Buch, Power-Point-Präsentationen) sind, zu nennen. Der Einsatz von Medien verändert auch die Unterrichtspraxis (vgl. Tab. 1).

Im Rahmen des Unterrichts werden verschiedene Medien eingesetzt: Solche, die im Rahmen darbietender Lehrverfahren wichtig sind, werden als Lehrmittel bezeichnet; solche, die im Rahmen der Lernaktivitäten der Schüler/innen bedeutsam werden, nennen wir Lernmittel

Reflexion/Übungsaufgaben

- Erklären Sie ein Lernarrangement.
- Was sind Unterrichtsmedien? Inwiefern sind sie für didaktische Zwecke interessant?
- Welche Bedeutung haben Medien für Lehrkräfte und für Schüler/innen?

Aufgaben

Der Lernerfolg der Schüler/innen zeigt sich darin, ob es ihnen gelingt, relevante Aufgaben zu lösen, die ausweisen, dass eine bestimmte Kompetenz vorhanden ist. Wir werden noch – mit Blick auf das Curriculum – auf die Bedeutung der Aufgaben verweisen. Sie müssen sich auf den jeweiligen Lehrplanbereich beziehen, zu der curricularen Stufe passen und auf dem gewünschten taxonomischen Niveau liegen. Sie müssen durch sinnvolle Operationen zu bearbeiten sein. Aufgaben und Materialien sollen dabei helfen, dass die Lerner/innen die angestrebten Lehr- und Lernziele erreichen.

Tab. 1: **Medien in der Hand der Lehrkraft und in der Hand der Lerner/innen** (vgl. Dichanz/Kolb 1974; Volck/Schneider 1974)

Dimensionen	Medien in der Hand der Lehrkraft	Medien in der Hand der Lerner/innen
Ziel des Unterrichts	• Vermittlung von Kenntnissen, Fähigkeiten und Fertigkeiten • Aufbau von Kompetenzen	• Erarbeitung von Kenntnissen, Fähigkeiten und Fertigkeiten • Entfalten von Selbstständigkeit, Kooperationsfähigkeit und Kritikfähigkeit
Funktion der Medien	• Veranschaulichung der Inhalte; Erleichterung der Vermittlung von Kenntnissen und Fertigkeiten durch die Lehrkraft • Bessere Motivation der Schüler/innen	• Verfügbarmachen von Informationen über Medien für Schüler/innen • Veranschaulichung der Inhalte und Hilfestellung beim eigenständigen Aneignen von Kenntnissen und fächerübergreifende Kompetenzen durch die Schüler/innen
Unterscheidung der Medien (Lehrmedien, Lernmedien, Lehr- und Lernmedien)	• Medien als Lehrmittel zum Optimieren des Unterrichts	• Medien als Lernmittel zur Stimulierung der Lernenden und als Beitrag zur Optimierung des Lernprozesses (z. B. durch Individualisierung)
Ziel des Medieneinsatzes	• Effektivierung des Unterrichts durch anschauliche und interessant aufbereitete Inhalte	• Effektivierung des Unterrichts durch Bereitstellen verschiedener Informationsquellen
Lehrerrolle	• Lehrer als Wissensvermittler	• Lehrer als Lernorganisator, Tutor, Berater
Veränderung der Lehrerrolle durch Medien	• Lehrer hat die Aufgabe, Intention und Inhalte des Unterrichts in Form medialer Repräsentation darzubieten • Lehrer wird zum Produzent didaktischer Einheiten • Entlastung des Lehrers bei der Wissensvermittlung • Stärkung seiner erzieherischen Funktion und seiner Funktion als Lernhelfer	• Lehrkraft und Schüler/innen suchen nach medial aufbereiteten Inhalten, passend zu abgestimmten Lernzielen • Schüler/innen sind besser motiviert • Schüler/innen werden zu neuen Lern-, Kommunikations- und Verhaltensformen befähigt
Kommunikations- und Sozialformen	• Kommunikationsunterstützung durch die Medien • Festigung der traditionellen Kommunikationsstrukturen	• Veränderung der Kommunikationsstrukturen und Sozialformen
Übergreifende Zielsetzung	• Enrichment • Herausbildung methodischer Kompetenz	• Entfaltung von Medienkompetenz

Aufgaben lassen sich mit Blick auf ihre Funktion im Lehr- und Lernprozess (Artikulation) unterscheiden in Aufgaben zur Überprüfung der Lernvoraussetzungen der Schülerinnen und Schüler (diagnostische Aufgaben) und Aufgaben zur Informationsaufnahme, -verarbeitung und -speicherung.

Wir unterscheiden, mit Blick auf das Lernen als Informationsverarbeitung, folgende Aufgabentypen:

- Aufgaben zur Informationsaufnahme durch die Schüler/innen
- Aufgaben zur Verarbeitung von Informationen mit dem Ziel des Erwerbs gesicherten Wissens und Könnens (im Sinne einer Informationsverarbeitung)
- Aufgaben zur Aneignung von Wissen und Können im Sinne einer Speicherung und Anwendung des Wissens, z. B. durch Aufgaben zum Wiederholen, Üben und Merken.

Mit Blick auf den Unterrichtsprozess können Lehrkräfte, die diesen steuern und überwachen, Aufgaben einsetzen, um festzustellen, ob die Schüler/innen etwas verstanden haben oder (weitere) Hilfen zum Verstehen benötigen.

Mit Blick auf das Erreichen der Ziele des Unterrichts oder mit Blick auf die Lernergebnisse erfolgt oftmals eine Überprüfung. Der Fokus kann sich auf die Überprüfung des erworbenen Wissens und Könnens der Schüler/innen beziehen (Überprüfungsaufgaben) oder eher auf die Überprüfung des Lehrerfolgs der Lehrkräfte (Evaluationsaufgaben) zielen. Mit Blick auf die Überprüfung der Leistungen des Schulsystems insgesamt werden Vergleichsarbeiten oder Tests eingesetzt (Testaufgaben).

Die Aufgaben können unter dem Gesichtspunkt geprüft werden, welche konkreten Lernhandlungen von ihnen ausgelöst werden (sollen)

Aufgaben sind fachlich und didaktisch wie lernpsychologisch zu durchdenken. Lehrkräfte sollten sich vergegenwärtigen, welche Sorte Wissen hier gefordert wird (deklaratives und prozedurales Wissen, Problemlöseheuristiken, kontextuelles Wissen und metakognitives Wissen). Sie können die Aufgabe unter dem Gesichtspunkt prüfen, ob sie auf Faktenwissen, Begriffswissen, Regelwissen oder Anwendungswissen zielt, ob sie kreative Anforderungen stellt oder ob eine Problemlösung intendiert ist. Die Aufgaben können unter dem Gesichtspunkt geprüft werden, welche konkreten Lernhandlungen von ihnen ausgelöst werden (sollen). Aufgaben sollten unter dem Gesichtspunkt überprüft werden, welche fachlichen und überfachlichen Anforderungen (mit Blick auf Textverstehen, Gedächtnis, Konzentration, aber auch Selbststeuerung, Kooperation, soziale Kompetenz) sie stellen. Sie müssen z. B. überprüft werden unter dem Gesichtspunkt sprachlicher Anforderungen, fachsprachlicher Begrifflichkeit und Komplextität und mit Blick auf die bei der Bewältigung erforderlichen Konzentrations- und Gedächtnisleistungen.

Es wird darauf hingewiesen, dass Aufgaben fachlich gehaltvoll sein und auf kognitive Aktivierung zielen sollen. Dabei wird gewünscht, dass Aufgaben auf mehreren Wegen lösbar sein sollen. Dabei sollen die Schüler/innen wissen, an welchen Kriterien und Maßstäben sich die anschließende Beurteilung orientiert.

Neben der Auswahl, Anpassung und Konstruktion von Aufgaben wird von den Lehrkräften die *sinnvolle Sequenzierung der Lernaufgaben* mit Blick auf den systematischen Wissensaufbau erwartet. Dabei müssen sie – im Prozess des Unterrichtens – jeweils die Aufgaben an die Lerner/innen, ihren Entwicklungs- und Lernstand und den Lernprozess anpassen und Lernhilfen anbieten.

Von den Lehrkräften wird die sinnvolle Sequenzierung der Lernaufgaben mit Blick auf den systematischen Wissensaufbau erwartet

Mit Blick auf die Qualität der Unterrichtsprozesse wird darauf orientiert, dass Aufgaben aus allen drei Anforderungsbereichen (Reproduktion von Wissen, Reorganisation von Wissen und Verstehen/Transfer) angeboten werden. Aufgaben können Hinweise geben über die Qualität des Unterrichts. Von daher sollten sie geprüft werden unter dem Gesichtspunkt, ob sie kognitiv anspruchsvoll und hinreichend komplex sind, ob sie einüben in das Operieren und Problemlösen und ob sie zur metakognitiven Reflexion anleiten (vgl. auch Thonhauser 2008).

Über den fachlichen Gehalt hinaus sollte im Prozess der Aufgabenbearbeitung und Aufgabenlösung auch selbstgesteuertes und kooperatives Lernen befördert werden. Selbstüberwachung oder Selbstmonitoring werden befördert durch das Einsetzen von Lerntagebüchern oder durch die Arbeit mit Portfolios (vgl. Kiper/Mischke 2008a).

Mit Blick auf die Gestaltung einer förderlichen *Unterrichtskultur* können Aufgaben unter diesen Gesichtspunkten überprüft werden:

- Passung zu den Lernausgangslagen und Lernbedürfnissen
- gezielte Auswahl mit Blick auf verschiedene Phasen im Lernprozess (Informationsaufnahme, Informationsverarbeitung, Informationsspeicherung, Informationsanwendung)
- Differenzierung des Unterrichts durch Aufgaben mit verschiedenen Schwierigkeitsgraden
- Unterscheidung zwischen Lehr- und Lernsituationen und Überprüfungssituationen und den dafür erforderlichen Aufgabentypen
- Bereitstellen von Hilfestellungen für die Bewältigung (Monitoring, Scaffolding und Feedback)
- Einsatz von offenen Aufgabenformaten im Prozess der inneren Differenzierung des Unterrichts.

Wenn wir Situationen im Unterricht unterscheiden in solche, die stärker der Vermittlung des Lerninhalts und dem Lernen verpflichtet sind, und solche, die der Leistungsüberprüfung dienen, sind Aufgabenstellungen im Kontext des Lehrens und Lernens (Lernkultur) und des Überprüfens von Lern- und Leistungsergebnissen (Erfolgskontrolle) zu unterscheiden.

In *Lehr- und Lernprozessen* müssen die Schüler/innen die Möglichkeit haben, Fragen zu stellen, Unklarheiten zu artikulieren, Fehler zu machen, aus diesen zu lernen und sich Hilfe zu holen. In einer Lernsituation geht es darum, »Neues zu lernen, Wissenslücken zu schließen oder unklar Gebliebenes besser zu verstehen« (Weinert 1998). Der Prozess des Lernens ist – in Form von Monitoring – zu begleiten, zu überwachen und zu unterstützen durch Gewähren von Rückmeldungen, durch Hilfen zur Selbstkontrolle des Lernprozesses, durch gemeinsames Nachdenken über die Genese und innere Logik von Fehlern. Mit den Schüler/innen kann – basierend auf ihrem Vorwissen – über den Fehler und die ihm zugrunde liegenden Vorstellungen nachgedacht werden; diese Vorstellungen sind durch kognitiv-elaborative Anstrengungen neu zu ordnen. In *Leistungssituationen mit dem Ziel der Überprüfung des Wissens und Könnens* werden die Schüler/innen versuchen, Fehler zu vermeiden und ihr Wissen und Können darzustellen (vgl. Ballasch/Kiper 2006).

Der Prozess des Lernens ist zu begleiten, zu überwachen und zu unterstützen durch Gewähren von Rückmeldungen, durch Hilfen zur Selbstkontrolle des Lernprozesses, durch gemeinsames Nachdenken über die Genese und innere Logik von Fehlern

Lehrer/innen werden oftmals Aufgaben nutzen, die ihnen die Schulbücher anbieten. Sie sollten diese systematisch überprüfen, sie mit Blick auf eigene Zwecke modifizieren oder auch Aufgaben selber konstruieren. Dazu helfen folgende Prüffragen:

- Beziehen sich die Aufgaben auf alle relevanten Inhalte des Faches resp. des Teilgebiets, das es zu lernen gilt?
- Sind die Aufgaben in interessante Situationen eingebettet?
- Werden Operationen aktiviert, die bei der Bearbeitung der Aufgabe ausgeführt werden müssen?
- Werden unterschiedliche Aufgabenformate gewählt?
- Gibt es Aufgaben auf verschiedenen Anspruchsniveaus?
- Helfen die Aufgaben zur Weiterentwicklung des Wissens und Könnens der Schüler/innen mit Blick auf verschiedene Teilkompetenzen?

Georg E. Becker unterscheidet folgende Aufgabenformate: In *Lückentexte* können Schüler/innen neu gelernte Begriffe einsetzen; sie helfen beim Überprüfen vorhandenen Wissens. *Zuordnungsaufgaben* (im Kontext der Begriffsbildung) zielen darauf, bei bestimmten Elementen Gemeinsamkeiten zu erkennen und sie – unter verschiedenen Kriterien – zu ordnen. Sortieren von verschiedenen Obst- und Gemüsesorten, Unterscheiden von Nadel- und Laubbäumen z.B. können als solche Zuordnungsaufgaben verstanden werden. *Bildgeschichten* fordern dazu auf, einen Handlungsablauf oder ein Ereignis in seiner Abfolge zu beschreiben. *Ergänzungsaufgaben* zielen darauf, dass ein/e Schüler/in eine Operation fortsetzt, eine Erzählung weiterführt, in einem Handlungsablauf fehlende Handlungen ergänzt. Eine besondere Variante sind *Konstruktionsaufgaben*, bei denen Schüler/innen nach Anleitung ein Werkstück fertigen oder selbst die Anleitung für eine Konstruktion verfassen. *Aufsätze, Kurzaufsätze, Stellungnahmen, Begründungen* zielen auf anspruchsvolle kognitive und sprachliche Denkprozesse (z.B. Herstellen von Zusammenhängen, Problemlösen, Argumentieren, Reflektieren und Bewerten). Bei offen und kreativ angelegten *Asso-*

ziationsaufgaben können eigenständige Überlegungen vorgestellt werden. *Mehrfach-Wahlaufgaben oder Multiple-choice Aufgaben* sind geschlossene Aufgaben (vgl. Becker 2002, S. 32 ff.). Die Lehrkräfte müssen Aufgaben mit Blick auf den Lehrstoff und die damit verbundenen kognitiven Lernprozesse, die durchlaufen werden müssen, um Kompetenzen zu erwerben, auswählen oder selbst erfinden. Lehrkräfte müssen beim Auswählen oder Konstruieren von Aufgaben in ein Wechselspiel eintreten zwischen expliziten und impliziten psychologischen Annahmen einerseits und Vorstellungen über die Struktur des Lernstoffs resp. Lerninhalts.

Reflexion/Übungsaufgaben

- Unterscheiden Sie Aufgaben und ihre Funktionen im Lernprozess.
- Warum sollen Aufgaben aus verschiedenen Anforderungsbereichen gestellt werden?
- Diskutieren Sie Kriterien für die Beurteilung der Qualität von Aufgabenstellungen.
- Welche Bedeutung kommt Aufgaben bei der Gestaltung eines interessanten Unterrichts zu?
- Geben Sie Beispiele für angemessene Aufgabenstellungen.

Arbeits- und Sozialformen im Unterricht

Unter Arbeits- und Sozialformen des Unterrichts versteht man die Organisation der Arbeitsbeziehungen und sozialen Beziehungen im Lehr-Lern-Prozess. Bestimmte Organisationsformen (z. B. Einzelarbeit, Partnerarbeit oder Gruppenarbeit) können mit Blick auf Notwendigkeiten im Lehr- und Lernprozess gewählt werden; sie können aber auch mit Blick auf den Aufbau fächerübergreifender Kompetenzen (z. B. zur Kooperation) und/oder für die bewusste Gestaltung des sozialen Miteinanders gewählt werden.

Unter Arbeits- und Sozialformen des Unterrichts versteht man die Organisation der Arbeitsbeziehungen und sozialen Beziehungen im Lehr-Lern-Prozess

Beim *Frontalunterricht* wendet sich die Lehrkraft an alle Schüler zugleich. Die Kommunikation der Schüler/innen wird vom Lehrer moderiert. Die Sitzordnung ist auf die Lehrkraft ausgerichtet; die Schüler/innen lernen nebeneinander. Frontalunterricht ist besonders für darbietende Lehrverfahren (Lehrer- oder Schülervortrag, Vortrag unter Einsatz von Folien oder PowerPoint-Präsentation) geeignet. Er eignet sich gut für die Erklärung eines Sachverhaltes oder eines Vorganges, zur Erläuterung von Lerntechniken, beim Trainieren eines Tanzes oder eines Musikstückes oder beim Übermitteln persönlicher Erfahrungen und Meinungen (E. Meyer 1984, S. 30). Ernst Meyer unterscheidet einen *eigenständigen* und einen *integrierten* Frontalunterricht. Beim *eigenständigen Frontalunterricht* vermitteln Lehrer oder Schüler/innen oder technische

Medien direkt zwischen dem Einzelnen innerhalb der Klasse und dem Unterrichtsgegenstand. Sie lenken die Gedankengänge der Schüler/innen »geradlinig auf ein festgelegtes Ziel« (Meyer 1984, S. 27). Die Lehrkraft (oder der Schüler) erscheinen als Darbietende, Gestaltende, Darstellende, Erklärende, Erzählende, Fragende, Informierende, Steuernde, Kontrollierende, Bewertende; sie führen – oft auf von ihnen geplanten Wegen – an Einsichten heran. Beim *integrierten Frontalunterricht* ist er in eine Vielzahl problemlösender Aktivitäten in unterschiedlichen Sozialformen eingebunden. Ernst Meyer stellt heraus, dass frontale Situationen notwendig seien, so bei der Entwicklung und Organisation von Aufgaben- und Problemsituationen, bei der Formulierung von Frage- und Problemstellungen, beim Aufstellen von Hypothesen und bei deren Überprüfung und beim Systematisieren von Lösungen (1984, S. 75). Der Frontalunterricht steht in der Gefahr, zu einem wenig abwechslungsreichen Vorgehen zu verkommen: die meist verwendete Frage-Antwort-Methode bewirkt eine sehr eng geführte Gedankenentwicklung; sie kann so produktives, kreatives Denken verhindern. Frontalunterricht verführt die Lehrkraft dazu, schon dann einen gelungenen Lernprozess anzunehmen, wenn sie von einigen Schülerinnen und Schülern erwartete Antworten erhielt (vgl. Meyer-Willner 1979, S. 17 ff.). Zum variablen Einsatz von Frontalunterricht zusammen mit Formen des eigenständigen Erarbeitens durch die Schüler/innen macht Gudjons (1993) eine Reihe von Vorschlägen, die die Vorteile des frontalen Arbeitens mit den Vorteilen der anderen Unterrichtsvarianten im Sinne von Individualisierung gut zu verbinden erlauben.

Einzelarbeit meint alle Formen des Lernens, bei denen ein/e Schüler/in selbsttätig und selbstständig arbeitet

Einzelarbeit meint alle Formen des Lernens, bei denen ein/e Schüler/in ohne direkte Leitung durch die Lehrkraft bzw. Mithilfe durch andere selbsttätig und selbstständig arbeitet. Sie verhilft Lerner/innen zur aktiven Lösung einer Aufgabe nach eigenem Tempo. Einzelarbeit zeigt sich als (stille) Alleinarbeit, in Übungsphasen, beim Bearbeiten von Lernaufgaben, beim Zeichnen und Malen, beim Anfertigen von Hausaufgaben und bei der Arbeit am Computer. Einzelarbeit geschieht oftmals als Phase im integrierten Frontalunterricht. Einzelarbeit im Rahmen von Selbstbildungsverfahren ist auf systematisch aufgebaute Lehrgänge angewiesen, die der Schülerin oder dem Schüler das selbstständige Erreichen gesetzter Ziele gestatten. »Das Material muss hier die sonst vom Lehrer ausgeübte Motivations-, Informations-, Steuer-, Kontroll- und Beratungsfunktion übernehmen« (Meyer-Willner 1979, S. 74).

Partnerarbeit ist die zeitweilige Zusammenarbeit zweier Lerner/innen

Partnerarbeit ist die zeitweilige Zusammenarbeit zweier Lerner/innen. Sie ist die am leichtesten einzurichtende Form des Miteinander-Lernens. Dabei arbeiten je zwei Schüler/innen an einem gemeinsamen Arbeitsplatz, oft ohne dass Tische oder Stühle umgeräumt werden müssten. Wichtig ist eine klare Arbeitsanweisung durch die Lehrkraft, das Vorhandensein von Arbeitsmitteln und die Vermittlung von Arbeitstechniken. Bei der Partnerarbeit können sich die Schüler/innen gegenseitig etwas diktieren, etwas abfragen, gemeinsam an einer Aufgabe lernen, zu zweit ein Experiment durchführen, gemeinsam etwas anfertigen (ein Bild, eine Skulptur, ein Modell, eine Reportage), miteinander an einem Computerprogramm lernen oder Verfahren üben. Dabei bestimmen die Schüler/innen ihren Arbeitsrhythmus, die Methode und die Anspruchshöhe ihrer Leistung. Als Vorzüge der Partnerarbeit werden die hohe Schüleraktivität, die »Leistungsüberlegenheit gegenüber der Einzelarbeit« (Nuhn 1995, S. 8) durch gegenseitige Anregung und mehr Einfälle, das Erzielen von Erfolgen und die Erziehung zu partnerschaftlichem Verhalten genannt. Partnerarbeit wird oftmals für ca. 10-15 Minuten im integrierten Frontalunterricht oder bei Formen der »Freiarbeit« praktiziert. Neben der Partnerarbeit, die Lerner/innen mit ähnlichen Leistungsstärken und Interessen zusammenführt und die von den Schüler/innen in der Regel bevorzugt wird (vgl. Nuhn 1995, S. 17), kann auch ein Helfersystem praktiziert werden; dabei erhält der Schwächere die Möglichkeit, einen Lernzuwachs zu erreichen.

Gruppenarbeit in Kleingruppen (aus drei bis fünf Schüler/innen) kann zu unterschiedlichen Zwecken eingesetzt werden

Gruppenarbeit in Kleingruppen (aus drei bis fünf Schüler/innen) kann zu unterschiedlichen Zwecken eingesetzt werden. Die Kleingruppe als *ständige Arbeits- und Sozialform (Tischgruppe)* ist eine feste Sozial- und Arbeitsgruppe, die vielfältige Funktionen im Unterricht und im Sozialleben einer Schulklasse übernimmt (vgl. auch Meyer-Willner 1979, S. 93 ff.). Oftmals wird sie aus Jungen und Mädchen, Lerner/innen verschiedener Muttersprache und leistungsstärkeren bzw. leistungsschwächeren Schüler/innen zusammengesetzt. Ad hoc werden vielfach Kleingruppen gebildet, um an bestimmten Aufgaben im Unterricht zu arbeiten. Kleingruppenarbeit wird im Rahmen des unterrichtlichen Gesamtverlaufs in verschiedenen Phasen eingesetzt. Die Kleingruppen können nach Neigungen und Interessen, nach Leistungsstand oder unter Freundschaftsaspekten zusammengesetzt werden. Die Kleingruppenarbeit kann *arbeitsgleich (themengleich)* oder *arbeitsteilig (themenverschieden)* erfolgen. Nach der Themenstellung oder Themenauswahl im Plenum wird das Thema strukturiert. In der Gruppe wird ein Ergebnis erarbeitet und zusammengefasst. Im Plenum werden die Ergebnisse vorgetragen, und es kommt zu einem anschließenden Gespräch oder zu Formen der Weiterarbeit (vgl. Meyer-Willner 1979, S. 67 ff.). Kleingruppenarbeit ist Teil eines integrierten Frontalunterrichts. Frontale Situationen bleiben notwendig bei der »Planung und Koordination der Gruppenarbeit, zum Austausch, zur Systematisierung und Verarbeitung von Ergebnissen, zur gezielten Vermittlung von Zusatzinformationen, zu kritischen Nachfragen an die Gruppen, zu Korrekturen, Ergänzungen, Kontrollen und zur Gesamtevaluation einer gruppenunterrichtlich durchgeführten Unterrichtseinheit« (Gudjons 1993, S. 49).

Reflexion/Übungsaufgaben

Nennen Sie verschiedene Arbeits- und Sozialformen und diskutieren Sie deren Funktionen bei der Gestaltung des Unterrichts.

Lehr- und Lernverfahren (Methoden)

Lehr- und Lernverfahren sind bestimmte wiederkehrende Muster wechselseitig aufeinander bezogener Lehr- und Lernhandlungen (-tätigkeiten) zur Organisation der Lernbedingungen und Lernhilfen, um ziel- und sachorientierte Lernprozesse zu ermöglichen bzw. zu unterstützen.

Beim *darbietenden oder expositorischen Lehrverfahren* (David Ausubel; vgl. Tab. 2) geht es um die gezielte Vermittlung von Informationen und Wissen. Beim darbietenden Lehrverfahren ist ein hoher Strukturierungsgrad (durch

Tab. 2: **Darbietende Lehrverfahren**

Grundform	Darbietendes Lehrverfahren
Ziel	• Vermitteln von Faktenwissen, Orientierungs- und Überblickswissen; Vermittlung grundlegender Informationen • Motivierung durch Hinführung zu einer Problemstellung • Zusammenfassung von Erarbeitetem; Wiederholung von Gelerntem
Lehr-/ Lernverfahren	• Vortragen, Vorlesen • Erklären, Erzählen, Schildern • Beschreiben, Berichten • Vormachen, Vorführen, Demonstrieren
Lernaktivität	Beobachtungslernen, Lernen am Modell, Zuhören und Lernen durch Aufbau und Veränderung kognitiver Strukturen

Lehrervortrag, Lehrerdemonstration, Erklären, Berichten, Beschreiben, Schildern, Erzählen) gegeben. Dabei wird viel Information in kürzester Zeit vermittelt. Es ist geeignet, über ein neues Themengebiet Orientierungs- oder Überblickswissen zu erhalten, hilft manchmal dabei, neuen Lehrstoff in eine vorhandene kognitive Struktur einzubauen oder diese Struktur umzubauen, vor allem dann, wenn auf sinnvolles Lernen und Verstehen und nicht auf mechanisches Lernen orientiert wird. Darbietende Lehrverfahren werden gern in Lehrgängen mit dem Ziel des systematischen Wissensaufbaus verwendet. Beim darbietenden Lehren wird von den Lerner/innen Zuhören, Mit-Denken, Verarbeiten und Umdenken erwartet. Bei diesem Lehrverfahren wird in der Regel eine Frage vorweg gestellt, ein Impuls gegeben (Zeichnung, Karikatur) oder eine Entscheidungsfrage gestellt. Es kann auch ausgehend vom erfassten Vorwissen der Schüler/innen gelehrt werden. Das darbietende Lehrverfahren und seine Qualität sind auch abhängig von der fachlichen Richtigkeit und Qualität des Lehrervortrags, der von der Lehrkraft dargelegten Erklärung, des gezeigten Experiments etc. (vgl. Aebli 2001).

Kern der Theorie ist die Annahme, dass Wissenserwerb durch Anlagerung von Informationen an vorhandene kognitive Strukturen erfolgt. Dabei sind folgende Prinzipien zu beachten:

- Aktivierung der Vorkenntnisse (Advanced organizer)
- Vermittlung erst des Prinzips, dann der Details (zunehmende Differenzierung)
- Abfordern der integrative Verknüpfung der vermittelten Details
- Anleiten (durch geeignete Aufgaben) zum expliziten Transfer (vgl. Seel 2000, S. 178).

Beim darbietenden Lehrverfahren gehört es zu den Aufgaben der Lehrkraft, Sachverhalte zu erklären. Wie angemessen erklärt werden kann, wird von Kiel (1999) erläutert.

Das *entdecken lassende Lehrverfahren* (Jerome Bruner; vgl. Tab. 3) zielt darauf, Schüler/innen eigenständig Problemlösungen entwickeln zu lassen. Es ist durch einen geringen Strukturierungsgrad gekennzeichnet. Die Lernenden sollen die

Tab. 3: **Entdecken lassende Verfahren**

Grundform	Aktivierende Verfahren
Ziel	• Eröffnen von selbstständigem, selbstgesteuertem und organisiertem Lernen, Entwicklung und Förderung problemlösenden Denkens, Beteiligung der Schüler/innen an der Planung, Gestaltung und Bewertung von Lernprozessen
Lehr-/Lernverfahren	• Organisieren von Lernbedingungen, Gestalten von Lernsituationen für selbstständiges und selbstgesteuertes Lernen, Bereitstellen von Materialien • Anregen von Lernprozessen, Lernberatung, Lernhilfe
Lernaktivität	• Aktive und selbstständige Erarbeitung, Aneignung und Bewertung von Kenntnissen, Einsichten, Arbeitsweisen und Denkmethoden beim problemlösenden Lernen • Experimentieren; Erkundungsprojekte, Handlungsprojekte, Fallmethode

Zusammenhänge und Sachverhalte selbst entdecken und dabei in die Verwendung von Problemlöseheuristiken eingeübt werden durch sorgfältige Analyse eines Problems, die Formulierung von Hypothesen, die Wahl von Verfahren zur Prüfung der Hypothesen und das Verwerfen oder Akzeptieren der Hypothesen. Entdecken lassende Verfahren sind meist mit einem hohen Zeitaufwand verbunden. Lernarrangements, die zum Lernen durch Entdeckung führen sollen, müssen einerseits auf der Materialseite eine strukturierte Situation anbieten. Die gegebenen Bedingungen müssen das zu Entdeckende auch relativ zum Erkenntnisvermögen der Schüler/innen gut sichtbar resp. auffindbar enthalten und sie müssen bei den Lerner/innen die Nutzungsmöglichkeiten aufbauen, das prinzipiell Erkennbare auch zu finden, z. B. durch die Anleitung zum epistemischen Fragen (Neber 2004).

Beim *erarbeitenden Lehrverfahren* ist ein mittlerer Strukturierungsgrad gegeben. Wichtiges Merkmal dabei sind die Lehrerfragen auf unterschiedlichen kognitiven Niveaus, die auf Denk- und Aktivitätsanregung zielen und bei den Lerner/innen Verständnis durch den Nachvollzug von Zusammenhängen herstellen wollen. Auch Aufgabenstellungen haben hier ihre Bedeutung. Sie zielen auf das Anregen von Schüleraktivitäten wie Nachvollziehen und Elaborieren (durch Strukturieren, Anwenden, Herstellen von Zusammenhängen und Weiterdenken).

Darbietende, erarbeitende oder entdecken lassende Lehrverfahren erfolgen oftmals im Medium der Sprache. Daher werden manchmal *Gesprächsverfahren* von den Lehrverfahren unterschieden. Unseres Erachtens können erarbeitende Lehrverfahren auch als Gesprächsverfahren organisiert werden, z. B. durch den Typus des fragend-entwickelnden Unterrichtsgesprächs.

Gesprächsverfahren scheinen uns geeignet für Prozesse des Aushandelns in der Schule, wenn es darum geht, Regeln zu finden und abzusprechen, Szenen, Situationen und Probleme darzulegen, zu interpretieren und zu bewerten und Konsequenzen daraus zu ziehen, Bewertungen vorzutragen und die Bewertungen anderer zur Kenntnis zu nehmen, sie auf ihre Richtigkeit zu prüfen, vor allem dann, wenn die Sichtweisen von zwei Parteien ebenbürtig sind und Abstimmungen und Klärungen erfolgen müssen. Sie sind in besonderer Weise auf Symmetrie verwiesen. Hier wird – durchaus unter Beachtung der verschiedenen Rollen – darauf gesetzt, dass durch Begegnung im Gespräch, Klärungen erfolgen können, die sich auf soziale Wahrnehmung, Deutung und Gestaltung des Miteinanders in der Schule und darüber hinaus beziehen. Gespräche können dabei in der gesamten Schulklasse gemeinsam mit der Lehrkraft oder nur unter den Schüler/innen als Kleingruppengespräche oder Partnergespräche stattfinden (vgl. Tab. 4).

Reflexion/Übungsaufgaben

- Erklären Sie das darbietende und das entdecken lassende Lehrverfahren und vergleichen Sie beide miteinander mit Blick auf die jeweiligen Stärken und Schwächen.
- Erläutern Sie Gesprächsverfahren. Unterscheiden Sie erarbeitende und aushandelnde Formen des Gesprächs.
- Für welche Lernanlässe sind die jeweiligen Gesprächsverfahren geeignet?

Tab. 4: **Gesprächsverfahren (erarbeitend oder aushandelnd)**

Grundform	Gesprächsverfahren
Ziele	• Entwicklung sprachlicher Fähigkeiten; Aufbau, Erweiterung und Veränderung intellektueller Fähigkeiten; Befähigung zum Beziehen eines Standpunktes und zum Perspektivenwechsel • Erwerb von bedeutungsvollem Wissen
Lehr-/ Lernverfahren	• Abfolge von Fragen, die eine Grundstruktur für das Erarbeiten oder Aushandeln vorgeben • Impulse und Fragestellungen einbringen, zur Gesprächsbeteiligung anspornen • Ermutigen von Äußerungen aus verschiedenen Perspektiven • Zuhören • Verstärken, Aufgreifen und Weiterführen von Schülergedanken; Formulierungshilfen geben • Problematisieren einer Sichtweise • Nachfragen, Rückfragen und Bitten um Konkretisierungen • Zusammenfassen und Gewichten von Schüleräußerungen • Ordnen nach Bedeutsamkeit • Auffordern zum Weitermachen • Erklären und Begründen lassen • Folgern und Bewerten lassen • Anleitungen zur Reflexion über das Gesprächsverhalten geben
Lernaktivität	• Angemessenes Gesprächsverhalten erwerben (sich melden, zur Sache sprechen, sich auf andere Beiträge beziehen, zu den Mitschülerinnen und Mitschülern sprechen) • Austausch und Erörterung von Informationen, Einschätzungen, Gedanken und Gefühlen, Erfahrungen und Meinungen • Erweiterung, Umstrukturierung und Festigung des Wissens • Einnehmen, Darstellen, Durchhalten (oder Modifizieren) eines eigenen Standpunktes • Kennenlernen anderer Meinungen, Sichtweisen und Überzeugungen, Befähigung zum Perspektivenwechsel • Klärung von kontroversen Sachverhalten, Klärung von Konflikten und Problemen der Gesprächspartner • Herstellen eines Kompromisses bei Meinungsverschiedenheiten • Umgang mit und Toleranz gegenüber Differenz.

Artikulation des Unterrichts

Weiterführende Literatur

Wellenreuther, M. (2004): Lehren und Lernen – aber wie? Baltmannsweiler: Schneider Hohengehren.

Unter Artikulation oder Verlauf des Unterrichts wird die zeitliche Reihenfolge der Lehr- und Lernhandlungen, die dem Lernprozess, der Struktur des Lerngegenstandes und den Voraussetzungen des Lerners entsprechen, gefasst. In einem Unterrichts- oder Artikulationsschema wird die zeitlich-sequenzielle Organisation des Vermittlungs- und Aneignungsprozesses modellartig strukturiert. Sehr oft wird die Lehr- und Lernhandlung in verschiedene Phasen unterteilt. Solche Phasenmodelle sind nur sinnvoll, wenn sie sich am Lernprozess orientieren und darauf abgestimmt den Prozess des Unterrichts vorausdenken. Das von Karl Josef Klauer und Detlev Leutner (2007) vorgestellte Lehr-Lernprozessmodell mit der Vorstellung von Lernen als Informationsverarbeitung mit den Phasen Informationsaufnahme – Informationsverarbeitung – Informationsspeicherung und Informationsanwendung könnte in seiner Allgemeinheit zunächst die Grundlage bieten für die Einteilung des Unterrichts in Phasen.

1) Eine Phase, in der von außen angeregt oder selbstbestimmt ein Lernanlass oder Lernmotiv entdeckt wird. Sie zielt darauf, die Aufmerksamkeit der Schülerinnen und Schüler zu gewinnen.
2) In einem zweiten Schritt kommt es zu Aufnahme und Verarbeitung ausgewählter Informationen, zur Lösung einer Denkaufgabe, zum Erschließen von Beziehungen und zur Einsicht in Zusammenhänge, zum Erfassen von Bedeutungsgehalten und Sinnbezügen, zur Ausführung einer Handlung oder zum Erwerben einer Fertigkeit. Man spricht von einer *Phase der Verarbeitung.*
3) Dann werden die Erkenntnisse gesichert. Dabei wird der Lösungsweg wiederholt und ausgeführt. Man spricht von einer *Phase der Ergebnisspeicherung.*
4) In einem weiteren Schritt wird das Gelernte auf neue Fälle angewendet. Man spricht von einer *Phase der Anwendung.*

Die Artikulation des Unterrichts dient dazu, über das geplante Lernen und das darauf bezogene Lehren im Unterricht nachzudenken und den Unterricht als Prozess zu antizipieren

Die Artikulation des Unterrichts dient dazu, über das geplante Lernen und das darauf bezogene Lehren im Unterricht nachzudenken und den Unterricht als Prozess zu antizipieren. Darauf basierend kann – beim Handeln im Unterricht – gesteuert, überwacht, reguliert, eventuell umgeplant und gehandelt werden.

Vorliegende schulpädagogische Modelle der Einteilung des Unterrichts in Phasen sollen die Lehrkraft darauf verweisen, dass eine Auseinandersetzung mit dem Lehrinhalt und den jeweils erforderlichen Prozessen des Lernens notwendig ist, um eine differenzierte Schrittfolge für Lehr- und Lerntätigkeiten vorauszudenken. Die Überlegungen von Heinrich Roth (1959, 1961) über die beim Lernen erforderlichen Prozesse wurden oftmals in unangemessener Weise zu Phasen in einer Unterrichtsstunde umformuliert (vgl. Kiper 2006).

»1. Lernschritt (Stufe der Motivation): Ein Lernprozess wird angestoßen. Eine Aufgabe wird gestellt. Ein Lernmotiv wird entdeckt.
2. Lernschritt (Stufe der Schwierigkeiten): Der Lehrer entdeckt die Schwierigkeiten der Aufgabe für den Schüler bzw. die kurzschlüssige oder leichtfertige Lösung des Schülers.
3. Lernschritt (Stufe der Lösung): Der Lehrer zeigt den Lösungsweg oder lässt ihn finden.
4. Lernschritt (Stufe des Tuns und Ausführens): Der Lehrer lässt die neue Leistungsform durchführen und ausgestalten.
5. Lernschritt (Stufe des Behaltens und Einübens): Der Lehrer sucht die neue Verhaltens- und Leistungsform durch Variation der Anwendungsbeispiele einzuprägen und einzuüben. Automatisierung des Gelernten.
6. Lernschritt (Stufe des Bereitstellens, der Übertragung und der Integration des Gelernten): Der Lehrer ist erst zufrieden, wenn das Gelernte neue Einsicht, Verhaltens- oder Leistungsform mit der Persönlichkeit verwachsen ist und jederzeit zum freien Gebrauch im Leben zur Verfügung steht. Die Übertragung des Gelernten von der Schulsituation auf die Lebenssituation wird direkt zu lehren versucht« (Roth 1959, zitiert nach Mohr 1966, S. 18 f.).

Auch wenn man nicht davon ausgehen kann, dass jeder Lernschritt aufeinander folgend für alle Schüler/innen in gleicher Weise erfolgt und als Phase im Unterricht organisiert werden kann, so wird hier jedoch das Vorgehen im Unterricht an erforderliche Lernprozesse gebunden.

Wir haben schon an anderer Stelle ausgeführt, dass der Unterricht mit Blick auf die zu erreichenden Ziele als ein Prozess mit einer Abfolge von notwendigen Schritten zu konzipieren ist. Dabei sind folgende Aspekte zu bedenken:

- Das angestrebte Kompetenzniveau (Exzellenzstandards, Regelstandards, Mindeststandards) ist zu markieren und zu begründen.
- Es ist zu klären, auf welchem Wissen und Können aufgesattelt werden kann, um diese Kompetenzen zu erreichen und eventuell dabei zu helfen, die notwendigen Lernvoraussetzungen zu schaffen.
- Es muss der Weg zum Aufbau dieser Kompetenz angegeben werden. Voraussetzung dafür ist die fachliche Strukturierung der Lerninhalte und eine Lernstrukturanalyse.
- Es sind Aufgaben mit passenden Operatoren zu formulieren.
- Es ist ein Verlauf des Unterrichts zu planen und die Schrittfolge eines Standardarrangements zu denken. Für diesen Unterricht sind Teilziele zu formulieren und Monitoringpunkte festzulegen, damit im Verlauf des Unterrichts geprüft werden kann, ob die Schüler/innen die Sachverhalte und Operationen verstanden haben.

- Der Lernweg muss durchdacht werden unter Beachtung der Basismodelle des Lernens.
- Es muss geklärt werden, woran der Erfolg des Unterrichts (mit Blick auf Lehren und Lernen) festgestellt werden kann (Evaluation).

Reflexion/Übungsaufgaben

Erklären Sie, inwiefern der Verlauf des Unterrichts und die dabei zu organisierenden Lehr- und Lernschritte sich an Vorstellungen über einen Lernweg orientieren sollten.

6.2 Unterrichtsziele und zu gestaltende Prozesse

Wenn wir Unterricht als zielführende Abfolge von Lernarrangements verstehen, wobei inhaltliche, soziale und dramaturgische Gesichtspunkte gleichzeitig zu bedenken sind, sind bei der *Planung* die jeweils zu erreichenden Endkompetenzen anzugeben, diese in zu erreichende Teilkompetenzen zu zerlegen und deutlich zu markieren, wie der Lehr- und Lernprozess zum Erreichen dieser Teilkompetenzen verlaufen soll und durch welche diagnostisch relevanten Aufgaben und Prüfoperationen angegeben werden kann, ob er gelingt resp. misslingt. Die Unterrichtssequenz ist beendet, wenn die Schüler/innen beim Bearbeiten der diagnostisch relevanten Aufgaben ein Kompetenzniveau zeigen, das die festgelegten Standards erreicht oder überschreitet. Dafür sind geeignete Lernarrangements zu finden und zu gestalten.

Eine Lehr- und Lernsequenz muss in ihren Abläufen vom Ende her geplant werden

Eine Lehr- und Lernsequenz muss in ihren Abläufen vom Ende her geplant werden. Aufgabe der Lehrkraft ist es, bei ihren Planungsüberlegungen das angestrebte Kompetenzniveau in Bezug auf die Inhalte zu definieren und Standards festzulegen, die dabei von einzelnen Schülerinnen oder Schülern resp. Schülergruppen erreicht werden sollen. Für das angestrebte Kompetenzniveau sind diagnostisch relevante Aufgaben zu entwerfen, mit deren Hilfe geprüft werden kann, ob die Kompetenzen tatsächlich erworben wurden. Die Unterrichtssequenz ist beendet, wenn die Schüler/innen beim Bearbeiten der diagnostisch relevanten Aufgaben ein Kompetenzniveau zeigen, das die festgelegten Standards erreicht oder überschreitet.

Wir schlagen vor, einen *Lernweg* zum Erwerb der angestrebten Kompetenzen zu durchdenken. Dieser Lernweg besteht aus einer Abfolge von Lernarrangements, die von den Schüler/innen unter Einsatz von vorhandenen oder zu erwerbenden Lernstrategien durchgearbeitet werden sollen und für die eine Folge geeigneter Prüf- und Kontrollaufgaben zur Überprüfung der Teilkompetenzen vorausgeplant werden. Um die Kompetenz Y aufzubauen, sind demnach die Lernarrangements 1, 2, 3 ... X vorgesehen. Das Durchdenken und Planen einer solchen Folge von Lernarrangements reicht dann aus, wenn alle Schüler/innen die gleiche Lernausgangslage haben, also eine homogene Lerngruppe bilden, die Lehrkraft ihre Lernvoraussetzungen kennt und bei der Planung hinreichend berücksichtigt. Dieses Vorgehen sichert einen möglichen Lernweg zum Erreichen der Kompetenz Y.

Wir gehen von der Überlegung aus, dass ein geeignetes Lernarrangement nur dann wirksam werden kann, wenn die Schüler/innen bereit sind, sich mit diesen Lernarrangements genügend intensiv auseinanderzusetzen und wenn sie die dafür benötigten Lernstrategien verfügbar haben bzw. sie erwerben und auch einsetzen. Schulisches Lernen setzt die Kooperation von Lehrkräften und Schüler/innen voraus. Bei der Planung der Lernarrangements setzt die Lehrkraft ihr Wissen über Methoden ein, um Formen der Bearbeitung von Inhalten vorzuschlagen bzw. anzulegen, die eine Aneignung der Inhalte ermöglichen. Die Schüler/innen setzen ihr metakognitives Wissen und ihre Lernstrategien und Methoden ein, um mithilfe eines lernwirksamen Umgehens mit den Vorgaben der Lehrkraft (Materialien und Arbeitsaufträgen) den Aufbau der gewünschten Teilkompetenzen zu realisieren (vgl. Kiper/Mischke 2006).

Reflexion/Übungsaufgaben

- Inwiefern ist es sinnvoll, einen Lernweg von hinten her, ausgehend von der Zielsetzung, so zu durchdenken, dass er einen Prozess des systematischen Kompetenzaufbaus ermöglicht?
- Welche Bedeutung kommt dabei den verschiedenen Lernarrangements zu?
- Wie wird dabei das Überwachen des Lernprozesses (Monitoring) angelegt?

6.3 Basismodelle des Lernens und Einzelmethoden

Mit Blick auf die von uns aufgenommene Unterscheidung von den Oberflächen- und Tiefenstrukturen des Unterrichts gehen wir davon aus, dass es hilfreich sein könnte, wenn sich Lehrkräfte vergegenwärtigen, um welches Basismodell des Lernens es jeweils geht. Wir stellen hier einige der Basismodelle des Lernens (vgl. dazu Kiper/Mischke 2004, S. 114 ff.) genauer vor und beziehen uns auf einige dabei relevant werdende Methoden. Ein Basismodell benennt die für den Lernprozess logisch notwendigen Schritte, die auf der sichtbaren Oberfläche des Unterrichts auf sehr unterschiedliche Weise methodisch realisiert werden können. Die Schrittfolge ist dabei nicht zwingend vorgegeben; nur müssen alle notwendigen Schritte im Denkprozess der Schüler/innen zu einer kompletten Struktur zusammengeführt werden können.

Weiterführende Literatur

Aebli, H. (2001): Zwölf Grundformen des Lehrens und Lernens. Stuttgart: Klett 2001

Basismodell: Erfahrungen machen

Bei der Erfahrungsbildung ist wichtig:

- Planung
- Ausführung
- Reflexion der Ergebnisse
- Reflexion der Bezugssysteme für die Beurteilung

Für dieses Basismodell sind die folgenden Elemente konstitutiv:

1) Erfahrungen sind mit der eigenen Person über die Aktivitäten in einer Situation verknüpft. Das Lernen durch Erfahrungen beginnt daher mit der Reflexion der potenziell möglichen eigenen Aktivitäten und deren Kontextbedingungen.
2) Die Aktionen sind in geeignetem Kontext auszuführen.
3) Die Bedeutungen der mit der Aktivität verknüpften Erlebnisse sind durch sozialen Austausch zu entfalten; daher müssen die Lerner/innen über ihre Erlebnisse berichten.
4) Durch Analyse der gemeinsamen Elemente unterschiedlicher subjektiver Wahrnehmungen wird nach Generalisierungsmöglichkeiten gesucht.
5) Abschließend kann die Reflexion ähnlicher Erfahrungen in den Geschichten anderer oder in Texten erfolgen.

Methoden

Beim *Reporterspiel* können ausgehend von einer Fragestellung, die dazu auffordert, sich über Erfahrungen auszutauschen, zwei Lerner/innen die Rolle des Reporters, die anderen beiden die Rolle des Interview-Partners übernehmen. Die Reporter/innen interviewen die Interview-Partner/innen bezogen auf Erfahrungen zu einem ausgewählten Teilbereich; anschließend wird ein Rollenwechsel vorgenommen. Die Ergebnisse der Interviews werden miteinander unter einer Perspektive der Gemeinsamkeit resp. Differenz der Erfahrungen besprochen und das Ergebnis zusammengefasst.

Beim *Dreischritt-Interview* werden Paare aus Lerner/innen gebildet, die sich noch nicht gut kennen. Sie interviewen sich gegenseitig zu einer ausgewählten Erfahrung. Im Interview geht es darum, diese Erfahrung und ihre Einschätzung/Bewertung genauer kennen zu lernen. Nach einem (vorher abgesprochenen Signal) erfolgt ein Rollenwechsel und jeweils der andere Lernpartner wird über eine Erfahrung befragt. In einem weiteren Schritt schließen sich jeweils zwei Paare zusammen und tauschen sich über die Erfahrungen aus und erörtern, was man aus ihnen lernen kann.

Reflexion/Übungsaufgaben

- Geben Sie Beispiele dafür, wie man aus Erfahrungen lernen kann.
- Wie kann man Lernen aus Erfahrungen für den Unterricht nutzen? Was ist beim Erfahrungslernen zu beachten?
- Erklären Sie, wie das Dreischritt-Interview so eingesetzt werden kann, dass dabei ein Lernen aus Erfahrungen ermöglicht wird.

Basismodell: Wissen erwerben

Um Wissen zu erwerben, müssen Schüler/innen die Bedeutung von Wörtern (in einem Text, in einer Rede, in einem Vortrag) erfassen. Dazu sind Vorkenntnisse zu aktivieren; ein prägnantes Beispiel wird gegeben und mit der neuen Bedeutung verknüpft. Die spezifischen Merkmale werden herausgearbeitet bzw. durch Kontrastierung verdeutlicht. Die aktive Anwendung der erworbenen Wortverwendung und die Erweiterung des Kontextes ermöglichen die Festigung des Wortes und seiner Bedeutung. *Begriffe* sind Instrumente geistigen Lebens, mit denen die Welt erfasst und mit deren Hilfe eine geistige Ordnung hergestellt wird. In Begriffen wird gedacht und Wirklichkeit bewältigt. Bei Begriffsdefinitionen kann man so vorgehen, zuerst einen Oberbegriff und dann spezifische Merkmale zu nennen. Der Fokus im Unterricht richtet sich auf Merkmale und Merkmalskombinationen, die solchen Beispielen gemeinsam sind, die unter den Begriff subsumiert werden können. »Im Unterricht bildet der Schüler Begriffe, indem er vor einer neuen Erscheinung (...) gedankliche Elemente aus seinem Wissen abruft und verknüpft. So konstruiert er einen neuen Begriffsinhalt. In der Regel ist es ein Netz von Beziehungen zwischen Merkmalen. Der Begriffsumfang ist dann die Menge der Fälle oder Exemplare, auf die der Begriffsinhalt passt« (Aebli 2001, S. 253). Aebli betont, dass Begriffsinhalte Netzcharakter haben, dass diese Netze ihrerseits mit Nachbarbegriffen und schließlich mit dem Weltbild des Begriffsbildenden zusammenhängen. Wird der Begriff mit der Einführung in verschiedene Perspektiven verbunden, entsteht eine geistige Landkarte (Aebli 2001, S. 270).

Bei der Begriffsbildung ist wichtig:

- Beispiel oder Prototyp vorstellen
- Netzwerk der kritischen Merkmale erarbeiten
- Anwendungsfälle in unterschiedlichen Perspektiven durcharbeiten
- Abgrenzung zu Nachbarbegriffen erarbeiten

Bei der Begriffsbildung geht es nicht nur um eine Benennung, sondern um die Bildung einer Klasse von Objekten. Auch hier sind die Vorkenntnisse zu aktivieren. Anhand der Vorstellung eines Prototyps der Objektklasse ist der Begriff anzubahnen; durch die Analyse der kritischen Attribute und durch die Abgrenzung gegenüber Objekten, die nicht dazugehören, wird der Begriff erarbeitet. Durcharbeiten des Begriffs im Sinne von Anwendung, Analyse und Syntheseaufgaben festigt die Begriffsbildung. Die Anwendung in erweiterten Kontexten unter Hinzuziehen unterschiedlicher, aber ähnlicher Konzepte erweitert das Wissenssystem. Zum Wissenserwerb gehört auch, *einen Sachverhalt oder/und einen Vorgang zu erfassen* und in einem mentalen Modell zu repräsentieren. Hierbei geht es einerseits um die Entwicklung von komplexeren begrifflichen Zusammenhängen, andererseits um die explizite Verknüpfung mit Vorstellungsbildern oder Ablaufschemata. Zunächst ist ein Überblick über das Gesamtgeschehen zu gewinnen. Relevante Teile sind analytisch abzugrenzen und in ihrer Rolle im Gefüge des Ganzen zu bestimmen. Für die jeweiligen Teile gilt dann ein Vorgehen analog zur Begriffsbildung. Wird der Aufbau von Vorstellungsbildern angestrebt, ist – von der Beschreibung des Vorgangs ausgehend – die Bildung von Modellen anzuregen und durch visuelle Darstellung zu unterstützen. Der Durchlauf durch das gesamte Wissensgefüge mit unterschiedlichem Auflösungsgrad – mal nur die Verkettung der Elemente, mal einzelne Elemente in unterschiedlich feiner Durchstrukturierung – sorgt für ein flexibel einsetzbares Wissenssystem.

Vorgehen

Zum Verstehen eines Sachverhalts ist wichtig:

- notwendige Elemente finden
- deren Verknüpfung benennen
- hilfreiche Modellvorstellungen aufbauen
- Netzwerk erarbeiten
- Netzwerk in variable Richtungen durcharbeiten
- Anwendungsbeispiele bearbeiten

Viele Lehr- und Lernhandlungen in der Schule zielen darauf, dass sich die Schüler/innen Wissen aneignen. Es scheint uns sinnvoll, mit ihnen über Lernen als Prozess der Informationsverarbeitung zu sprechen und zu erklären, was dazu gehört, nämlich die Informationsaufnahme, die Informationsverarbeitung, die Informationsspeicherung und die Informationsanwendung. Dieser Prozess soll metakognitiv überwacht und gesteuert werden. Zugleich ist die Aufmerksamkeit über den Prozess hinweg aufrechtzuerhalten.

In der Schule muss bei der Wissensvermittlung der Fokus auf Begriffsbildungsprozesse und das angemessene Erklären resp. Verstehen eines Sachverhalts gelegt werden. Hans Aebli schlägt einen erklärenden Begriffsaufbau in Teilschritten vor (2001, S. 266 ff.). Dabei geht es darum, über einen Begriffsinhalt zu verfügen, ihn in neuen Situationen als Werkzeug des Denkens anzuwenden und ihn beweglich und anpassungsfähig zu halten. Wird der Begriff mit der Einführung in verschiedene Perspektiven verbunden, entsteht eine geistige Landkarte (2001, S. 270). Aebli fordert vom Lehrer, »sich Rechenschaft über das System der Begriffe abzulegen, das er in seinen Fächern vermittelt, sich zweitens zu fragen, wo er die praktischen und theoretischen Anwendungen dieser Begriffe sieht und drittens (...) zu prüfen, ob die vermittelten Gesichtspunkte den jungen Menschen in seiner Welt das sehen und erkennen lassen, was er sehen und erkennen müsste, um sich richtig zu verhalten (...)« (Aebli 2001, S. 271). Einen Sachverhalt kann man u.a. dadurch verstehen lernen, dass Vorkommnisse, Ereignisse und Probleme vereinfacht und strukturiert im Unterricht behandelt werden. Lehrkräfte müssen in der Lage sein, einen Sachverhalt verständlich zu erklären. Voraussetzung dafür ist, dass die Lehrkraft etwas selbst verstanden hat und in der Lage ist, einen Sachverhalt für ihre Schüler/innen verständlich darzustellen (Vortrag, Text, Leittext). Lehrkräfte müssen die Aufmerksamkeit der Schüler/innen für eine Erklärung gewinnen, ihre Vorkenntnisse aktualisieren und zusammentragen, die Lerner/innen dazu auffordern, selber erste Vermutungen anzustellen, Hypothesen zu bilden und Erklärungen zu liefern, und daran anknüpfend einen Sachverhalt in möglichst einfacher Sprache verdeutlichen oder selber mit der Erklärung beginnen und den Versuch unternehmen, Schüler/innen für ein Mitdenken zu gewinnen. Hilfreich für die Unterstützung der Erklärung ist es, den Schüler/innen eine gute kognitive Gliederung (eventuell als advanced organizer) anzubieten, eine kurze und prägnante oder eine anregende, interessante, abwechselungsreiche Darstellung des Sachverhalts zu geben und wichtige Aspekte explizit hervorzuheben. Lerner/innen sollten die Möglichkeit haben, Fragen zu stellen; sie sollten versuchen, die Erklärung zu wiederholen und eventuell Verknüpfungen zu neuen Gebieten herzustellen. Die Erklärungen der Lehrkraft können durch Objekte, Modelle oder Grafiken unterstützt werden. Die Schüler/innen können diese Informationen stichwortartig protokollieren oder besser versuchen, die Informationen der Lehrkraft in eine Begriffslandkarte umzusetzen. Anschließend beginnt die Informationsverarbeitung (vgl. Kiel 1999).

Schüler/innen können durch eigenständige Textarbeit Wissen erwerben

Daneben können Schüler/innen durch eigenständige Textarbeit Wissen erwerben. Erhalten die Schüler/innen die Informationen in Form von Texten und Schaubildern z. B. aus Schulbüchern, aus Arbeitsblättern, Lexika, dem Internet, sollten sie über Verfahren der Texterschließung und Analyse von Statistiken, Schaubildern, Diagrammen verfügen. Diese Fähigkeit ist aufzubauen. Im Unterricht sind Organisationshilfen beim Lesen, Verstehen, Wiedergeben und Interpretieren eines Textes zu geben. Als Textverarbeitungsstrategien können angesehen werden:

- Fragen an den Text stellen
- Formulieren von Vermutungen resp. Vorhersagen über den Text resp. nach dem Lesen eines Abschnitts über die nachfolgenden Abschnitte
- Wiederholung des Lesens
- Paraphrasieren des Gelesenen
- Suche nach Schlüsselwörtern
- Suche nach Wenn-Dann-Verbindungen innerhalb des Textes
- Darstellung der Zusammenhänge in einer Strukturgrafik (Concept-Map oder Mind-Map)
- Anfertigen von Zusammenfassungen.

Solche Textverarbeitungsstrategien sind insbesondere schlechten Leser/innen anzubieten, weil diese oftmals ihre Verstehenslücken nicht erkennen, über Widersprüche des Textes hinwegsehen und schwierige Passagen übergehen. Von daher ist eine Überantwortung des Erwerbs der Lesekompetenz und seine Kontrolle und Überprüfung an die Schüler/innen allein nicht sinnvoll. Stattdessen ist es erforderlich, die beim Lesen ablaufenden Denkprozesse zu thematisieren, Strategien des kompetenten Anderen (Lehrperson, Mitschüler/in) öffentlich zu machen und auszutauschen und Wege zur Erschließung von Textbedeutungen aufzuzeigen. Für das Verstehen von Texten, den Aufbau einer sinnvollen Textrepräsentation im Gedächtnis und die Vermittlung der Fähigkeit zu sinnstiftenden Integrationsleistungen durch situative Textrepräsentation ist das Offenlegen der Denkprozesse beim Lernen und der verschiedenen Möglichkeiten, um zu Textverständnis und Interpretation zu kommen, von entscheidender Bedeutung.

Bei der *eigenständigen Recherche* (z. B. in Lexika, Fachbüchern, Fachzeitschriften oder im Internet) geht es zunächst darum, eine Fragestellung zu entwickeln oder ein Thema zu formulieren und es genauer einzugrenzen. Dann können in einer Bibliothek gezielt Informationen gesucht werden, z. B. über

Stichwortverzeichnisse Literatur ausgewählt und gesichtet oder über Suchmaschinen im Internet Informationsquellen ausgewählt werden. Die gefundene Literatur oder die im Internet aufgesuchten Informationen sind auf ihre Seriosität zu überprüfen und auszuwählen. Die wichtigsten Informationen sind zu speichern, z.B. durch das Anfertigen von Fotokopien oder Speichern auf einer Festplatte oder durch den Ausdruck von Texten. Dabei dürfen die Quellenangaben nicht vergessen werden. Dann sind die Informationen zu bearbeiten.

Das Schreiben unter dem Gesichtspunkt der Informationsaufnahme, Informationsverarbeitung und Informationsspeicherung hat eine Funktion für die gezielte Wissensaneignung

Das *Schreiben* unter dem Gesichtspunkt der Informationsaufnahme, Informationsverarbeitung und Informationsspeicherung hat weniger eine kommunikative Funktion, sondern eine Funktion für die gezielte Wissensaneignung. Die Schüler/innen können Hinweise erhalten für das Schreiben unter diesem Fokus. Dazu zählt, dass die Schüler/innen bestimmte Textsorten kennenlernen (Notizen, Unterrichtsprotokoll, Exzerpt mit einer Zusammenfassung von Textinhalten, Beschreibungen, Deutungen). Schriftliche Sprache ist willentlich erzeugt; ein Text wird logisch strukturiert und aufgebaut; er dient im Zusammenhang mit dem individuellen Wissenserwerb vor allem dem Schreiber selbst. Die schriftliche Darlegung eines Sachverhalts trägt dazu bei, diesen besser zu erfassen. Die Darstellung sollte dem Lerner ermöglichen, anschließend aus den eigenen Texten Informationen zu entnehmen und zu verarbeiten.

Bei der Expertenbefragung möchte man das Wissen der Experten für Lerner/innen nutzbar machen

Um Wissen zu erwerben, eignen sich weitere Methoden, z.B. die Befragung von Expert/inn/en, die Besichtigung oder die Erkundung. Bei der *Expertenbefragung* möchte man das Wissen der Experten für Lerner/innen nutzbar machen. Dabei stellt sich das Problem, dass manche Expert/inn/en ihr Wissen oftmals deshalb nicht gut weitergeben können, weil es nicht explizit, sondern implizit vorhanden ist. Den Laien hingegen könnte es schwerfallen, solche Fragen zu stellen, die auf den Kern der Expertise zielen. Darüber hinaus kann es schwierig sein, Fragen zu stellen, weil man damit eigenes Nichtwissen offenlegt oder seine eigene Position (scheinbar) untergräbt. Eine Expertenbefragung im Kontext des Unterrichts sollte daher gut vorbereitet werden. Dazu gehört, Experten zu finden, auszuwählen und zu entscheiden, ob man sie an ihrem Wirkungsort aufsuchen oder in die Schule oder Schulklasse einladen will. Die Befragung sollte vorbereitet werden durch ein Zusammentragen der Fragestellungen und durch die Planung des Verlaufs der Expertenbefragung (z.B. Termin und Ort klären, die Schulleitung und gegebenenfalls die Eltern informieren, Rollen für die Befragung und das Festhalten der Ergebnisse klären). Sucht man die Expert/innen vor Ort auf und geht es darum, sie bei ihrer Tätigkeit zu beobachten, müssen Schüler/innen auf das Beobachten vorbereitet werden. Sie müssen verbalisieren, was sie sehen, versuchen, die Tätigkeit zu verstehen und sich zu vergegenwärtigen, was sie nicht verstehen. Dann können die Experten befragt werden. Dazu sollten die vorbereiteten Fragen, aber auch weitere Fragen, die im Verlauf der Beobachtung entstanden, vorgetragen werden. Auf der Grundlage der Expertenbefragung müssen die Ergebnisse im Unterricht (ohne den Experten) ausgewertet und zusammengefasst werden.

Das Ziel der *Erkundung* (mit Blick auf den Wissenserwerb) ist das Gewinnen von Erkenntnissen durch gezielte Beobachtung vor Ort und Befragung. Um durch eine Erkundung Wissen zu erwerben, ist es nötig, das Vorwissen z. B. über eine Firma, eine Institution, eine Einrichtung, einen Verein oder eine Partei zusammenzutragen und durch weitere Recherchen zu erweitern und zu ergänzen und auf dieser Grundlage sachkundige Fragen zu formulieren. Dann sollten die Fragen umformuliert werden in Beobachtungsaufträge und in Fragen für die Personen, die man möglicherweise vor Ort treffen wird. Bei der Erkundung, z. B. bei einer Besichtigung, sind die Ergebnisse der Beobachtung zu dokumentieren, z. B. durch Fotos, Zeichnungen oder schriftliche Aufzeichnungen. Dabei sollte versucht werden, unterschiedliche Menschen, die dort tätig sind, zu befragen und ihre Antworten als Tondokument oder schriftlich aufzuzeichnen. Anschließend sind die Ergebnisse der Erkundung (der Beobachtung und Befragung) im Unterricht mit Blick auf die spontanen Eindrücke und die vorher festgelegten Fragestellungen auszuwerten und die Ergebnisse schriftlich festzuhalten oder in geeigneter Form zu präsentieren.

Das Ziel der Erkundung (mit Blick auf den Wissenserwerb) ist das Gewinnen von Erkenntnissen durch gezielte Beobachtung vor Ort und Befragung

Reflexion/Übungsaufgaben

- Erklären Sie die Bedeutung von Begriffsbildungsprozessen beim Wissenserwerb.
- Was bedeutet, einen Sachverhalt oder einen Vorgang zu erfassen?
- Welche Hilfen können Lehrkräfte Lerner/innen beim Wissenserwerb geben?
- In welchen Arbeits- und Sozialformen kann dieser Wissenserwerb gestaltet werden?
- Welche Bedeutung kommt dem Schreiben beim Wissenserwerb zu?
- Erörtern Sie, worauf geachtet werden muss, wenn Schüler/innen von anderen Personen lernen wollen, z. B. bei der Expertenbefragung.

Basismodell: Reflexion über Inhalte und Werte

Bei der Reflexion über Inhalte und Werte geht es um die Informationsverarbeitung und Informationsbewertung. Hier sind – unter sachlicher und ethisch-moralischer Perspektive – Einschätzungen vorzunehmen. Bei der Reflexion über Inhalte oder über Sachverhalte ist einmal ein sachlicher Maßstab anzulegen. Darüber hinaus gibt es jedoch eine normative Ebene. Sachverhalte werden nicht nur in den geistes- und sozialwissenschaftlichen Fächern, sondern auch in den naturwissenschaftlichen Fächern unter ethisch-moralischer Perspektive überprüft. Hier werden die Schüler/innen mit Wertwissen bekannt oder dazu aufgefordert, Wertmaßstäbe auf Inhalte anzuwenden. Dabei kommt es darauf

Bei der Reflexion über Inhalte und Werte sind – unter sachlicher und ethisch-moralischer Perspektive – Einschätzungen vorzunehmen

an, geeignete Sach- und Wertmaßstäbe zu erwerben, sie zu begründen oder argumentativ darzustellen. Bei der Reflexion über Handlungen geht es darum, sie auf ihre sachliche und ethische Angemessenheit zu befragen. In jedem Fall basiert die Reflexion über Inhalte und Werte auf einer intensiven Auseinandersetzung auf der Grundlage von Bezugssystemen, die dargelegt und begründet werden und zu einer jeweiligen Positionierung herausfordern. Der Erarbeitung von Maßstäben ist Aufmerksamkeit zu widmen. Entweder geht es um das Erkennen von richtig/falsch bezogen auf Sachverhalte und die Bewertung von Lösungen, Meinungen, Positionen, oder es geht um das Anwenden von Normen und Werten beim Nachdenken über Entscheidungen und Handlungsformen in Anwendung der Unterscheidung ethisch angemessen/unangemessen. Als Verfahren eignet sich die Explikation unterschiedlicher fachlicher und ethischer Maßstäbe bei der Beurteilung eines Sachverhalts. Vielen Methoden ist eine Phase der Bewertung auf der Grundlage einer Reflexion der Inhalte und Werte eingeschrieben. Dazu sind Maßstäbe für richtig/falsch, angemessen/unangemessen, legitim/illegitim heranzuziehen und zu begründen, um auf dieser Grundlage zu einer Aussage zu kommen.

Für die Reflexion über Inhalte und Werte ist wichtig:

- Struktur des Sachverhalts klären
- Bezugssysteme auf normativer und sachlicher Ebene benennen
- Bewertung in Relation zu den Bezugssystemen durchführen
- Folgerungen ziehen

Methoden

Eine *Bewertungslinie* setzt man dafür ein, die Positionen der Lerner/innen herauszufinden und sie zum Argumentieren aufzufordern. Auf der Grundlage einer Frage, die mit kontrovers angelegten Standpunkten beantwortet werden kann, wird eine Bewertungslinie gezogen. Diese Bewertung erfolgt entlang der Linie (starke Ablehnung bis starke Übereinstimmung). Die Lerner/innen werden aufgefordert, sich entlang der fiktiven Linie aufzustellen, je nachdem, in welchem Maße sie mit einer Meinung resp. einem Statement übereinstimmen bzw. dieses ablehnen. Die jeweils zusammenstehenden Lerner/innen tauschen ihre Argumente aus, die sie zur Absicherung ihres Standpunktes einbringen können. Anschließend werden heterogen zusammengesetzte Gruppen bzw. kontrovers zusammengesetzte Paare gebildet, die sich über ihre Sichtweisen und die Argumente austauschen.

Im *Sokratischen Gespräch* geht es darum, ausgehend von den eigenen Vorkenntnissen oder dem Grundwissen in einem Gebiet, die Wahrheit über eine Sache herauszufinden durch Nachdenken, Argumentieren, Zweifeln, Erwägen und Abwägen. Es geht darum, sich ein Urteil zu bilden und zu neuen Einsichten zu kommen. Das sokratische Gespräch zielt auch auf ein Nachdenken über Inhalte und den Sinn von Normen und Werten und sozialen Tugenden. Es wird durch eine Lehrkraft gelenkt, die einem Kind oder Jugendlichen durch kluges Nachfragen und Hilfestellungen beim Denken ermöglicht, Erfahrungen oder eigenes Wissen zu ordnen, nach Begründungen zu suchen oder Urteile zu fällen. Dabei entfalten die Lerner/innen eigene Überlegungen, argumentieren und lassen sich bezogen auf eigene Wertvorstellungen verunsichern und bestätigen diese oder erkennen andere als bedeutsam. Das sokratische Gespräch kann auch in der Gruppe erfolgen. Die Lerner/innen werden zum Denken und Überprüfen von Argumenten angeregt und kommen zu neuen Einsichten (vgl. Loska 1995).

Beim *Ethischen Diskurs* im Kontext der Schule werden Lehrkräfte und Schüler/innen darauf verpflichtet, miteinander in einer symmetrisch angelegten Situation einen Diskurs zu führen, der sich auf die Kraft der Argumente stützt, die der Vernunft und Wahrheit verpflichtet sind.

Beim *Streitgespräch* werden zu einem ausgewählten Thema je unterschiedliche Positionen bezogen. Dabei werden die Unterscheidungen, die kontroversen und trennenden Sichtweisen – durch Explikation sachlicher Argumente zum Thema und seiner Bedeutung – herausgearbeitet. Sachargumente und Beurteilungsmaßstäbe sind zu artikulieren, um den Meinungs- und Wertekonflikt zu verdeutlichen. Wenn eine Vielzahl von Perspektiven eingebracht wird, kann das Streitgespräch eine gute Grundlage für die Vorbereitung eigenständiger Reflexionen über Inhalte und Werte werden.

Das *Entscheidungsspiel*, als einfachere Variante des Planspiels, hat eine Situation zum Inhalt, die zu einer Entscheidung herausfordert. Grundlage der Reflexion ist das Verstehen einer Situation auf der Basis von Informationen und einer Situationsanalyse, das Erkennen einer möglichen Entscheidungsalternative und die in sie eingehende Rationalität und Werte. Die Entscheidung kann unter zwei Gesichtspunkten reflektiert werden, nämlich unter dem Gesichtspunkt ihrer substanziellen Rationalität (Überprüfung von Sachangemessenheit und Wertebasis) und unter formaler Perspektive unter Reflexion der Phasen des Entscheidungsprozesses und der Parteien, die sich in der Entscheidung durchsetzten.

Reflexion/Übungsaufgaben

- Warum ist das Nachdenken/Reflektieren über Inhalte und Werte im Unterricht relevant?
- Welche Methoden können dabei sinnvoll zum Einsatz kommen?

Basismodell: Handeln in der äußeren Welt

»Handlungen sind […] zielgerichtete, in ihrem inneren Aufbau verstandene Vollzüge, die ein fassbares Ergebnis erzeugen« (Aebli 2001, S. 182). Sie können sich auf Personen oder auf Sachen richten. Da Handeln definitionsgemäß mit kontrollierter zielführender Aktion zu tun hat, sind folgende Schritte konstitutiv:

- Klärung der situativen Gegebenheiten
- Formulierung alternativer Ziele und Auswahl
- Generierung alternativer Handlungspläne
- Auswahl eines geeigneten Plans
- Ausführung mit Ausführungskontrolle
- Evaluation der Handlungsergebnisse und Reflexion des Prozesses.

Beim Handeln ist wichtig:

- Situation analysieren
- Ziele und Zwischenziele bestimmen
- Handlungsentwürfe formulieren (X wird durch H zu Z)
- Kontrollprozesse bedenken

Es wird Veränderungswissen aufgebaut, d.h. Wissen wie bzw. durch welchen Handlungsvollzug eine Ausgangssituation in eine Zielsituation umgewandelt werden kann. Um Handeln aufzubauen, können verschiedene Methoden eingesetzt werden wie Vormachen und Nachmachen bei physischen Handlungen, Bewegungshandeln oder Schaffen von Werken. Andere Methoden zielen darauf, eine Einsicht in die im Handlungsablauf enthaltenen Vorgänge zu vermitteln mit dem Ziel, die Handlungsschritte planen und ausführen zu können. Handlungen können auf Herstellungsprozesse oder Bewegungsfolgen zielen. Das Erlernen einer einfachen oder komplexen Handlung (z.B. einen Salat zubereiten, Kartoffeln kochen, eine Handarbeit anfertigen, ein Fahrrad reparieren, eine sportliche Übung durchführen, ein Werkstück fertigen) geschieht oftmals durch Anleitung in Form des Vorzeigens und Nachmachens (Aebli 2001, S. 65). Dabei geht es nicht nur um vages Hinsehen und innere Nachahmung, sondern um den Aufbau einer genauen Vorstellung vom anzustrebenden Ergebnis einer Tätigkeit. Ist eine erste Fähigkeit erworben, muss sie geübt und angewendet werden. Voraussetzung für ein Lernen durch Vormachen und Nachmachen ist, dass die Lehrkraft dafür sorgt, dass die Schüler aufmerksam sind, die Problemstellung erkennen und die Demonstration genau beobachten. »Der Schüler lernt, indem er die vorgezeigte Handlung innerlich mitvollzieht. (...) Die Bewegungen werden also langsam, eindringlich, manchmal sogar mit gewissen Überbetonungen vollzogen« (Aebli 2001, S. 73). Der Lehrer kann durch verbale Hinweise die Beobachtung des Handlungsvollzugs stützen. Oftmals hilft auch eine Zerlegung der Handlung in einzelne Abschnitte und deren Benennung. Hilfreich kann ein mentales Training sein, bei dem die Schüler/innen sich innerlich einen Handlungsablauf vorstellen und die aufeinander folgenden Phasen benennen. Die Lehrkraft kann auf mögliche Fehler hinweisen. Wenn die Schüler/innen eine Handlung vollziehen, sollen Fehler korrigiert werden. Ihnen sollten Hilfen gegeben werden, um die Ergebnisse ihrer Handlungen selbst zu überprüfen.

Wenn es das Ziel ist, Handlungen von ihrer Planung her zu verstehen und die Handlungsschritte bis zum Handlungsergebnis genau zu erkennen, geht es darum, eine Handlungsvorstellung zu erwerben. Ein »Handlungsschema kann sich als effektive Handlung oder als Handlungsvorstellung realisieren. In jedem Falle ist es auf ein Handlungsziel ausgerichtet, und der Besitzer des Handlungsschemas weiß von jeder Teilhandlung, dass sie notwendig ist, um die Voraussetzung für den nächsten Handlungsschritt und schließlich für die Erreichung des Gesamtziels zu schaffen« (Aebli 2001, S. 190). Bei einer regressiven Handlungsplanung ist zu fragen, welche Voraussetzungen gegeben sein müssen, damit der letzte Handlungsschritt vollzogen werden kann. Dann sind die einzelnen Handlungsschritte mit dem Blick auf das Endziel zu planen. Nach Aebli verfährt eine natürliche Handlungsplanung sowohl rückschreitend wie vorwärtsschreitend. »Der globale Handlungsentwurf differenziert sich im Zuge der Handlungsplanung. Die geschieht dadurch, dass ich den Rahmen mit einzelnen Handlungsschemata ausfülle, die in meinem Handlungswissen enthalten sind« (Aebli 2001, S. 193).

Im Unterricht muss die Handlung konkret-praktisch gezeigt und vollzogen, aber auch der sprachlichen und schriftlichen Darstellung der Handlung Platz eingeräumt werden

Im Unterricht muss die Handlung konkret-praktisch gezeigt und vollzogen, aber auch der sprachlichen und schriftlichen Darstellung der Handlung Platz eingeräumt werden. Um aus einer effektiv vollzogenen Handlung eine Handlungsvorstellung aufzubauen resp. um Handlungsvorstellungen in effektive Handlungen umsetzen zu lernen, werden mit den Schüler/innen Vorschläge zu Teilhandlungen zusammengetragen, deren Reihenfolge festgelegt ist, und die Teilhandlungen nacheinander ausgeführt, während andere diese Ausführung kritisch beobachten. Die Handlung wird durch die gedankliche Rekapitulation (Arbeitsrückschau), auch anhand bildlicher Darstellungen oder gestützt durch die reine Vorstellung verinnerlicht.

Ein besonderer Aspekt des Handelns sind die Fertigkeiten (Skills). Dabei handelt es sich um automatisierte Abläufe, die als untergeordnete Teilaspekte des Handelns eingesetzt werden. Fahrradfahren oder Tippen auf der Tastatur sind als Beispiele zu nennen; sie werden bei Handlungen wie »einen Freund besuchen« oder »einen Brief schreiben« eingesetzt, um das Handlungsziel zu realisieren. Die notwendigen Lernschritte zum Aufbau einer Fertigkeit sind:

- Bilden eines inneren Modells des Vorgangs
- Umsetzen in einen Handlungsvollzug
- Automatisieren des Ablaufs durch Übung.

Ist eine Automatisierung gelungen, kann diese Fertigkeit mit geringer Beanspruchung der Aufmerksamkeit in eine Handlung integriert werden.

Die Fähigkeit, eine Arbeit zu planen, ist ein Aspekt von Handlungskompetenz. Bei der Planung und Durchführung einer Arbeit (z.B. ein Fertigungsstück, ein Werkstück, eine Handarbeit, ein Kunstobjekt) geht es darum, ein Arbeitsziel zu setzen, Arbeitsmittel bereitzustellen und auf ihre Verwendbarkeit zu überprüfen, sie auszuwählen, sie in der Reihenfolge ihrer Benutzung anzuordnen, einen Arbeitsweg in Arbeitsschritten zu planen, die Arbeit auszuführen und anschließend das Arbeitsergebnis zu prüfen und zu beurteilen.
Wenn Schüler/innen eine *Werkaufgabe* oder *Herstellungsaufgabe* planen und ausführen können sollen, kann ein Fertigungsauftrag gegeben oder miteinander gesucht und dieser geklärt wird. Dann gilt es, eine Konzeption der Fertigung zu entwickeln, sie vorzubereiten, auszuführen und die Ausführung auszuwerten (vgl. Peterßen 1999, S. 142).

Bei der *Konstruktionsaufgabe* im Technikunterricht geht es um das Erfinden, Entwerfen und Konstruieren mit dem Ziel des Lösens eines technischen Problems. Auch hier werden die Phasen der Problemstellung, des Sammelns von Informationen, des Erfindens, Herstellens, Erprobens, des Beurteilens und Auswertens unterschieden (Peterßen 1999, S. 166).

Bei *Erkundungen* oder *Besichtigungen* kann Wert darauf gelegt werden, die in der Welt materialisierten Handlungsabläufe, z. B. in Verfahren der Bearbeitung von Produkten, der Fertigung, der Fließbandproduktion, der Produktion mithilfe von Robotern und die darin materialisierten Handlungsabläufe zu rekonstruieren. Beobachtungen und Befragungen können dazu dienen, ein genaueres Verständnis des Handlungsablaufs zu erarbeiten. Ebenso ist es möglich, die den technischen Abläufen eingeschriebenen Funktionsweisen zu rekonstruieren.

Ein anderer Ansatz zielt auf den Aufbau von Handlungskompetenz durch selbstständiges Informieren, Planen, Durchführen und Kontrollieren, z. B. angeleitet durch die *Leittextmethode* (vgl. Bundesinstitut für Berufsbildung 1991). Hier wird darauf Wert gelegt, die für die Bearbeitung einer Aufgabe notwendigen Voraussetzungen und Schritte mit bedenken zu lernen. Ziel dabei ist es, ein inneres Modell des Handlungsablaufs zu erwerben.

Viele Methoden enthalten die Planung und Durchführung von Handlungen, z. B. das Rollenspiel, das Planspiel, das Vorhaben oder Projekt oder die Zukunftswerkstatt

Viele Methoden enthalten die Planung und Durchführung von Handlungen, z. B. das Rollenspiel, das Planspiel, das Vorhaben oder Projekt oder die Zukunftswerkstatt.

Das *Planspiel* dient der Simulation einer Problem- bzw. Konfliktsituation und ihrer Bearbeitung. Das Erfassen von Informationen aus der Perspektive verschiedener gesellschaftlicher Gruppen, das Bearbeiten von politischen und wirtschaftlichen Konflikten, das Nachdenken über Handlungsmöglichkeiten in komplexen Situationen sind ebenso Bestandteil wie Formen der Abstimmung von Interessen durch Diskurse. Es geht um das Beschaffen und Auswerten von Informationen, um Strategieplanung, Verhandlung und Entscheidungsfindung. Dabei werden ein (theoretisches) Modell über ein Problem oder eine Konfliktsituation entwickelt, gesellschaftliche Interessengruppen identifiziert, Verfahren des Konfliktaustragens resp. der Konfliktlösung erörtert und Problemlösungen geplant. Auf der Grundlage einer Festlegung der Ausgangssituation resp. des gesellschaftlichen Konfliktes und der am Konflikt beteiligten Gruppen und ihrer Rollen werden eine Problemskizze formuliert und Rollenkarten einschließlich Rollenanweisungen für die Gruppen verfasst; die Spielgruppen erhalten Materialien und die Skizze einer Ablaufstruktur des Planspiels. Das Planspiel selbst verläuft in folgenden Phasen: Instruktionsphase – Informationsphase – Strategiebildungsphase – Interaktionsphase – Optimierungsphase – Disputationsphase – Reflexionsphase. In der Strategiebildungsphase und der Interaktionsphase spielt das Handeln eine wichtige Rolle.

Beim *Vorhaben* oder *Projekt* stellen sich die Lernenden eine Aufgabe, die gemeinsam bearbeitet und gelöst werden soll. In der Regel sind dabei die Planung und Durchführung einer oder mehrerer Handlungen Bestandteil des Projekts. Eine wichtige Bedeutung kommt der *rückschauenden Analyse* des Vorgehens zu.

Reflexion/Übungsaufgaben

- Was versteht man (mit Hans Aebli) unter einer Handlung?
- Wie kann man im schulischen Kontext einen Handlungsablauf erlernen?
- Welche Rolle kommt den Handlungsvorstellungen zu?
- Durch welche Methoden kann Handlungskompetenz aufgebaut werden?

Basismodell: Mentales Handeln (Operieren)

Aebli versteht Operationen als abstrakte Handlungen. Operieren meint, im Bewusstsein der Zusammenhänge und der ihnen inhärenten Strukturen zu handeln (Aebli 2001, S. 207). »Eine Operation ist eine effektive, vorgestellte (innere) oder in ein Zeichensystem übersetzte Handlung, bei deren Ausführung der Handelnde seine Aufmerksamkeit ausschließlich auf die entstehende Struktur richtet« (Aebli 2001, S. 209). Auch wenn es Ähnlichkeiten zwischen einer Handlung und einer Operation bezogen auf Aufbau, Differenzierung, Konsolidierung und Anwendung gibt, so unterscheidet sich doch die Handlung von einer Operation dadurch, dass erste auf einen praktischen Effekt, letzte auf eine Erkenntnis zielt. Beim Operieren wird an bekannte Elemente angeknüpft; es werden neue Verknüpfungen zwischen bekannten Elementen hergestellt. »Eine neue Operation aufbauen heißt (...), bekannte Operationen auf neuartige Weise zusammenzuordnen. (...) Die entscheidende geistige Leistung ist ein Akt der Synthese, kraft dessen die bekannten Teiloperationen zur neuen Operationsgestalt zusammengefasst werden« (Aebli 2001, S. 214). Der Psychologe verdeutlicht, dass die Operation zunächst im Kontext bewussten Handelns und der Vergegenwärtigung der Zusammenhänge innerhalb der Handlung, später symbolisch (mithilfe von Zeichen) und dann gedanklich vollzogen und verinnerlicht werden. Für ihn liegt die Aufgabe der Lehrkraft darin, ein Problem zu finden, »dessen Bewältigung den Aufbau der Operation, d.h. die Einsicht in ihre Beziehungen erfordert« (Aebli 2001, S. 230). Es kommt darauf an, die der Operation zugrunde liegende logische Struktur passend zum Problem zu entdecken, die Operation im Handlungskontext aufzubauen und sie nach der Handlung zu reflektieren. Dabei wird die Lehrkraft als Anwalt des klaren Aufbaus und der Verdeutlichung der Beziehungen innerhalb der Operation angesehen. Die Operation muss vielfach – unter wechselnden Bedingungen –

Beim Operieren ist wichtig:

- Sachverhaltsebene klären
- Symbolsystem spezifizieren
- mentales Handeln im Symbolsystem
- Ergebnis angeben/Folgerungen ziehen auf der Ebene der Sachverhalte

durchlaufen und oftmals durchdacht werden. »In der Phase 1 vollzieht sich das Lernen rein handelnd. In der Phase 2 wird die Handlung mit ihrer bildlichen Darstellung verbunden. Auf der Stufe 3 stellt sich der Schüler die Operation allein aufgrund des Bildes vor. In der Phase 4 wird das Bild mit dem Zeichen, also mit der Zifferngleichung verbunden. Auf der Stufe 5 führt der Schüler die Operation allein aufgrund der Darstellung durch Ziffern aus« (Aebli 2001, S. 238). Danach folgen das Auswendiglernen und Automatisieren, das Üben (also die Integration der Operation in höhere Zusammenhänge) und die Anwendung.

Beim Aufbau einer inneren Handlung ist eine Schrittfolge der Verinnerlichung zu organisieren. Ausgehend von einer zunächst äußeren Handlung in der Welt oder an Modellen bis zur stummen inneren Handlung an einer mentalen Repräsentation ist ein Übergang durchzuführen; die Zahl der dazu notwendigen Teilschritte kann individuell stark variieren.

Wenn wir Operationen als abstrakte Handlungen verstehen, die aufgebaut, verinnerlicht und automatisiert werden müssen und die in abstrakten Medien (Schrift, Bild, Zahlen) erfolgen, so gilt es zunächst, mit Materialien zu operieren (das Legen von Mengen mit Plättchen, das Erlesen von Wörtern anhand von Buchstaben). Es geht nach dem Ausführen der Operationen um ihr Durcharbeiten und Durchdenken, um das Automatisieren durch vielfältiges Anwenden und Üben. Höhere Formen des Operierens setzen voraus, dass vielfältige Verknüpfungen praktiziert und Beziehungen zwischen vorgestellten Objekten, situativen Gegebenheiten und Handlungen hergestellt werden. Planungsprozesse setzen Operationen voraus, üben aber auch das flüssige und komplexe Operieren ein.

Reflexion/Übungsaufgaben

- Was bedeutet Operieren?
- Erklären Sie den Aufbau der Fähigkeit zum Operieren.
- Welche Bedeutung hat dabei das Verinnerlichen und das Automatisieren?

Basismodell: Problemlösen und Entdecken

Beim Problemlösen geht es darum, der Schülerin oder dem Schüler Verfahren, Methoden und Heuristiken zu vermitteln, die beim Suchen, Forschen, Erkennen und Denken bedeutsam sind (vgl. Aebli 2001, S. 279). Aebli unterscheidet drei Gruppen: (1) Probleme, die daraus resultieren, dass das Bild der Wirklichkeit und Handlungspläne Lücken aufweisen, (2) Probleme aus dem Widerspruch zwischen Aussagen über die Wirklichkeit und eigenen Handlungsabsichten und (3) Probleme aufgrund unnötiger Komplexität der Sicht der Wirklichkeit resp. der eigenen Handlungspläne. Beim ersten Problem geht es um die Anleitung der Schüler/innen zu sorgfältigen Prüfoperationen, um das Suchen nach Lösungen unter Vornahme eines Umstrukturierungsprozesses der eigenen Gedanken. Der Autor schlägt vor, beim Lösen so vorzugehen, dass ein Problem in Zwischenschritte aufgeteilt und diese überprüft werden, dass auf vorhandene Gedanken und Erfahrungen zurückgegriffen und vorhandenes Wissen umstrukturiert wird.

Beim Problemlösen und Entdecken geht es um den Wissensaufbau durch aktive Generierung und Nutzung der verfügbaren Informationen. Dabei sollen sowohl neue Erkenntnisse über die Welt (deklaratives Wissen) gewonnen, als auch die Verwendung von Heuristiken erworben werden. Empfohlen wird eine Schrittfolge, die schleifenförmig zurückspringend abgearbeitet wird, bis die endgültige Lösung erreicht wurde:

- Vorgabe oder eigenständige Definition eines Problems
- Analyse der Gegebenheiten
- Analyse der Ziele
- Analyse der Barriere
- Entwicklung von Handlungsplänen (zur Informationsbeschaffung oder zur Lösung)
- Anwendung der Pläne
- Beobachtung und Evaluation der erzielten Ergebnisse
- Reflexion der Prozesse.

Beim Problemlösen und Entdecken sind wichtig:

- Ist-Soll-Diskrepanz analysieren
- Art der Barriere erkennen
- Handlungspläne erfinden, erproben und evaluieren/prüfen
- angewandte Heuristiken und Planungsprogramme reflektieren

Diese Prozesse können von der Lehrperson durch Monitoring überwacht und, wenn angezeigt, durch Hilfestellung unterstützt werden. Wichtig ist, prozessbezogen und nicht durch Vorgabe von Lösungsteilen zu helfen.

Wenn es beim Problemlösen um die aktive Generierung und Nutzung verfügbarer Informationen und Strategien geht, sind durch den Unterricht Such- und Finde-Strategien zu eröffnen. Methodisch schlägt Aebli vor, (1) durch fragend-entwickelnden Unterricht in das Problemlösen einzuführen, (2) Schüler/innen selbstständig Probleme bearbeiten zu lassen, wobei der Schwierigkeitsgrad optimal passen sollte, d.h. sie zu Lösungen herauszufordern, die zugleich ihrem Stand des Wissens und Könnens entsprechen. Er geht (3) davon aus, dass Lerner/innen in Verfahren der Problemlösung einzuführen sind.

In *genetisch-sokratisch angelegten Gesprächsverfahren* wird darauf gesetzt, Lerner/innen zum Durchdenken eines Problems anzuleiten. Fragend-entwickelnde Unterrichtsverfahren können den Versuch darstellen, Lernerinnen und Lerner an eine Problemstellung heranzuführen, das Problem zu strukturieren, eine Lösung zu suchen, die Lösung zu überprüfen und sie dauerhaft bereitzustellen.

Verschiedene Methoden enthalten für das Problemlösen förderliche Momente. *Kreative Verfahren* wie Malen, kreatives Schreiben, Anfertigen von Mind-Maps zielen darauf, unterschiedliche Wissensbestände für die Problemlösung aus ihrem bisherigen Kontext zu lösen und für die Problembearbeitung verfügbar zu machen bzw. sie neu zu strukturieren. Ähnliche Überlegungen gehen in die Methode der *Zukunftswerkstatt* ein, bei der in der Fantasiephase Fantasien, Visionen und Träume artikuliert werden sollen, um einer Schwierigkeit einen ideal gedachten Zustand gegenüberzustellen.

Problemlösegespräche in der Schule, die die Schüler/innen selbst betreffen, sollen nicht nur dazu beitragen, den sachlichen, sozialen und ethischen Gehalt eines Problems oder Konflikts offenzulegen, Interessen zu klären und nach Lösungsmöglichkeiten zu suchen, sondern darüber hinaus eine Problemlöseheuristik zu erwerben. Mit Blick auf die zu einer Problemlösung notwendigen Schritte ist eine *Choreografie* des Problemgesprächs zu wählen, bei der das jeweils zu bearbeitende Problem geklärt und möglichst gelöst wird. Zugleich ist eine Heuristik des Problemlösens, also Problemlösen als Verfahren mit sinnvollen Schritten (Situationsanalyse, Zielanalyse, Mittelanalyse, Evaluationskriterien finden) zu lernen. Das bedeutet, dass eine doppelte Aufgabe besteht: Die Schüler/innen müssen jeweils das konkrete Problem erkennen, bearbeiten und lösen und das Problemlösen als Verfahren erwerben. Das Problemlösen ist darüber hinaus mit Blick auf die Gleichaltrigen insgesamt und die Schulklasse als Institution (organisationales Lernen) in den Blick zu nehmen und zu gestalten. Es sind folgende Schritte zur Klärung denkbar:

Eine Heuristik des Problemlösens, also Problemlösen als Verfahren mit sinnvollen Schritten (Situationsanalyse, Zielanalyse, Mittelanalyse, Evaluationskriterien finden) ist zu lernen

- Worin besteht die sachliche Dimension des Problems? Worin besteht die emotionale Dimension des Problems (Problemdefinition)? Wer hat das Problem? Wie ist die Sicht auf das Problem aus verschiedenen Perspektiven? Wer kennt ein ähnlich gelagertes Problem, sodass es für alle interessant ist, sich damit auseinanderzusetzen?
- Was ist die Zielsetzung bei der Klärung und Lösung des Problems?
- Entwicklung und Sammlung möglicher Lösungsvorschläge
- Wertung der Lösungsvorschläge
- Entscheidung für die beste Lösung und für diejenige, die von den beteiligten Konfliktpartnern angenommen werden kann
- Suche nach Handlungsmöglichkeiten für die am Problem beteiligten Personen; Frage nach Unterstützungsmöglichkeiten für die Realisierung der Problemlösung durch Mitglieder der Schulklasse
- Richtlinien für die Realisierung des Lösungsversuchs und Festlegung der Dauer für die Erprobung der gefundenen Lösungsvariante; eventuell Formulierung von Verhaltensregeln für alle Kinder, Kriterien für die Evaluation des Lösungsversuchs
- Überprüfung der Umsetzung der gefundenen Lösungsvariante und Bewertung ihrer Effektivität.

Beim kontinuierlichen und wiederholten Bearbeiten von Problemen und Konflikten nach diesem Vorgehen kann es, wenn den Schüler/innen die darin enthaltene Struktur als Weg der Konfliktbearbeitung und -lösung verdeutlicht wird, zum Aufbau positiver Routinen kommen. Die Lerner/innen können einzelne Schritte einer Konfliktlösung zu zweit oder zu dritt anwenden. So erwerben sie eine formale Struktur für Problemlösungen.

Beim *Experimentieren* geht es um die Konfrontation mit einem Phänomen oder Problem, um die genaue Formulierung, worin das Problem besteht. Dabei werden Vermutungen über den möglichen Ablauf eines Ereignisses oder über Zusammenhänge zwischen verschiedenen Wirkungsfaktoren, die in Hypothesen gebündelt werden, formuliert. Dann sollte überlegt werden, mit welchem Versuch (Experiment) die Annahme geprüft werden kann. Die Modellierung eines geeigneten Versuchaufbaus einschließlich eines Plans für die Durchführung des Experiments zur Überprüfung der Hypothesen sind erforderlich. Dann sollte der Versuch durchgeführt werden, wobei die Richtung der Aufmerksamkeit festgelegt werden müsste. Während des Experiments ist genau zu beobachten. Anschließend sind die Beobachtungen zu beschreiben und in Aussagen zu verdichten. Es geht dann um den Rückbezug der Beobachtungen auf die formulierten Vermutungen mit Blick auf das ursprünglich formulierte Problem. Bei der Auswertung sind die formulierten Hypothesen auf der Grundlage der Beobachtungen zu verwerfen oder zu bestätigen und erste Ergebnisse zu formulieren. Dann können Erklärungen gesucht und neue Theoriebildungsprozesse initiiert werden.

Unterricht sollte dazu beitragen, dass die Schüler/innen eine Problemlöseheuristik erwerben

Unterricht sollte dazu beitragen, dass die Schüler/innen nicht nur ein konkretes Problem bearbeiten und lösen, sondern eine Problemlöseheuristik erwerben. Das bedeutet, dass sie das Problemlösen in drei Schritten vollziehen (Planung – Durchführung – Kontrolle) und für diese Schritte Fragestellungen erwerben, mit denen sie eigenständig den Problemlöseprozess steuern können. Solche Fragestellungen bei der Planung sind die Folgenden:

- Was ist das Problem?
- Was ist hier gefordert?
- Welche Informationen stehen zur Verfügung?
- Welches Ziel habe ich?
- Welcher Plan kommt infrage?
- Gibt es noch andere Möglichkeiten?
- Was ist als Nächstes zu tun?

Für den Prozess der Durchführung und der Steuerung können folgende Fragen hilfreich sein:

- Benutze ich den Plan oder die Strategie?
- Ist ein neuer Plan oder eine neue Strategie notwendig?
- Hat sich mein Ziel geändert? Was ist jetzt das Ziel?
- Komme ich dem Ziel näher?

Mit Blick auf die Kontrolle der Problemlösung können folgende Fragen hilfreich sein:

- Was hat funktioniert?
- Was kann ich daraus lernen?
- Was hat nicht funktioniert?
- Was sollte das nächste Mal anders gemacht werden? (vgl. King, 1991, zitiert nach Klauer/Leutner 2007, S. 261).

Reflexion/Übungsaufgaben

- Was versteht Hans Aebli unter Problemlösen und Entdecken?
- Welche Methoden sind für Problemlöseprozesse geeignet?

Basismodell: Argumentieren im Diskurs und beim Aushandeln

Beim Argumentieren ist wichtig:

- Strukturen klären
- Thesen exakt formulieren
- alternative Thesen aufstellen
- Wahrheitsbedingungen benennen bzw. Bezugssysteme formulieren
- Thesen prüfen
- Folgerungen ziehen

Zunächst muss eine Rede-Situation als Fall von Argumentieren erkannt und definiert werden, dann werden die aufgetretenen Argumente in ihrem jeweiligen Gehalt analysiert. Es wird dann über Verfahren der Entscheidung über die Gültigkeit der Argumente bzw. über Möglichkeiten der Einigung nachgedacht; diese Verfahren werden angewendet und das Resultat evaluiert. Folgende Fragen sind zu bearbeiten: Was ist die These? Wie wird deren Gültigkeit belegt? Was sind entscheidende Bedingungen für die Gültigkeit der These? Welche alternativen Thesen gibt es? Mit welcher Methode kann zwischen den alternativen Thesen entschieden werden? (vgl. Kopperschmidt 1989).

Das Argumentieren ist eine Fähigkeit, der bei der Überprüfung von Gedanken und ihrer Begründung, bei der Formulierung eigener Interessen, bei der Prüfung der (berechtigten oder unberechtigten) Wünsche und Interessen anderer eine wichtige Bedeutung zukommt. Es ist bedeutsam, z. B. beim Verfassen von Aufsätzen, in Diskussionen (z. B. Pro- und Contra-Diskussionen; Podiumsdiskussionen) oder in Streitgesprächen. Will man in der Schule Pro- und Contradiskussionen auch dafür einsetzen, um das Argumentieren zu lernen, ist folgendes Vorgehen sinnvoll:

- Auseinandersetzung mit einem Problem oder Sachverhalt
- Herausarbeiten der möglichen sachlichen oder interessenbezogenen oder moralischen Kontroversen
- Klärung der sachlichen Sichtweisen, Interessen und Wertmaßstäbe der beteiligten Parteien
- Darstellung des Sachverhalts oder Problems oder Konflikts aus verschiedenen Perspektiven unter Offenlegung der jeweiligen Bezugssysteme auf sachlicher, sozialer und ethisch-moralischer Ebene

- Explikation der Argumente der verschiedenen Parteien
- Darlegung von Argumenten und Argumentationsketten mit dem Ziel der Urteilsbildung
- Suche nach einer empirischen Stützung der Argumente
- Regeln für das Vorgehen bei der Pro- und Contra-Diskussion klären (z. B. die eigene Sicht schlüssig vortragen, zu ausgewählten Personen – z. B. Zuhörer/innen – sprechen, dem Gegenüber zuhören, das Gegenüber ausreden lassen, die eigene Position – eventuell unter Widerlegung der Argumente des Gegenübers – darlegen und begründen).

Methoden

Beim *Kontrollierten Dialog* werden zu einem Thema verschiedene Thesen und ihre Begründung vorgestellt. Dabei unterhalten sich zwei Lerner/innen. Sie sollen sich gegenseitig zuhören, die These und die Argumentation zu ihrer Begründung erfassen und wiederholen und erst dann eine eigene These (eventuell Gegenthese) aufstellen. Ein dritter Lerner nimmt die Beobachtungsposition ein und meldet die förderlichen Verhaltensweisen beim Kontrollierten Dialog an die Sprecher/innen zurück.

Die *Methode der konstruktiven Kontroverse* ist gut geeignet, Wissen, das in Form konträrer Wissenspositionen angeeignet werden kann, zu erschließen. Die Lerner/innen werden in Vierergruppen aufgeteilt. Sie beschäftigen sich – anhand geeigneter Materialien – mit dem Thema, wobei jeweils zwei Lerner/innen eine vorher abgesprochene Sichtweise übernehmen und die darauf bezogenen Fakten, Argumente, Positionen zusammenstellen. Jedes Paar entwickelt eine geeignete Präsentation und Argumentation, die es in eine anschließende Gruppendiskussion einbringt. Jedes Paar soll – in der Kontroverse – versuchen, das jeweils andere Paar von seinem Standpunkt zu überzeugen. Danach müssen die Paare die Rollen tauschen und versuchen, aus der jeweiligen Gegenposition her zu argumentieren. Abschließend muss die Gruppe versuchen, möglichst unabhängig von den zunächst eingenommenen Standpunkten und Meinungen, einen inhaltlich begründeten Konsens zu erarbeiten (vgl. auch Weinberger/Patry/Weyringer 2008).

Reflexion/Übungsaufgaben

- Was ist beim Argumentieren zu lernen? Welche Kompetenzen müssen in diesem Prozess aufgebaut werden?
- Erklären Sie das argumentative Vorgehen in der Pro- und Contradiskussion und in der konstruktiven Kontroverse im Vergleich.

Gestalten/Ausdrücken durch Worte und Schrift und durch kreative Medien (Musik, Bild, Tanz)

Für das Gestalten/Ausdrücken bedarf es einer Vorbereitung der Situation und einer Bereitstellung der Materialien. Es wird eine emotionale Ausgangslage erzeugt. Hilfreich ist die Erarbeitung von unterstützenden kognitiven Strukturen, die bei der kreativen Umsetzung der aufgebauten Energielage in eine Gestaltung verwendet werden können (z.B. Regeln der Gestaltung, Arbeitstechniken). Dann erfolgt die kreative Umsetzung und anschließend eine Präsentation und Reflexion der Ergebnisse und Erfahrungen.

6.4 Heterogene Lerngruppen

Weiterführende Literatur

Kiper, H./Miller, S./Palentien, C./Rohlfs, C. (Hrsg.) (2008): Lernarrangements für heterogene Lerngruppen. Bad Heilbrunn: Klinkhardt

Unter organisationsbezogener Perspektive lassen sich wiederkehrende Modelle des Umgangs mit Heterogenität ausmachen. Neben Modellen der äußeren Differenzierung in verschiedene Bildungsgänge oder Schulformen wird mit Formen innerer Differenzierung innerhalb einer Schule gearbeitet. Hier finden wir z.B. die Ergänzung des gemeinsamen Unterrichts in der Jahrgangsklasse oder altersgemischten Klasse durch Unterricht in Fachkursen, eine Kombination der Beschulung in der leistungsheterogenen Jahrgangsklasse und in leistungsdifferenzierten Fachkursen in Mathematik, Englisch und manchmal auch in der Muttersprache oder die Einrichtung leistungshomogener Klassen (A-, B- und C-Klassen) oder die Ergänzung des schulischen Angebots durch Möglichkeiten zur individuellen Selbstbildung (Einzelarbeit auf der Basis von Leittexten, individuelle Bearbeitung von Aufgabenstellungen des Wochenplans, Arbeit mit Selbstbildungsmitteln).

Unter *(innerer) didaktischer Differenzierung* werden »Maßnahmen verstanden, die dazu beitragen, den unterschiedlichen Fähigkeiten, Fertigkeiten, Interessen und Lernbedürfnissen der Schüler innerhalb einer Klasse oder Lerngruppe (Kurs) besser entsprechen zu können« (Meyer-Willner 1979, S. 56). Der Klassenunterricht bildet den Bezugspunkt aller Differenzierungsmaßnahmen. Sie nehmen hier ihren Ausgang und finden hier ihr Ende. In Form von Metaunterricht werden die Notwendigkeit differenzierender Phasen erörtert, die Zielsetzungen mit den Schüler/innen abgestimmt und die Erfahrungen aus der Differenzierungsphase ausgewertet und erörtert. Differenzierungsphasen können in jeder Phase des Lernprozesses sinnvoll sein; sie sind zeitlich zu begrenzen. Oftmals folgen Differenzierungsmaßnahmen (in Form von Phasen oder Stunden selbstständiger Schülerarbeit) dem Klassenunterricht. »Längerfristig angewendet können sie in Bezug auf den Leistungsaspekt zu äußerst unterschiedlichen Gruppen führen, so dass Gemeinsamkeiten kaum noch vorhanden sind (...)« (Meyer-Willner 1979, S. 76).

Um dies zu vermeiden, müssen schwächeren Lerner/innen zusätzliche Lernangebote gemacht werden, damit sie ihre Lücken schließen können und zusätzliche Lernzeit bereitgestellt werden, damit sie sich das angestrebte Wissen und Können aneignen können.

Kiper/Mischke (2006) stellten einen Weg vor, wie Unterricht für heterogene Lerngruppen verstanden, geplant und durchgeführt werden kann. Sie verstehen Unterricht als zielführende Abfolge von Lernarrangements, bei der inhaltliche, soziale und dramaturgische Gesichtspunkte berücksichtigt werden. Ausgehend von den Lernvoraussetzungen der Schüler/innen und mit Blick auf die zu erreichenden Endkompetenzen ist ein Lernweg zu konstruieren. Dabei sind die Endkompetenzen in Teilkompetenzen zu zerlegen. Es sind Aufgaben festzulegen, anhand derer diese Teilkompetenzen erworben werden können. Diagnostisch relevante Aufgaben helfen in diesem Prozess festzustellen, über welches Wissen und Können mit Blick auf die Teilkompetenzen die einzelnen Schüler/innen schon verfügen. Voraussetzung dafür ist, dass die Lehrkräfte in der Lage sind, den Lernprozess zum Erreichen der Endkompetenzen in wesentlichen Lernschritten vorauszudenken und die notwendigen Lernarrangements (Aufgabenstellungen, Materialien, Sozialformen der Erarbeitung) bereitzustellen. Die Berücksichtigung von Heterogenität setzt voraus, dass dabei nicht nur ein Standardarrangement, sondern alternative Lernarrangements geplant und gestaltet werden können, bei denen spezifische inhaltliche und auf die notwendigen Operationen bezogene Unterstützungen bereitgestellt werden (vgl. Kiper/Mischke 2006, S. 76 ff.). Abbildung 26 (S. 124) zeigt die Struktur für einen Unterrichtsverlauf, der darauf ausgerichtet ist, ein angezieltes Kompetenzniveau im Umgang mit den ausgewählten Inhalten sicherzustellen.

Die Berücksichtigung von Heterogenität setzt voraus, dass dabei nicht nur ein Standardarrangement, sondern alternative Lernarrangements geplant und gestaltet werden können, bei denen spezifische inhaltliche und auf die notwendigen Operationen bezogene Unterstützungen bereitgestellt werden

Betrachten wir die im Modell beschriebenen Abläufe und Komponenten ausgehend vom Ende einer Lehrsequenz: Aufgabe der Lehrkraft ist es, bei ihren Planungsüberlegungen das angestrebte Kompetenzniveau in Bezug auf die Inhalte zu definieren und Standards festzulegen, die dabei von einzelnen Schüler/innen resp. Schülergruppen erreicht werden sollen. Für das angezielte Kompetenzniveau sind diagnostisch relevante Aufgaben zu entwerfen, mit deren Hilfe geprüft werden kann, ob die Kompetenzen tatsächlich erworben wurden. Die Unterrichtssequenz ist beendet, wenn die Schüler/innen beim Bearbeiten der diagnostisch relevanten Aufgaben ein Kompetenzniveau zeigen, das die festgelegten Standards erreicht oder überschreitet. Bei einer heterogenen Schülerschaft reicht ein Standardarrangement nicht aus, um bei allen Schüler/innen gleichermaßen den Aufbau von Teilkompetenzen zu unterstützen. Zugeschnitten auf spezielle Merkmale von Schüler/innen sind, abhängig z. B. von unterschiedlichen Vorkenntnissen, Lernstrategien oder Bedarf an Unterstützung, geeignete Varianten für das jeweils gedachte Standard-Lernarrangement zu entwickeln. Die Varianten ermöglichen den Schüler/innen, jeweils einen für sie geeigneten Lernweg zu gehen. Das Modell sieht daher die alternativen Lernarrangements 1.1 und 1.2, 2.1 und 2.2 bis X.1. und X.2 vor.

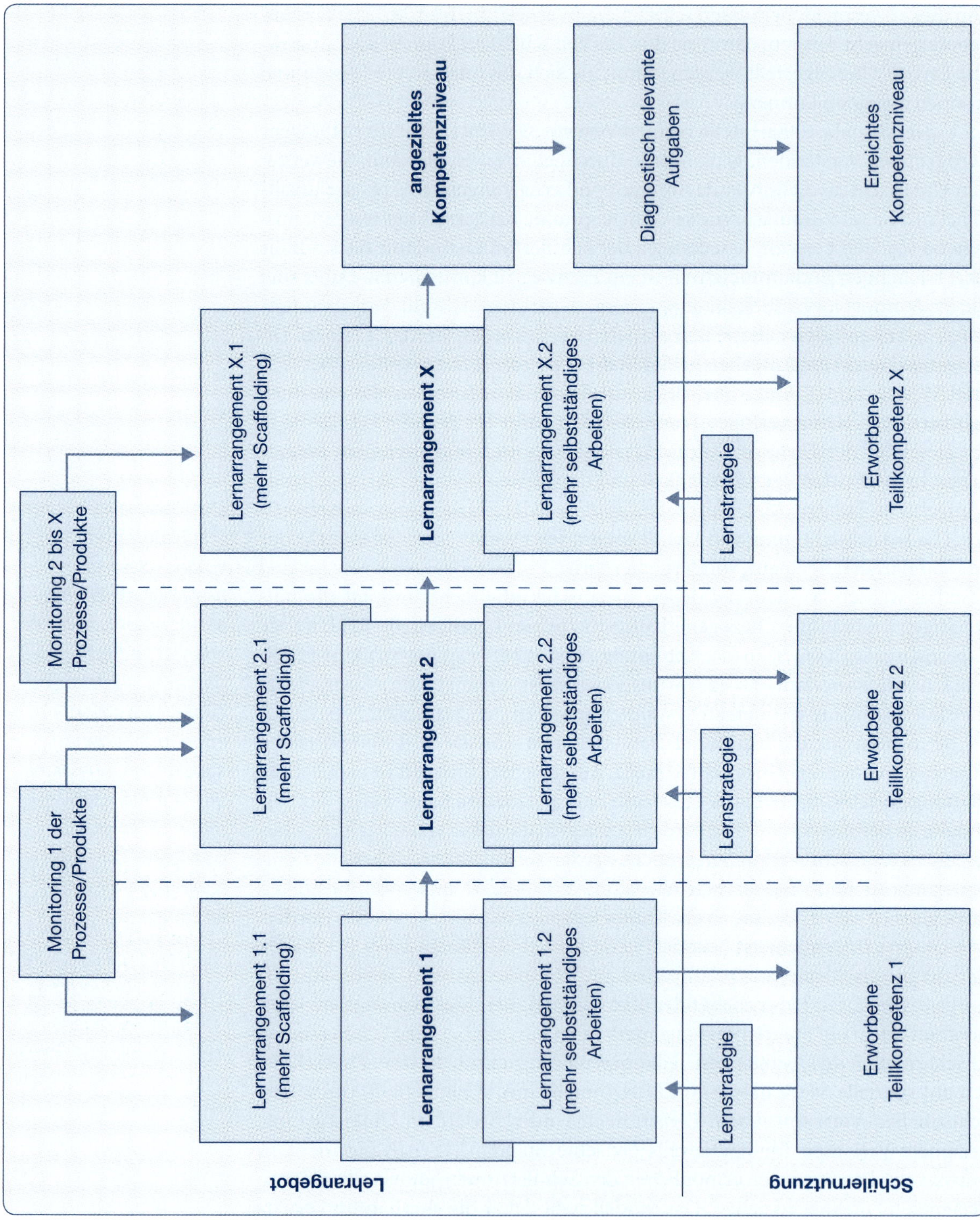

Abb. 26: Lehrstrategie für heterogene Gruppen (vgl. Kiper/Mischke 2006, S. 80)

Die alternativen Lernarrangements können in ihrer Inhaltswahl, der Berücksichtigung unterschiedlicher Vorkenntnisse, dem Ausmaß der Offenheit bzw. genauen Vorstrukturierung, ihrem methodischen Vorgehen, in der Eignung für unterschiedliche Lernstrategien und vor allem im Zeitbedarf unterschieden werden (Kiper/Mischke 2006). Das Bereitstellung von Lernhilfen für schwächere Schüler/innen kann dadurch gelingen, dass die einzelnen Arbeitsschritte durch Leitfragen oder Musterlösungen vorgeformt werden, dies Verfahren wird Gerüstbauen (Scaffolding) genannt.

Das vorgestellte Modell stellt keine Vorentscheidung für spezielle Unterrichtsmethoden dar, sondern ist als Rahmenkonzeption auf mikro-didaktischer Ebene bei Anwendung aller gängigen Methoden realisierbar. Ein lehrergesteuerter Frontalunterricht kann sich dieser Konzeption genauso bedienen wie ein offeneres Arbeiten, z.B. mit Stationen-Lernen. Die jeweilige Methode erfährt dabei jedoch eine Veränderung. Wenn die Heterogenität von Schüler/innen berücksichtigt werden soll, sind in der jeweiligen Methode für die zu beachtenden Schülermerkmale geeignete Varianten der Lernarrangements zu entwickeln.

Reflexion/Übungsaufgaben

- Diskutieren Sie, inwiefern im Unterricht eine heterogene Schülerschaft zu berücksichtigen ist.
- Erklären Sie die Lehrstrategie für heterogene Gruppen.

6.5 Das Konzept des selbstregulierten Lernens

Um eine konkrete Einführung zu geben, stellen wir ein erprobtes Trainingsprogramm zur Entwicklung lernökologischer Strategien vor. Die Autoren (Ziegler/Stöger 2005) gehen davon aus, dass Lernhandlungen als zyklischer Prozess aufgefasst werden können, und erläutern ihre Auffassung an einem Modell (vgl. Abb. 27, S. 126).

Die Lerner/innen nehmen beim selbstregulierten Lernen eine Metaperspektive ein, sie planen, beobachten und analysieren ihr Lernen und wägen ab, wie sie eine Lernaufgabe am besten bewältigen können. Das Training besteht darin, dieses Grundmodell zu vermitteln und den Schüler/innen Gelegenheit zu geben, es anzuwenden. Im Training wird die Fähigkeit zum selbstregulierten Lernen erarbeitet. Das jedoch gelingt nur an Inhalten, in diesem Fall an mathematischen Inhalten. In den einzelnen Teilschritten des Zyklus gibt es Detailkenntnisse, die es ermöglichen, diesen Schritt sinnvoll zu vollziehen. So setzt z.B. Strategieplanung voraus, dass Wissen über geeignete Strategien vorhan-

Weiterführende Literatur

Kiper, H./Mischke, W. (2008): Selbstreguliertes Lernen – Kooperation – Soziale Kompetenz. Stuttgart: Kohlhammer

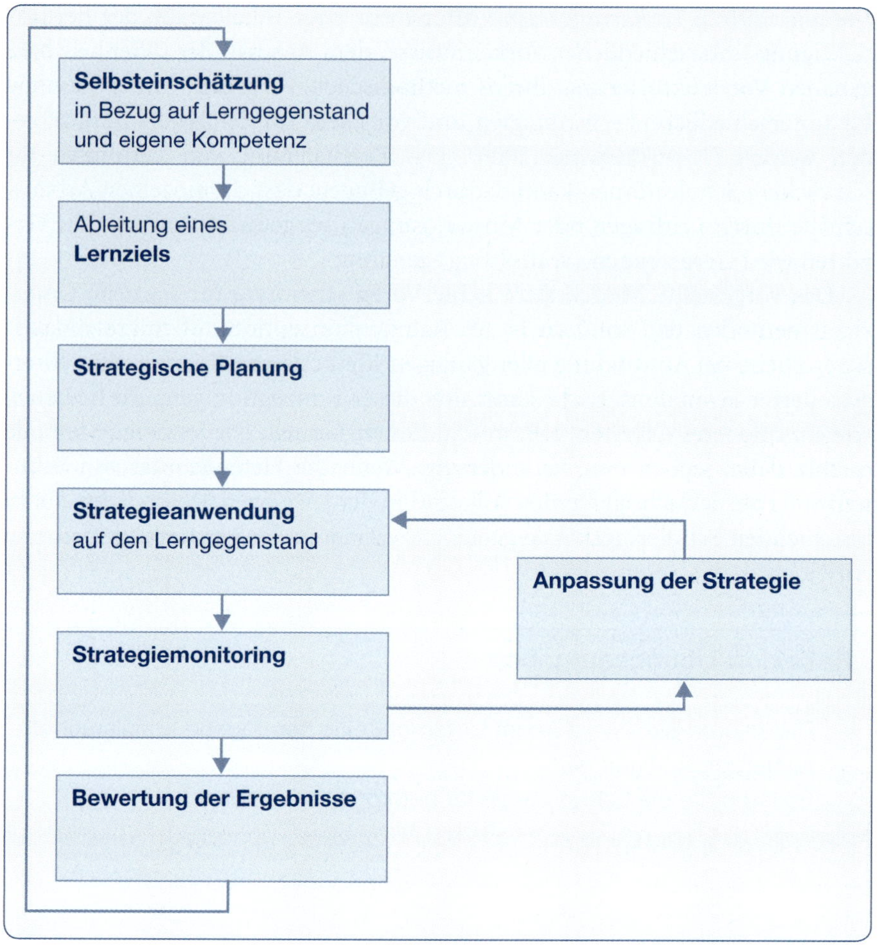

Abb. 27: Lernhandlungen als zyklischer Prozess (aus: Ziegler/Stöger 2005, S. 28)

den ist. Im Fall der gezielten Gestaltung der Lernökologie muss Wissen vorhanden sein über:

- Wege zur Vermeidung von Ablenkung
- die richtige Gestaltung von Lernpausen
- eine optimale Reihenfolge beim Lernen und Anfertigen der Hausaufgaben
- geeignete Lernzeiten
- die passende Gestaltung des Arbeitsplatzes.

Diese Inhalte werden daher im Training vermittelt. Die fachlichen Lerninhalte des Trainings zielen auf mathematische Kompetenzen für Schüler/innen der Klasse 4, und auf diese Inhalte beziehen sich z.B. die zu erwerbenden Kenntnisse für die Selbsteinschätzung und die Lernaufgaben, die bearbeitet werden sollten. Die Selbstregulation in diesem Training bezieht sich auf das Abarbeiten vorgegebener und nicht auf die selbstgesteuerte Auswahl von Aufgaben. Das Konzept lässt sich gut bei der Organisation von Fördermaßnahmen einsetzen. Hier entwickelt die Lehrkraft aufgrund ihrer Diagnose einen Förderplan, der das Durcharbeiten bestimmter Aufgaben vorsieht. Die benötigte Übungszeit wird nicht durch die Lehrkraft überwacht, sondern als selbstregulierter Lernzyklus organisiert. Der Gewinn ist ein doppelter: Die Schüler/innen erarbeiten die notwendigen Inhalte und sie erwerben gleichzeitig die Fähigkeit zur Selbstregulation beim Lernen. Diese Kompetenzen verhelfen dazu, das Entstehen weiteren Förderbedarfs zu reduzieren. Es gibt mittlerweile eine Fülle von Trainingsprogrammen (Landmann/Schmitz 2007), die eingesetzt werden können, um den Aufbau der Fähigkeit zum selbstregulierten Lernen zu unterstützen. Dass dies notwendig ist und Selbstregulation keineswegs als vorhandene Leistungsfähigkeit der Schüler/innen vorausgesetzt werden darf, können Sie einer ausführlichen Analyse (vgl. Kiper/Mischke 2008a) entnehmen. Ein besonderer Schwerpunkt selbstgesteuerten Lernens ist die Verwendung von geeigneten Lernstrategien (vgl. Mandl et. al. 2006). Die Auswahl geeigneter Verfahren zur Erarbeitung von Texten, zur Anfertigung von Strukturdiagrammen als Lernkontrolle zur Überprüfung des Verständnisses eines Sachverhalts gehört dazu und auch der Umgang mit Ressourcen, z. B. die Aktivierung geeigneter Motivation zur Durchführung von Lernhandlungen.

Ein besonderer Schwerpunkt selbstgesteuerten Lernens ist die Verwendung von geeigneten Lernstrategien

6.6 Die Motivation bei Lernhandlungen

Wir können hier keinen Überblick über die Motivationspsychologie geben, wollen aber einige grundsätzliche Überlegungen vorstellen (vgl. Rudolph 2003; Heckhausen/Heckhausen 2006). Menschen handeln, weil sie Motive haben. Motive sind überdauernde Anliegen von Menschen. Der Prozess, wie diese Motive wirksam werden, wird Motivation genannt. Für das Handeln in der Schule ist eine Fülle von Motiven relevant, z. B.:

- Interesse an einer Sache
- Freude an der Tätigkeit
- Aussicht auf Kompetenzgewinn
- Steigerung des Selbstwerts
- Aussicht auf Erfolg
- Furcht vor Misserfolg
- Hoffnung auf Belohnung (z. B. durch Noten)
- Hoffnung auf soziale Anerkennung durch relevante andere, z. B. Eltern, Lehrer, Mitschüler/innen oder andere soziale Motive.

Bei der Motivation sind Erwartungen und Erklärungsmuster (Attributionen) für eigene Leistungen wichtig. Wird durch die Beschäftigung mit einer Aufgabe kein Erfolg erwartet oder wird für den erlebten oder erwarteten Misserfolg fehlende Fähigkeit als Ursache attribuiert, machen Anstrengungen keinen Sinn. Der/die Schüler/in hat diese Erwartungen und Attributionsmuster durch Erfahrungen mit früheren Aufgabenstellungen, ihrer Bearbeitung und darauf erfolgende Rückmeldungen erworben. Durch geeignete Interventionen kann dieser Umgang mit Leistungsanforderungen verändert werden.

Die Lehrkraft hat verschiedene Möglichkeiten, den Schüler/innen bei der Aktivierung von Motiven zu helfen

Die Lehrkraft hat verschiedene Möglichkeiten, den Schüler/innen bei der Aktivierung von Motiven zu helfen. Es beginnt damit zu zeigen, dass man sich für den Unterrichtsgegenstand selbst interessiert. Die Aufgaben können so gestellt werden, dass Erfolg erzielt werden kann mit der Konsequenz der sichtbaren Steigerung der eigenen Kompetenz der Schüler/innen. Die Lehrkraft kann durch die Dramaturgie des Ablaufs Spannung erzeugen und Neugier oder Interesse anregen. Notwendige Lernaktivitäten können in Situationen (Spiele oder Rätsel) eingebettet werden, die von den Schüler/innen als interessant oder herausfordernd erlebt werden. Hier ist die Beachtung des Entwicklungsstands wichtig: Was in der Grundschule noch spannend war, kann in der Sekundarstufe I schon als so kindisch erlebt werden, dass sich niemand mehr an entsprechenden Aktivitäten beteiligen will. Es kann helfen, wenn die Bedeutung des sachlichen Unterrichtsgegenstandes für das alltägliche Leben außerhalb der Schule vorgestellt wird. Für den Aufbau von motivierter Mitarbeit ist es hilfreich, wenn die Lenkung durch die Lehrkraft nicht so eng erfolgt, dass Selbstregulation ausgeschlossen ist. Gute Unterrichtsplanung und die Entwicklung geeigneter Lernarrangements, die den Schüler/innen die Erfahrung erfolgreich zu bewältigender relevanter Aufgabenstellungen ermöglichen einerseits und zügige, gut strukturierte Abläufe andererseits sind als Anreize für motiviertes Arbeiten nicht zu unterschätzen.

6.7 Interaktion im Unterricht

Schule kann nur ein wirksames Lernangebot machen, wenn ein Arbeitsbündnis zwischen Lehrkräften und Schüler/innen entsteht

Schüler/innen haben ein Anrecht darauf, als Menschen geachtet und anerkannt zu werden. Die Kommunikation sollte freundlich zugewandt und wertschätzend sein. Lehrkräfte sollten die einzelnen Schüler/innen vor Abwertung oder Spott durch andere schützen. Schule kann nur ein wirksames Lernangebot machen, wenn ein Arbeitsbündnis zwischen Lehrkräften und Schüler/innen entsteht. Angst ist hinderlich für die höheren kognitiven Prozesse. Leistungsanforderungen sollten daher transparent gemacht und Unterstützung für den Erwerb der zu prüfenden Leistungen angeboten werden. Die spürbare Zuwendung zum Einzelnen und die Bereitschaft, sich mit seinem individuellen Lernen zu beschäftigen, helfen, Vertrauen aufzubauen.

Durch die wiederkehrenden Formen der Interaktion werden die Wertvorstellungen des angemessenen sozialen Umgangs vermittelt. Widersprüche zwischen geäußerten Ideen über den richtigen Umgang und erlebtem Handeln entwerten immer die Idee; das Erlebte zählt mehr als die abstrakten Worte.

Werte-Erziehung (vgl. auch Kiper/Mischke 2008a) ist nicht nur Sprechen über Werte, sondern das Erleben ihrer Realisierung. Die Formen der Interaktion in der Schule entscheiden also darüber, ob es sich um gelebten demokratischen Umgang mit klaren Regeln und Verfahren handelt oder ob hinter dem »Gerede« eine Institution als böswillig erlebt wird, auf deren Regeln, Verfahren und Prozeduren sich die Schüler/innen nicht wirklich einlassen wollen. Bei der Unterrichtsplanung ist daher zu bedenken, wie in den einzelnen Situationen miteinander umgegangen werden soll und wann eine Reflexion über die Interaktionen (Metakommunikation) erfolgen muss, um die Abläufe besser zu organisieren.

Werte-Erziehung ist nicht nur Sprechen über Werte, sondern das Erleben ihrer Realisierung

Folgende Fragen können Ihnen helfen, Ihr Verständnis der Ausführungen in diesem Kapitel zu überprüfen:

1. Worin besteht die Funktion von Aufgaben im Unterricht?
2. Was ist der Unterschied zwischen darbietendem Lehren und entdeckendem Lernen?
3. Welche Auswirkung auf den Lernprozess der Schüler/innen hat die Artikulation im Unterricht?
4. Skizieren Sie die notwendigen Abläufe bei den folgenden Basismodellen des Lernens: »Begriffsbildung« und »Aufbau einer Handlung«.
5. Welche Methoden können Sie bei der Realisierung dieser Basismodelle einsetzen?
6. Was ist unter selbstreguliertem Lernen zu verstehen und wo kann es eingesetzt werden?
7. Wie kann Motivation beeinflusst werden?
8. Was ist bei der Planung des Interaktionsgeschehens zu beachten?

Zusammenfassung

Das Konstrukt »Lernarrangement« wurde als Grundelement der Unterrichtsgestaltung eingeführt. Die einzelnen konstitutiven Komponenten eines Lernarrangements wurden erläutert. Lehr- und Lernverfahren wurden vorgestellt und Basismodelle des Lernens wurden benannt und mit möglichen Methoden verknüpft. Der Umgang mit heterogenen Lerngruppen wurde erläutert und das Konzept des selbstregulierten Lernens, die Rolle der Motivation und der Interaktion im Unterricht wurden skizziert.

7. Curriculares Wissen

7.1 Die Annahmen der curricular-didaktischen Schultheorie

Die Schule ist der Ort für systematisches und geplantes Lernen. Sie dient dazu, diejenigen Wissensbestände von einer Generation an die nächste weiterzugeben, die unverzichtbar sind. Damit Lehrkräfte Schüler/innen beim Lernen helfen können, müssen sie Fachleute für das Wissen in einzelnen Domänen oder Fächern sein und ein Verständnis des Schulfachs besitzen. Sie müssen eine Idee haben, durch welche Schritte im Lernprozess in verschiedenen Schulstufen, Schularten und Fächern und damit verbundene Aneignungsprozesse Schüler/innen zum Erwerb einer soliden Wissensbasis und zu Fähigkeiten und Fertigkeiten kommen können, um erfolgreich und eigenständig weiterlernen zu können. Die Schule als Institution ist dabei der Ort, in dem systematisch und geplant Lernen erfolgen soll.

Die schulischen Verfahren legitimieren sich auch dadurch, dass in vernünftiger, rationaler Art und Weise gelehrt wird

Fritz Osterwalder zeigte, dass die stabile Technologie in der Pädagogik nicht nur in einem technologisch nutzbaren Lernmodell liegt, sondern in der »Methode«. Darunter versteht er die planmäßige Aufgliederung der fachlichen und intellektuellen Standards, die Zuordnung systematisch verfasster inhaltlicher Lehrbücher für verschiedene Bereiche und die Festlegung der Abfolge ihres Einsatzes. »Durch die Anordnung mehrerer Lehr- oder Textbücher gleichzeitig oder in zeitlicher Abfolge wird es möglich, umfassendere Ziele ins Auge zu fassen und zu pädagogischen Zielen umzuformen« (Osterwalder 2002, S. 156). Der Wissenschaftler stellt heraus, dass Lehrbücher und Methoden zu einem Programm zusammengeschlossen werden, »in dem die vorangehende Methode Zugang zum Folgenden schafft, wie in jedem technologisch erfassten Ablauf« (Osterwalder 2002, S. 156). Die schulischen Verfahren legitimieren sich nicht nur dadurch, »dass man etwas lernt, was es sonst nirgends zu lernen gibt, sondern auch dadurch, dass es in vernünftiger, rationaler Art und Weise gelehrt [...] wird« (Osterwalder 2002, S. 157). Die rationale Auswahl der Inhalte, ihre Ordnung und die Festlegung ihrer Abfolge im Bildungssystem und die Möglichkeit, Innovationen auf diese Weise einzufädeln, verweisen auf starke Technologiekonzepte.

In der wissenschaftlichen Diskussion stellt sich die Frage nach dem systematischen Wissensaufbau in den verschiedenen Domänen oder Fächern und nach seiner Verzahnung (vgl. auch Tyler 1973). Gefragt wird, wie dieser besser gelingen kann.

7.2 Zur Bedeutung der Schulfächer

Schulfächer dienen, »wissenssoziologisch gesprochen, der Aufbewahrung von Wissen und Erfahrung, sie unterstützen die Erinnerung durch den Zugriff auf ihre Bestände. Sie bilden gleichsam Regale, in denen die Erfahrung und das Wissen abgelegt und wieder aufgefunden werden können« (Duncker 1997, S. 124). Schulfächer werden als »Zugriffsformen auf das in der Gesellschaft produzierte und in Umlauf gesetzte Wissen« (Giel 1997, S. 33) verstanden, als »Schubladen, in denen das Wissen, nach Relevanz-Graden und -Kategorien sortiert, abgelagert wird« (Giel 1997, S. 34). Dabei bedarf in einer komplexen Gesellschaft »der Zugriff auf Ordnungsschemata einer eigenen methodischen Unterweisung« (Duncker 1997, S. 124). Die Fächer haben eine wesentliche Funktion beim Einüben in wissenschaftliches Erkennen und bei der Kultivierung von Denkfähigkeit. Sie verhelfen zum Erwerb von Mustern der Bearbeitung von Erfahrungen (Giel 1997, S. 36). Jedes Fach enthält eine eigene Grammatik. Der Aufbau des Faches ist dabei weniger durch die Wissensinhalte, sondern durch die Paradigmen der Behandlung der Wissensinhalte bestimmt. »Schulfächer sind Orte des kulturellen Gedächtnisses mit der Struktur einer Sammlung. Die Einweisung in die Fächer gleicht dann der Führung durch die Bestände einer wohlgeordneten Sammlung« (Duncker 1997, S. 125).

Schulfächer sind »primär keine Abbildungen wissenschaftlicher Disziplinen« und keine »vereinfachten und miniaturisierten Ausgaben universitärer Fächer« (Duncker 1997, S. 125). Anders als wissenschaftliche Disziplinen und ihre Didaktiken (Wissenschaftsdidaktiken) sind Schulfächer *eigene und spezielle Modi des Wissens*, die zwischen dem lebensgeschichtlichen Erfahrungswissen und den Wissenschaften angesiedelt sind. Sie nehmen eine Zwischenstellung zwischen Lebenswelt und Wissenschaften ein, fundieren aber (durch Wissenschaftspropädeutik) auch die Wissenschaften. Zwar orientieren sich die Schulfächer an den wissenschaftlichen Bezugsdisziplinen, jedoch müssen sie zwischen diesen und den Erfahrungen der Lerner/innen über »Kategorien« vermitteln (vgl. Giesecke 2000, S. 35). Jedem Schulfach ist eine zeitliche Ordnung eingeschrieben; sie enthält Ideen, wie das Wissen portioniert werden kann. Diese Portionierung drückt sich aus in Jahresplänen und Halbjahresplänen, in Stoffverteilungsplänen oder Unterrichtspartituren. In dem Maß, wie ein Schulfach gesellschaftlich wertgeschätzt wird, erhält es auch eine jeweilige Zuteilung von schulischer Lernzeit. Die Schulfächer und das in ihnen aufbewahrte Wissen verweisen darauf, dass sich das Denken an dem Anspruch der Sachen zu bewähren hat. Die Aufforderung zum Denken und zur Sachlichkeit ermöglicht den Lerner/innen eine eigene Art der Selbstfindung im Medium der Sache, die aus der Auseinandersetzung mit der Sache resultiert.

Weiterführende Literatur

Goodson, I.F./Hopmann, S./Riquarts, K. (Hrsg.) (1999): Das Schulfach als Handlungsrahmen. Köln/Weimar/Wien: Böhlau

Durch die Fächer wird an die Lerner/innen eine Form der Selbstbeanspruchung vermittelt, »in der das Können (Verstehen), als auf innere Vervollkommnung (...) hin angelegt, übernommen wird« (Giel 1997, S. 36). Fächer verhelfen dem Einzelnen dabei, eigene Begabungen zu erkunden. »Vor diesem Hintergrund stellt das Fach sich dar als Vermittlung der Beanspruchung des Einzelnen durch die Gesellschaft mit der Selbstbeanspruchung und Selbstherausforderung« (Giel 1997, S. 36).

7.3 Der Kanon der Schulfächer

Die Symphonie der Schulfächer soll dazu dienen, die wichtigsten Grundbegriffe der Wissenschaften und die wichtigsten Methoden und Verfahren kennenzulernen

Welche Wissensbestände einer Gesellschaft sollen sich in den schulischen Lehrplänen wiederfinden? Über den *Kanon der Schulfächer* wird eine erste Auswahl des relevanten, allgemeinbildenden Wissens getroffen. Dabei sind die Schulfächer und ihre Relevanz zu begründen. Die Symphonie der Schulfächer soll dazu dienen, die wichtigsten Grundbegriffe der Wissenschaften und die wichtigsten Methoden und Verfahren kennenzulernen. Verbindliche Lehrpläne auf nationaler und/oder landesweiter Ebene sind Ausdruck der Selbstvergewisserung einer Gesellschaft. Sie komprimieren, was die ältere Generation an die jüngere an kulturellen Beständen, an Wissen, Fähigkeiten und Fertigkeiten weitergeben will. Von daher wird in bestimmten Abständen immer wieder eine Auseinandersetzung über den Lehrplan und die in ihm enthaltenen fachlichen Wissensbestände geführt.

Im Konzept von Saul P. Robinsohn wird davon ausgegangen, »dass in der Erziehung Ausstattung zur Bewältigung von Lebenssituationen geleistet wird; dass diese Ausstattung geschieht, indem gewisse Qualifikationen und eine gewisse ›Disponibilität‹ durch die Aneignung von Kenntnissen, Einsichten, Haltungen und Fertigkeiten erworben werden; und dass eben die Curricula – und im engeren Sinne – ausgewählte Bildungsinhalte zur Vermittlung derartiger Qualifikationen bestimmt sind« (Robinsohn 1969, S. 45). Curriculumforschung habe die Aufgabe, zukünftige Situationen und in ihnen geforderte Funktionen, die zu ihrer Bewältigung notwendigen Qualifikationen und die Bildungsinhalte und Gegenstände, durch welche diese Qualifikationen bewirkt werden sollen, zu identifizieren. Für die Auswahl von Bildungsinhalten schlägt der Autor folgende Kriterien vor, (1) die »Bedeutung eines Gegenstandes im Gefüge der Wissenschaft«, (2) die »Leistung eines Gegenstandes für Weltverstehen, d.h. für die Orientierung innerhalb einer Kultur und für die Interpretation ihrer Phänomene« und (3) »die Funktion eines Gegenstandes in spezifischen Verwendungssituationen des privaten und öffentlichen Lebens« (Robinsohn 1969, S. 47). Die Relevanz von Bildungsgegenständen könne sich auch aus »Analysen von spezifischen gesellschaftlichen, auch beruflichen Verwendungssituationen und Bedürfnissen« ergeben (Robinsohn 1969, S. 48).

In den international vergleichenden Schulleistungsstudien wurde mit dem »Literacy-Konzept«gearbeitet. Darin werden grundlegende Kompetenzen (z.B. Lesekompetenz, mathematische Kompetenz, naturwissenschaftliche Kompetenz) definiert, die »für die Lebensbewältigung in konkreten Anwendungssituationen nützlich sind« (Bos et al. 2003, S. 14). Während von den einen das Literacy-Konzept als Leitorientierung gesehen wird, die der Orientierung auf Bildung widerspricht, möchte Jürgen Baumert die Bildungsorientierung mit der Literacy-Konzeption verknüpfen. Er unterscheidet »Modi der Weltbegegnung«, denen ein bestimmtes Orientierungswissen zugeordnet wird. Dazu kommen »basale Sprach- und Selbstregulationskompetenzen« (im Sinne von Kulturwerkzeugen). Als Modi der Weltbegegnung nennt er:

- die kognitiv-instrumentelle Modellierung der Welt (mit Mathematik und Naturwissenschaften als Wissensbeständen)
- die ästhetisch-expressive Begegnung und Gestaltung (mit Sprache, Literatur, Musik, Malerei, Bildender Kunst und physischer Expression)
- die normativ-evaluative Auseinandersetzung mit Wirtschaft und Gesellschaft (Geschichte, Ökonomie, Politik/Gesellschaft und Recht)
- Probleme konstitutiver Rationalität (Religion, Philosophie).

Zu den basalen Sprach- und Selbstregulationskompetenzen zählt die Beherrschung der Verkehrssprache, Mathematisierungskompetenz, Fremdsprachliche Kompetenz, Informationstechnologische Kompetenz und die Selbstregulation des Wissenserwerbs. Baumert entfaltet eine Grundstruktur, die darauf zielt, von Anfang an einen systematischen Wissens- und Kompetenzaufbau anzustreben. Die basalen Kulturwerkzeuge, die auf der Stufe grundlegender Bildung erworben werden, sind »die notwendige Voraussetzung für die Qualitätssteigerung von Lernprozessen« (Baumert, zitiert nach Tenorth 2004, S. 113 f.).

7.4 Curriculum und Bildungsstandards als Steuerungsinstrumente

Unter einem *Lehrplan* verstehen wir die geordnete Zusammenfassung ausgewählter Lehr- und Lerninhalte, die während eines festgelegten Zeitraums (Schuljahre, Schulhalbjahre) durch Unterricht vom Lernenden angeeignet werden sollen. Lehrpläne entstehen, »indem wir unter Berücksichtigung des Schulzieles und der Fachziele das Lehrgut i.e.S. in seinen einzelnen Lehrstoffen mitunter herab bis zu Stoffgebieten und -gruppen und sogar Lehreinheiten auswählen, das Ausgewählte auf Altersgruppen oder Klassen verteilen, es zweckmäßig anordnen, den Zusammenhang der Einzelheiten sichern und das alles übersichtlich festhalten und darstellen« (Dolch 1965, S. 13). Ein Lehrplan besteht in der Regel aus einem Vorspann (über die Bedeutung des Faches im Bildungskanon), aus Bildungszielen, dem Stoffkatalog (für Schulform, Schulstufe und Fach) und methodischen Hinweisen. Oftmals finden sich auch Bestimmungen über die Zahl und Verteilung der wöchentlichen Unterrichtsstunden (Stundentafel). Er dient als Grundlage für die Planung des Unterrichts.

Richtlinien enthalten in der Regel Angaben zu den Zielen und Inhalten des Lehrens und Lernens und zu deren zeitlicher Anordnung. Sie gewähren Orientierung, geben aber zugleich der Lehrkraft gewisse curriculare Freiräume.

Curricula zeichnen sich aus durch die Angabe übergeordneter Ziele (z. B. Bildung, Qualifikation, Kompetenz), Auswahl, Festlegung und Anordnung von fächerübergreifenden und fachspezifischen Inhalten, Angabe des Niveaus, auf dem jeweils Wissen und Können gelehrt und gelernt werden soll, Festlegung von Methoden und Medien und Wegen zur Überprüfung des Lern- und Unterrichtserfolgs (Leistungskontrollen) resp. Evaluation des Unterrichts.

In der Curriculumdiskussion in den siebziger Jahren des letzten Jahrhunderts wurden mehrere Vorschläge zur Auswahl der Inhalte vorgestellt. Bruner (1970) schlug vor, eine Auswahl der Inhalte orientiert an der Struktur der Wissenschaft vorzunehmen, also Grundbegriffe, Schlüsselbegriffe und Prinzipien aufzugreifen. Taxonomische Theorien dagegen umschrieben das mit einem Inhalt zu initiierende Lernverhalten. Dabei wurde angenommen, dass geistige Fähigkeiten nach ihrer Komplexität angeordnet werden können. Dabei wurden einfache Fähigkeiten (z. B. Wiedergeben von Wissen) von höheren Fähigkeiten (Verstehen, Anwenden, Analysieren, Synthetisieren, Bewerten) unterschieden (vgl. auch Kunert 1976, S. 27 f.). Darüber hinaus wurde mit der Idee der Basiskonzepte gearbeitet, und es werden solche identifiziert, die auf neue Fälle übertragen werden könnten (vgl. Kunert 1976, S. 30).

In den international vergleichenden Schulleistungsstudien wurde eine Kritik an den deutschen Lehrplänen der achtziger und neunziger Jahre des letzten Jahrhunderts geführt. Moniert wurde, dass die vorliegenden Rahmenrichtlinien oder Bildungspläne im wesentlich inhaltlich orientiert waren; sie trafen keinen Aussagen über Umfang und Qualität des anzueignenden Wissens. Fragen des systematischen Wissensaufbaus und der Sicherung einer breiten, gut vernetzten Wissensbasis wurden eher vernachlässigt. Sie ermöglichten den Lehrkräften eigene Entscheidungen, welche inhaltlichen Lernziele sie auswählen, welche Feinlernziele sie den Groblernzielen zuordnen wollten und welche Inhalte im Unterricht bearbeitet und geprüft werden sollten. Man vertraute den Lehrkräften die Sicherung des Leistungsniveaus allein an. Das änderte sich durch eine Diskussion über die Steuerung von Schule und Unterricht durch Bildungsstandards, durch verbindliche Kerncurricula und damit verbunden durch die Einführung zentraler Abschlussprüfungen nicht nur im Gymnasium (Abitur), sondern auch am Ende der Hauptschule und der Realschule.

Durch die Bildungsstandards wurde die Frage nach dem systematischen Wissensaufbau durch das Curriculum und nach der Markierung des Niveaus, auf dem Wissen und Können vorhanden sein soll, auf die Agenda gesetzt. Mit Blick auf das Curriculum insgesamt ergibt sich eine ähnliche Aufgabe wie für einzelne Lehr-Lernsequenzen. Es geht darum, Lehrziele zu formulieren (Soll), das Vorwissen zu ermitteln (Ist), auf dieser Grundlage festzulegen, was gelehrt und gelernt werden muss, um die Lehrziele zu erreichen und dazu den Lehrstoff in Teile zu zerlegen und eine Reihenfolge festzulegen. Dabei kann der Lehrstoff fachbezogen oder fachübergreifend und interdisziplinär angelegt sein. Beim fachlichen Lernen sind die akademischen Disziplinen resp. die Schulfächer die Referenzsysteme; beim überfachlichen Lernen werden die Perspektiven verschiedener wissenschaftlicher Disziplinen auf ein Thema oder ein Problem bezogen und dieses unter verschiedenen Fragestellungen bearbeitet.

Bildungsstandards sind Festlegungen darüber, was an Kenntnissen, Fähigkeiten und Fertigkeiten notwendig ist

Bildungsstandards sind mehr oder weniger umfangreiche, in sich gestufte und verbindliche Festlegungen darüber, was an Kenntnissen, Fähigkeiten und Fertigkeiten in ausgewiesenen Fächern resp. Lernbereichen notwendig ist, um in der Welt kompetent handeln zu können. Bildungsstandards zur Ausrichtung der schulischen Arbeit bestimmen in der Bundesrepublik Deutschland seit 2003 die unterrichtliche Arbeit, weil die Kultusministerkonferenz für verschiedene Fächer und Bildungsgänge systematisch Bildungsstandards erarbeiten ließ. Bildungsstandards basieren auf einer bildungspolitischen Vereinbarung der Kultusministerkonferenz; sie werden – initiiert durch gesetzgebende Prozesse der Landtage und darauf basierenden bildungspolitisch-administrativen Prozessen in den Kultusadministrationen – in die Schulsysteme aller Bundesländer implementiert.

Standards können sich auf den Input beziehen (»opportunity-to-learn-standards«) oder auf den Output in Form von Lernergebnissen. Standards können auf verschiedenen Abstraktionsebenen formuliert werden (auf der Ebene allgemeiner Bildungsziele; auf der Ebene von Lernzielen oder Lerninhalten; auf der Ebene von Testwerten). Es können unterschiedliche Zielniveaus angegeben werden: ein basales Niveau (Mindeststandards), ein Ideal (Exzellenzstandards) oder ein durchschnittliches Erwartungsniveau (Regelstandards). Die Tabelle 5 auf der nächsten Seite verdeutlicht das Verständnis von Lehrplänen, Curricula und Bildungsstandards als Steuerungsinstrumenten.

Der Begriff der Bildungsstandards einschließlich seiner Orientierung auf den Kompetenzaufbau in verschiedenen Fächern, auch durch Konstruktion von theoretisch durchdachten und empirisch gesicherten Kompetenzmodellen, ist einerseits ein wissenschaftliches Programm und zugleich eine bildungspolitische Praxis der Kultusminister der Länder, die Dokumente zur Orientierung verabschiedeten, die sich Bildungsstandards nennen. Sie sind fachlich ausgerichtet und abschlussbezogen formuliert. Sie wurden von Instruktionspsychologen, Fachdidaktiker/innen und Lehrkräften formuliert. Sie setzen nicht auf einen Bruch mit bisherigen bildungstheoretischen und fachdidaktischen Diskursen, sondern nehmen diese auf.

Die bildungspolitisch formulierten Bildungsstandards und die darauf basierenden Kernlehrpläne oder Kerncurricula sind Instrumente der Steuerung (oder Normierung) des Lehrerhandelns durch die Bildungspolitik. Sie geben verbindlich Lehrziele, deklarative und prozedurale Lehrinhalte vor. Sie zielen auf die Sicherung eines vergleichbaren Niveaus des Wissens und Könnens bei

Tab. 5: **Zur Unterscheidung von Lehrplan, Curriculum und Bildungsstandard** (vgl. auch von Saldern 2003, zitiert nach Grunder et al. 2007, S. 87; Köller 2008)

	Lehrplan	Curriculum	Bildungsstandard
Steuerung	Inputorientierung durch Inhalte	Inputorientierung über Ziele, Inhalte	Outcome-Orientierung durch Formulierung der erwünschten Kompetenzen (Can-do-Standards)
Definition	Aussagen über Stoffe, Inhalte, Themen, Lernfelder	Aussagen über Ziele, Inhalte, Prüfverfahren	Aussagen über erwartete Kompetenzen auf der Basis von Kompetenzmodellen
Ausgewählte Autoren	Dolch, Weniger, Klafki	Robinsohn	OECD KMK nach 2001
Leitbegriff	Bildung	Qualifikation	Literacy, Kompetenz
Markierung von fachlichen Anforderungen	Benennung mehr oder weniger großer Inhaltsmengen, die gewusst werden sollen (Fundamentum und Additum)	Formulierung von Lernziel-Taxonomien	Formulierung von Kompetenzstufen (resp. Taxonomien, Anspruchsniveaus) und Lernhierarchien
Lernkontrolle	eher offene Lernkontrollen	Lernzielorientierte Tests	Vergleichsarbeiten Abschlussprüfungen auf der Grundlage abschlussbezogener Bildungsstandards
Verfahren des Monitorings	nein	teilweise	ja (Inspektion, Schulleistungsstudien)
Erwartetes Lehrerhandeln	Förderung der inhaltlichen Auseinandersetzung mit Stoffen, Inhalten, Themen	Formulierung von Lernzielen und Überprüfen des Erreichens am Ende jeder Unterrichtseinheit	Adaption resp. Formulierung von Kompetenzmodellen unter Beachtung des erforderlichen deklarativen und prozeduralen Wissens unter Beachtung der zum Aufbau der Kompetenz erforderlichen Lehr- und Lernprozesse
Prüffragen	Was haben wir durchgenommen?	Wurden die Lernziele erreicht?	Wurden die fachlichen und überfachlichen Kompetenzen erworben?

allen Schüler/innen und sind damit ein Instrument zur Förderung der Bildungsgerechtigkeit. Sie legen Grundlagen für Qualitätssicherung und Qualitätsverbesserung. Sie können einen Beitrag zur Sicherung eines kumulativen Wissensaufbaus leisten. Sie sind zugleich die Grundlage für die Erfassung und Bewertung der Lernergebnisse. Sie können zur Professionalisierung des Lehrerhandelns beitragen, wenn sie Hilfestellung geben zum Unterrichten eines nicht studierten Faches oder einer neuen Klassenstufe.

Bildungsstandards und darauf basierende Kernlehrpläne oder Kerncurricula sind Hilfsmittel in der Hand der Lehrerschaft, sich gegen übersteigerte Forderungen bezüglich dessen, was die Schüler/innen alles können sollten, abzusichern. Sie gewähren – gegenüber Eltern und Öffentlichkeit – eine Orientierung über die Schularbeit und weisen aus, was im jeweiligen Jahrgang und Fach gelehrt und gelernt werden soll (vgl. Klieme et al. 2003). Die jetzt vorliegenden Bildungsstandards wurden orientiert an den »Einheitlichen Prüfungsanforderungen in der Abiturprüfung« und den ihnen zugrunde liegenden konzeptionellen curricularen Ansätzen. Sie sind (noch nicht) Ausdruck der Einlösung des Programms, Kompetenzmodelle in verschiedenen wissenschaftlichen Fächern als ihre Grundlage zu wählen. Gleichwohl kann man feststellen, dass viele Denkansätze aus der Tradition der Lernpsychologie und der kognitiven Psychologie zu ihrer Formulierung verwendet wurden. Einige dieser Elemente sollen im Folgenden vorgestellt werden.

Reflexion/Übungsaufgaben

- Unterscheiden Sie die Begriffe Lehrplan, Curriculum und Bildungsstandard mit Blick auf die konzeptionellen Unterschiede.
- Diskutieren Sie die Bedeutung der Schulfächer. Inwiefern können sie verteidigt werden?
- Welche gesellschaftlichen Debatten über den Bildungskanon kennen Sie?
- Was ist die Hoffnung, die sich mit einer Ausrichtung des Unterrichts an Bildungsstandards verbindet?

7.5 Formen der Zielformulierung und Unterrichtsplanung

Wie schon durch die Gegenüberstellung der Zielformulierung in Lehrplänen, Curricula und Bildungsstandards skizziert, kann auf unterschiedliche Weise angegeben werden, was am Ende einer Unterrichtseinheit oder eines Schul(halb)jahres gewusst und gekonnt werden soll. Oft werden drei Möglichkeiten unterschieden:

- Angabe von Themen, die behandelt werden, eventuell auch Angabe von Inhaltsmengen, zwischen denen eine Auswahlentscheidung getroffen werden kann
- Angabe von Verhalten beim Bearbeiten und Lösen von Aufgaben
- Angabe von Persönlichkeitsdispositionen (in Form von Kompetenzen).

Die Art der Angabe von Zielen in Form einer vagen Aussage über Inhalte, als Lernziele oder als Persönlichkeitsdispositionen (Kompetenzen) hat (nach Klauer/Leutner 2007) Rückwirkungen auf die Qualität der anzulegenden Lehr- und Lernprozesse. Sie unterscheiden drei Modelle:

Die Art der Angabe von Zielen hat Rückwirkungen auf die Qualität der anzulegenden Lehr- und Lernprozesse

(1) Im *hermeneutisch-interpretativen Modell* werden vage Zielsetzungen formuliert. Diese können als Groblehrziele verstanden werden. Ihnen werden manchmal Feinziele zuordnet. Die Inhalte des Unterrichts stehen ebenso wie die Prüfungsaufgaben in einem lockeren Zusammenhang mit den Zielsetzungen. Eine Formulierung der Lehrziele auf einer inhaltlich-thematischen Ebene lässt zumeist offen, wie breit und tief ein Wissensinhalt erworben werden soll und woran überprüft wird, ob erfolgreich gelernt wurde. Die Überprüfung des Lehrens und Lernens steht nur in einem lockeren Zusammenhang mit den Lehrzielen und eventuell auch dem Unterricht (vgl. Klauer/Leutner 2007).

(2) Bei der *verhaltensbezogenen Fassung der Lehrziele* wird darauf gesetzt, durch eine präzise Beschreibung der Unterrichtsziele die Grundlage für eine Steuerung des Lernprozesses zu legen. In dieser Perspektive sind klar definierte Ziele die Grundlage für die Feststellung der Wirksamkeit des Unterrichts; sie ermöglichen, geeignete Inhalte, Methoden und Materialien auszuwählen (Mager 1965, S. 3) und helfen dem Schüler resp. der Schülerin dabei, an jeder Stelle des Unterrichts die eigenen Fortschritte zu beurteilen und die eigenen Tätigkeiten auf das Ziel auszurichten (Mager 1965, S. 4). Für die eindeutige Formulierung der Lehrziele führte Robert F. Mager aus:

»1. Benennen Sie das Endverhalten; versuchen Sie, die Art des Verhaltens, die kennzeichnet, dass der Lernende das Ziel erreicht hat, näher zu beschreiben.
2. Versuchen Sie das gewünschte Verhalten genauer zu bestimmen, indem Sie seine wichtigsten Voraussetzungen kennzeichnen.
3. Als Maßstab für einen zufriedenstellenden Erfolg geben Sie an, wie gut das Verhalten geäußert werden muss, um als zufriedenstellend zu gelten« (Mager 1965, S. 12).

Robert F. Mager konkretisierte, dass eventuell bei der Beschreibung des Endverhaltens spezifiziert werden müsste, was dem Lernenden zur Verfügung gestellt resp. was ihm verweigert wird und unter welchen Bedingungen das Endverhalten gezeigt werden soll (Mager 1965, S. 27). Eine solche Explikation der Lernziele helfe dabei, sich über die Ziele des Unterrichts, eventuell auch über Inhalte und Themen Klarheit zu verschaffen und sich zu vergegenwärtigen, was die Schüler/innen am Ende wissen und können sollten.

Im *lehrzielorientierten Modell von Instruktion und Prüfung* dient das Lehrziel zur Steuerung des Lehr-Lernprozesses einerseits und zur Überprüfung der Erreichung des Lehrziels andererseits. Der Lehr-Lernprozess wird dabei als Regelkreis konzipiert, bei dem es darum geht, ausgehend von der Differenz zwischen dem Soll (Lehrziele) und dem Ist (Wissen und Können der Lernenden) solche Lehr- und Lernaktivitäten zu organisieren, die es ermöglichen, das intendierte Lehrziel zu erreichen. Die Lehrkraft muss dabei diagnostische Kompetenzen herausbilden, um immer wieder einen Soll-Ist-Vergleich vornehmen zu können und darauf basierend die angemessenen Lehr- und Lernaktivitäten initiieren zu können, um eine Angleichung des Wissens und Könnens an die angestrebten Lehrziele (Soll) zu ermöglichen.

Franz Schott und Kollegen gingen mit Blick auf die Aneignung von Lehrstoffen (also den inhaltlichen Gegenständen des Unterrichts) davon aus, dass genau festzulegen ist, welches inhaltliche Wissen und welche Handlungskompetenzen mit welchem Kompetenzgrad erworben werden sollen. Er unterschied den Prozess der Vermittlung von Wissen und Können durch die Lehrkraft resp. der Aneignung von Wissen und Können durch den Schüler vom Prozess der Überprüfung des Lehr- und Lernerfolgs. Schott, Neeb und Wieberg unterschieden Aneignungsaufgaben und Überprüfungsaufgaben. Die für die Bearbeitung der Aufgaben notwendigen Operationen seien ebenso anzugeben wie die Bedingungen, unter denen die Aufgaben gelöst werden. Dabei gingen sie davon aus, dass sich Aufgaben in einen Anfangs- und Endzustand zerlegen lassen und dass ein Operator die Aufgabe vom Anfangs- in den Endzustand überführt (Schott/Neeb/Wieberg 1981, S. 37).

Der Lehr-Lernprozess wird als Regelkreis konzipiert, bei dem es darum geht, solche Lehr- und Lernaktivitäten zu organisieren, die es ermöglichen, das intendierte Lehrziel zu erreichen

Die Wissenschaftler sprechen sich dafür aus, eine genaue Analyse der Lern- und Denkprozesse zum Erreichen der Lernziele über Aneignungsaufgaben vorzunehmen. Der Lehr-Lernprozess wird dabei als Regelkreis konzipiert, bei dem es darum geht, ausgehend von der Differenz zwischen dem Soll (Lehrziele) und dem Ist (Wissen und Können der Lernenden) solche Lehr- und Lernaktivitäten zu organisieren, die es ermöglichen, das intendierte Lehrziel zu erreichen. Die Lehrkraft muss dabei diagnostische Kompetenzen herausbilden, um immer wieder einen Soll-Ist-Vergleich vornehmen zu können und darauf basierend die angemessenen Lehr- und Lernaktivitäten zu initiieren, um eine Angleichung des Wissens und Könnens an die angestrebten Lehrziele (Soll) zu ermöglichen. Eine Formulierung der Lehrziele mit Blick auf Inhalte und Verhalten benennt die Operationen, die beim Bewältigen von Aufgaben gezeigt werden. Die Operatoren verweisen darauf, mit welchem Wissen und durch welche Aktivitäten eine Aufgabe bearbeitet wird, ein Ist-Zustand in einen Soll-Zustand übergeht und darauf geschlossen werden kann, dass erfolgreich gelehrt und gelernt wurde. In Verbindung mit der Formulierung von Lehrzielen stellte sich die Frage nach Möglichkeiten der Zerlegung von Lehrzielen in Teilziele, nach der Zuordnung der erforderlichen Wissensbestände und wichtigen Operationen zu ihrer Aneignung, zu ihrem Verstehen und Anwenden, nach der Anordnung des deklarativen und prozeduralen Wissens in optimalen Sequenzen und nach Möglichkeiten der Anwendung des Wissens auf verschiedene Fälle.

(3) Im Persönlichkeitsorientierten Modell (Kompetenzmodell) werden die Lehrziele auf der Ebene von Persönlichkeitsdispositionen formuliert. Dabei soll ausgewiesen werden, welche Kompetenzen und welche Verhaltensdispositionen nach einem erfolgreichen Lernprozess vorhanden sein sollen, um Aufgabenmengen lösen zu können. In Anlehnung an eine Unterscheidung von deklarativem und prozeduralem Wissen (»Wissen, dass …« [Sachwissen] und »Wissen, wie …« [Handlungswissen]) beziehen sich Kompetenzen auf Wissen und Können. Durch Hinweise auf den gewünschten Ausprägungsgrad der Kompetenz kann geschlussfolgert werden, welche Menge und Sorten von Aufgaben bewältigt werden können, wenn die Lehrziele erreicht sind. Hierbei wird der Blick auf die dauerhaften Effekte des Unterrichts und auf die Modifikation des Probanden (mit Blick auf Wissen, Können, Einstellungen und Neigungen) gerichtet. Eine solche Fassung der Ziele des Unterrichts geschieht zumeist in Form von Kompetenzmodellen. *Kompetenzmodelle* verweisen auf das Gefüge der Anforderungen, deren Bewältigung von Schüler/innen erwartet wird (Komponentenmodell); außerdem »liefern sie wissenschaftlich begründete Vorstellungen darüber, welche Abstufungen eine Kompetenz annehmen kann bzw. welche Grade oder Niveaustufen sich bei den einzelnen Schülerinnen und Schülern feststellen lassen« (Klieme et al. 2003, S. 61). »Neben der Komponentenstruktur und der Fach- bzw. Domänenspezifität von Kompetenzmodellen ist die Berücksichtigung von Kompetenzstufen ein zentraler Aspekt von Kompetenzmodellen« (Klieme et al. 2003, S. 62). »Neben der Beschreibung erwartbarer Lernergebnisse von Schülerinnen und Schülern in bestimmten Altersstufen in den jeweiligen Fächern geht es auch darum, wissenschaftlich fundiert aufzuzeigen, welche ›Wege zum Wissen und Können‹ eingeschlagen werden können« (Klieme et al. 2003, S. 58). Es geht also darum, Grunddimensionen der Lernentwicklung in einem Gegenstandsbereich zu identifizieren.

Reflexion/Übungsaufgaben

Wie sind die jeweilige Formulierung von Lehr- und Lernzielen und die Konzeption von Unterricht aufeinander bezogen? Erläutern Sie die Unterschiede in den drei vorgestellten Modellen.

Taxonomien von Lehr- und Lernzielen

Wie schon ausgeführt basieren die vorliegenden Bildungsstandards, wie sie von der KMK in den ersten Jahren des 21. Jahrhunderts verabschiedet wurden, noch nicht auf theoretisch und empirisch abgesicherten Kompetenzmodellen. Im Rückgriff auf lernpsychologische und curriculumtheoretische Überlegungen wird zwischen kognitiven, affektiven und psychomotorischen Lernzielen unterschieden. *Kognitive Lernziele* beziehen sich auf Wissen, Denken, Problemlösen, *psycho-motorische Lernziele* auf die motorischen und manipulativen Fähigkeiten, *affektive Lernziele* auf Normen und Werte, Einstellungen und Interessenlagen (vgl. Meyer 1972, S. 104 ff.).

Taxonomien werden als »heuristisch-konstruktive Hilfe« (Keck 1975, S. 115) für das Finden von Lehrzielen und das Festlegen von Lernniveaus verstanden. Taxonomien von Lernzielen stellen Schemata dar, mit deren Hilfe die Lernziele systematisch geordnet werden. Die Ergebnisse verschiedener Forschergruppen (um Bloom/Krathwohl/Masia) zeigen, dass Lernziele unterschiedlich anspruchsvoll sein können. Für den *kognitiven Bereich* werden die Lernziele nach dem Grad der Komplexität des darin ausgedrückten Verhaltens gestuft. Daher wird unterschieden: 1. Wissen und Kennen; 2. Verstehen; 3. Anwendung; 4. Analyse; 5. Synthese und 6. Bewertung und Beurteilung. Bei den *affektiven Lernzielen* wird der Grad der Internalisierung (Verinnerlichung) unterschieden in 1. Aufnehmen und Beachten; 2. Reagieren; Antworten; 3. Werten; 4. Aufbau und Organisation einer Werthierarchie; 5. Charakterisierung des Verhaltens durch einen Wert oder Wertkomplex. Für die *psychomotorischen Lernziele* wird der Grad der Koordination bei psychomotorischem Verhalten in den Blick genommen. Es kommt zu folgender Stufung: 1. Imitation (unvollkommene Handlungsnachahmung); 2. Manipulation (differenzierte Handlungsnachahmung); 3. Präzision (kontrollierter und variationsfähiger Handlungsvollzug); 4. Strukturierung (Harmonisierung des Handlungsvollzugs); 5. Naturalisierung (mechanisch geregelte Handlungsfertigkeit) (Tab. 6, S. 42).

Taxonomien von Lernzielen stellen Schemata dar, mit deren Hilfe die Lernziele systematisch geordnet werden

Reflexion/Übungsaufgaben

- Erklären Sie die Unterscheidung von Lehr- und Lernzielen in kognitive, psychomotorische und affektive.
- Auf welcher Grundüberlegung basieren Unterscheidung des Wissens und die Konstruktion von Taxonomien?

Die Tyler-Matrix

In den »Einheitlichen Anforderungen in der Abiturprüfung« und in den »Bildungsstandards für den Mittleren Abschluss« (und den Hauptschulabschluss) wird das angestrebte Kompetenzniveau über Aufgabenbeispiele konkretisiert. Mit Blick auf eine Unterrichtsplanung, die sich an Bildungsstandards orientiert, empfiehlt sich daher die Verwendung der Tyler-Matrix als Suchschema für die Aufgabengenerierung. Sie kann dazu dienen, »alle denkbaren Aufgaben

Tab. 6: **Taxonomien von Lehrzielen**
(vgl. auch Keck 1975, S. 102, 108)

Kognitiver Bereich Bloom 1956/1964	**Affektiver Bereich** Krathwohl, D.R., Bloom, B.S. 1964	**Psychomotorischer Bereich** Dave 1968
Anordnungskriterium: Komplexität • Wissen und Kennen • Verstehen • Anwendung • Analyse • Synthese • Bewertung und Beurteilung	**Anordnungskriterium: Internalisation** • Aufnehmen und Beachten • Reagieren/Antworten • Werten • Aufbau und Organisation einer Werthierarchie • Charakterisierung des Verhaltens durch einen Wert oder Wertkomplex	**Anordnungskriterium: Koordination (zwischen psychischer und muskularer Aktivität)** • Imitation (unvollkommene Handlungsnachahmung) • Manipulation (differenzierte Handlungsnachahmung) • Präzision (kontrollierter und variationsfähiger Handlungsvollzug) • Strukturierung (Harmonisierung des Handlungsvollzugs) • Naturalisierung (mechanisch geregelte Handlungsfertigkeit)

zu erzeugen, deren Beherrschung jeweils angestrebt wird (Seel 1981, S. 22). Die so erzeugte Aufgabenmenge bildet den Ausgangspunkt für die Planung von Unterrichtseinheiten oder Lehrgängen und für die Angabe von Aufgaben zur Lernerfolgskontrolle. In der Tyler-Matrix (vgl. Tab. 7) gibt es Hinweise für eine zweidimensionale Präzisierung der Lehrziele.

Die in der Curriculumdiskussion relevanten Konstruktionsprinzipien finden sich vielfach in den »Einheitlichen Prüfungsanforderungen in der Abiturprüfung« resp. in den »Bildungsstandards für den Mittleren Schulabschluss oder den Hauptschulabschluss« wieder, wobei die jeweilige Begrifflichkeit auch fachdidaktischen Diskursen mit verpflichtet ist. Wir wollen hier auf einige Konstruktionsprinzipien in den Bildungsstandards hinweisen, die an die curricularen Diskussionen anknüpfen.

Reflexion/Übungsaufgaben

- Erklären Sie die Matrix nach Ralph Tyler.
- Inwiefern finden sich ihre Grundüberlegungen in den Bildungsstandards wieder?

Tab. 7: **Die Tyler-Matrix**
(Ausschnitt; nach Tyler 1973, S. 57. Die vollständige Matrix finden Sie in den ergänzenden Materialien unter: www.beltz.de/materia))

Verhaltensaspekte der Lehrziele / Inhaltsaspekte der Lehrziele	Verständnis wichtiger Fakten und Prinzipien	Vertrautheit mit verlässlichen Informationsquellen	Fähigkeit, Daten zu interpretieren	Fähigkeit, Prinzipien anzuwenden	Fähigkeit, zu untersuchen und über Ergebnisse der Untersuchung zu berichten
A Funktionen des menschlichen Organismus					
1 Ernährung					
2 Verdauung					
3 Kreislauf					
4 Atmung					
5 Fortpflanzung					
. . . .					

Konstruktionsprinzipien in den Bildungsstandards

In den gegenwärtig gültigen »Einheitlichen Anforderungen in der Abiturprüfung« und in den Bildungsstandards für die verschiedenen Fächer werden verschiedene *Anforderungsbereiche* unterschieden. Der Anforderungsbereich I zielt auf die Reproduktion des Wissens. Hier wird erwartet, dass Informationen aufgenommen, verarbeitet und wiedergegeben werden können. Er zielt z. B. auf die »Verfügbarkeit der für die Bearbeitung der Aufgaben notwendigen inhaltlichen und methodischen Kenntnisse« (Sekretariat der KMK: Bildungsstandards im Fach Deutsch für den Mittleren Schulabschluss. Beschluss vom 4.12. 2003, 2004, S. 17). Der Anforderungsbereich II (Reorganisation des Wissens) zielt auf Klassifizieren, Zusammenfassen, Interpretieren des Wissens, u. a. auf »selbstständiges Erfassen, Einordnen, Strukturieren und Verarbeiten der aus der Thematik, dem Material und der Aufgabenstellung erwachsenden Fragen/Probleme und deren entsprechender gedanklichen und sprachlichen Bearbeitung« (Sekretariat der KMK: Bildungsstandards im Fach Deutsch für den Mittleren Schulabschluss. Beschluss vom 4.12.2003, 2004, S. 17), der Anforderungsbereich III zielt auf Erklären und Verstehen und auf die »eigenständige Reflexion, Bewertung bzw. Beurteilung einer komplexen Problemstellung/

Tab. 8: **Anforderungsbereiche im Fach Deutsch** (vgl. Sekretariat der KMK: Bildungsstandards im Fach Deutsch für den Mittleren Schulabschluss, 4.12.2003, 2004, S. 17).

Anforderungsbereich I	Anforderungsbereich II	Anforderungsbereich III
Verfügbarkeit der für die Bearbeitung der Aufgaben notwendigen inhaltlichen und methodischen Kenntnisse	Selbstständiges Erfassen, Einordnen, Strukturieren und Verarbeiten der aus der Thematik, dem Material und der Aufgabenstellung erwachsenden Fragen/Probleme und deren entsprechende gedankliche und sprachliche Bearbeitung	Eigenständige Reflexion, Bewertung bzw. Beurteilung einer komplexen Problemstellung/Thematik oder entsprechenden Materials und gegebenenfalls die Entwicklung eigener Lösungsansätze

Thematik oder des entsprechenden Materials und ggf. auf die Entwicklung eigener Lösungsansätze« (Sekretariat der KMK: Bildungsstandards im Fach Deutsch für den Mittleren Schulabschluss. Beschluss vom 4.12.2003, 2004, S. 17). Im Fach Deutsch werden die Anforderungsbereiche so unterschieden (vgl. Tab. 8).

Im Anforderungsbereich I geht es um das Identifizieren von Arbeitsaufträgen aus einer Aufgabe, um das Erfassen des der Aufgabe zugrunde liegenden Themas, um das Wiedergeben von Text- oder Materialinhalten, um die Verbindung des Themas/Hauptgedankens mit eigenen Kenntnissen und um die Anwendung von Arbeitstechniken. Im Anforderungsbereich II sollen die Hauptgedanken eines Textes resp. einer Argumentation differenziert erfasst, längere oder komplexere Texte in eigenständigen Formulierungen zusammengefasst und wiedergegeben werden, poetische/stilistische/rhetorische Mittel in einem Text untersucht, erkannt und beschrieben und Kenntnisse auf unbekannte Sachverhalte bezogen werden. Im Anforderungsbereich III sollen komplexe Texte und Problemstellungen erfasst und bearbeitet werden, die entsprechenden Aussagen in einen Problemzusammenhang eingeordnet und detailliert untersucht und begründete Folgerungen gezogen werden. Deutungsansätze poetischer, stilistischer resp. rhetorischer Mittel eines Textes sollen entfaltet werden (vgl. Sekretariat der KMK: Bildungsstandards im Fach Deutsch für den Mittleren Schulabschluss. Beschluss vom 4.12.2003, 2004, S. 16). Damit werden hier die Anforderungsbereiche mit unterschiedlichen Stufen von Kompetenz in Verbindung gebracht.

Im Fach Mathematik werden als Anforderungsbereiche für alle allgemeinen mathematischen Kompetenzen die folgenden drei Bereiche genannt: Reproduzieren – Zusammenhänge herstellen – Verallgemeinern und Reflektieren (Tab. 9).

Tab. 9: Anforderungsbereiche im Fach Mathematik
(vgl. Bildungsstandards im Fach Mathematik für den Mittleren Schulabschluss, 4.12.2003, 2004, S. 13)

Anforderungsbereich I: Reproduzieren	Anforderungsbereich II: Zusammenhänge herstellen	Anforderungsbereich III: Verallgemeinern und Reflektieren
Dieser Anforderungsbereich umfasst die Wiedergabe und direkte Anwendung von grundlegenden Begriffen, Sätzen und Verfahren in einem abgegrenzten Gebiet und einem wiederholenden Zusammenhang.	Dieser Anforderungsbereich umfasst das Bearbeiten bekannter Sachverhalte, indem Kenntnisse, Fertigkeiten und Fähigkeiten verknüpft werden, die in der Auseinandersetzung mit Mathematik auf verschiedenen Ebenen erworben wurden.	Dieser Anforderungsbereich umfasst das Bearbeiten komplexer Gegebenheiten u. a. mit dem Ziel, zu eigenen Problemformulierungen, Lösungen, Begründungen, Folgerungen, Interpretationen oder Wertungen zu gelangen.

Im Bereich der Naturwissenschaften werden folgende Anforderungsbereiche unterschieden (Tab. 10).

Tab. 10: Anforderungsbereiche in den Naturwissenschaften
(vgl. Bildungsstandards im Fach Biologie für den Mittleren Schulabschluss vom 16.12.2004, 2005, S. 16)

Anforderungsbereich I: Sachverhalte, Methoden und Fertigkeiten reproduzieren	Anforderungsbereich II: Sachverhalte, Methoden und Fertigkeiten in neuem Zusammenhang benutzen	Anforderungsbereich III: Sachverhalte neu erarbeiten und reflektieren sowie Methoden und Fertigkeiten eigenständig anwenden
Dieses Anspruchsniveau umfasst die Wiedergabe von Fachwissen und die Wiederverwendung von Methoden und Fertigkeiten.	Dieses Niveau umfasst die Bearbeitung grundlegender bekannter Sachverhalte in neuen Kontexten, wobei das zugrunde liegende Fachwissen bzw. die Kompetenzen auch in anderen thematischen Zusammenhängen erworben sein können.	Dieses Niveau umfasst die eigenständige Erarbeitung und Reflexion unbekannter Sachverhalte und Probleme auf der Grundlage des Vorwissens. Konzeptwissen und Kompetenzen werden u. a. genutzt für eigene Erklärungen, Untersuchungen, Modellbildungen oder Stellungnahmen.

Anforderungsbereiche, Aufgaben und Operatoren

Die Konstruktion von Anforderungsbereichen basiert auf der logischen Unterscheidung von verschiedenen Formen des Wissens und damit verbundenen Operationen

Die Konstruktion von Anforderungsbereichen basiert auf der logischen Unterscheidung von verschiedenen Formen des Wissens und damit verbundenen Operationen. Eine wichtige Rolle spielen dabei Aufgabenstellungen. Sie werden über Operatoren konkretisiert. Die »Einheitlichen Prüfungsanforderungen in der Abiturprüfung« enthalten Operatoren, die bei der Aufgabenformulierung Anwendung finden sollen. Solche Operatoren können z.B. im Fach Deutsch die Folgenden sein: Nennen, Beschreiben, Zusammenfassen, Einordnen, Darstellen, Erschließen, Erläutern, Analysieren, in Beziehung setzen, Vergleichen, Begründen, Beurteilen, Bewerten, Stellung nehmen, Überprüfen, Sich-auseinandersetzen-mit ..., Erörtern, Interpretieren, Entwerfen, Gestalten. Die Anforderungsbereiche werden durch besondere Aufgabenstellungen und ihnen zugeordnete, spezifische Operationen ausgewiesen. So ordnet z.B. Bremerich-Voss (2008) dem Anspruchsbereich I (Reproduktion des Wissens) das Erinnern und Wiedergeben zu, dem Anspruchsniveau II (Reorganisation des Wissens) Operationen wie Klassifizieren, Vergleichen, Zusammenfassen, Folgern, Exemplifizieren und dem dritten Anspruchsbereich (Reflexion des Wissens) das Erklären, Verstehen, Überprüfen, Bewerten und Stellung nehmen (vgl. Tab. 11).

In den »Einheitlichen Prüfungsanforderungen in der Abiturprüfung«, an deren formaler Struktur sich die Bildungsstandards orientieren, werden für die verschiedenen Anforderungsbereiche – abhängig vom Fach und den dort not-

Tab. 11: **Anforderungsbereiche und Operatoren im Fach Deutsch** (vgl. Einheitliche Prüfungsanforderungen in der Abiturprüfung. Fach Deutsch 2002, S. 15)

Anforderungsbereich I	Anforderungsbereich II	Anforderungsbereich III
Operatoren	*Operatoren*	*Operatoren*
Erfassen Sie … Beschreiben Sie … Stellen Sie dar … Geben Sie wieder … Geben Sie den Argumentationsgang wieder … Benennen Sie …	Analysieren Sie… Untersuchen Sie… Vergleichen Sie mit … Ordnen Sie in den Zusammenhang ein … Setzen Sie in Beziehung zu … Erläutern Sie …	Interpretieren Sie … Beurteilen Sie … Nehmen Sie kritisch Stellung … Erörtern Sie … Setzen Sie sich mit … auseinander Begründen Sie ... Erschließen Sie ... (Über)Prüfen Sie … Bewerten Sie… Gestalten (Verfassen, Schreiben) Sie … Entwerfen Sie …

wendig geforderten Lernprozessen – Aufgabenstellungen und die für sie spezifischen »Operatoren« ausgewiesen. Die mit den Bildungsstandards verbundene Programmatik und die damit gesetzten curricularen und didaktischen Anforderungen zielen darauf, ausgehend von dem durch die Bildungsstandards markierten Kompetenzniveau am Ende eines Bildungsgangs das Lehren und Lernen in der Schule zu gestalten. Das bedeutet, jeweils vom zu erreichenden Ende her, jeweils vom vorgesehenen Kompetenzniveau über die Lehr- und Lernprozesse nachzudenken und das Curriculum – über verschiedene Fächer und Schuljahre hinweg – so aufzubauen, dass dieses Kompetenzniveau erreicht werden kann. In der Schule muss also vom Ende her (von der Zielsetzung her) über den Lehr- und Lernprozess nachgedacht werden.

Leitideen, Basiskonzepte und Kompetenzbereiche

Für die naturwissenschaftlichen Fächer werden Kompetenzbereiche und Basiskonzepte unterschieden

Die Idee, relevante Inhaltsbereiche und Basiskonzepte in den verschiedenen wissenschaftlichen Disziplinen resp. für die curricular begründete Auswahl der Inhalte heranzuziehen, findet sich in den Bildungsstandards der KMK. Hier sollen nur einige Beispiele gegeben werden. Für die naturwissenschaftlichen Fächer (Biologie, Physik, Chemie) werden Kompetenzbereiche und Basiskonzepte unterschieden. Als Kompetenzbereiche werden Fachwissen, Erkenntnisgewinnung, Kommunikation und Bewertung unterschieden. Das Fachwissen wird der inhaltlichen Dimension zugeordnet; der Handlungsdimension die Erkenntnisgewinnung, die Kommunikation und Bewertung (Tab. 12 und 13).

Das Fachwissen wird durch Basiskonzepte vernetzt. Im Fach Biologie werden die Basiskonzepte »System«, »Struktur und Funktion« sowie »Entwicklung« genannt (Bildungsstandards im Fach Biologie für den Mittleren Schulabschluss vom 16.12.2004, 2005 S. 7). Im Fach Physik werden vier Basiskonzepte genannt: »Materie, Wechselwirkung, System und Energie« (Bildungs-

Tab. 12: **Kompetenzbereiche im Fach Biologie** (vgl. Bildungsstandards im Fach Biologie für den Mittleren Schulabschluss vom 16.12.2004, 2005, S. 7)

Fachwissen	Lebewesen, biologische Phänomene, Begriffe, Prinzipien, Fakten kennen und den Basiskonzepten zuordnen
Erkenntnisgewinnung	Beobachten, Vergleichen, Experimentieren, Modelle nutzen und Arbeitstechniken anwenden
Kommunikation	Informationen sach- und fachbezogen erschließen und austauschen
Bewertung	Biologische Sachverhalte in verschiedenen Kontexten erkennen und bewerten

Tab. 13: **Kompetenzbereiche im Fach Physik** (vgl. Bildungsstandards im Fach Physik für den Mittleren Schulabschluss vom 16.12.2004, 2005, S. 7)	
Fachwissen	Physikalische Phänomene, Begriffe, Prinzipien, Fakten, Gesetzmäßigkeiten kennen und Basiskonzepten zuordnen
Erkenntnisgewinnung	Experimentelle und andere Untersuchungsmethoden sowie Modelle nutzen
Kommunikation	Informationen sach- und fachbezogen erschließen und austauschen
Bewertung	Physikalische Sachverhalte in verschiedenen Kontexten erkennen und bewerten

standards im Fach Physik für den Mittleren Schulabschluss vom 16.12.2004, 2005 S. 7). Basiskonzepte sollen Inhalte so systematisieren und strukturieren, dass der Erwerb eines grundlegenden, vernetzten Wissens erleichtert wird.

7.6 Bildungsstandards und Aufgaben

Ein Bindeglied zwischen dem curricularen Denken und dem Planen von Unterricht stellen Aufgaben dar. Aufgaben, die sich auf *Kompetenzmodelle* beziehen, müssen bei Prüfoperationen (also als Prüfaufgaben) geeignet sein, die Kompetenzen und das erreichte Kompetenzniveau zu erfassen. Mit Blick auf die bis dahin in der Curriculumdiskussion relevanten Taxonomien wurden von Georg Becker Aufgaben nach ihrem Schwierigkeitsgrad unterschieden (2002, S. 35 ff.):

> »*Kenntnisaufgaben*, bei denen die Schüler zuvor Gelerntes wiedergeben oder abrufen sollen, z. B. den Nährwert von Kartoffeln bestimmen.
> *Verständnisaufgaben*, bei denen die Schüler zeigen sollen, dass sie eine Einsicht gewonnen haben, z. B. dass Kartoffeln nicht dick machen, sofern man sie ohne Fett serviert.
> *Anwendungsaufgaben*, bei denen die Schüler eine gewonnene Einsicht auf einen anderen Sachverhalt oder auf ein anderes Gebiet transferieren sollen, z. B. verschiedene Mahlzeiten zusammenstellen, bei denen Kartoffeln nicht als Dickmacher fungieren.
> *Analyseaufgaben*, bei denen die Schüler eine Struktur durchschauen und fehlende oder überflüssige Elemente erkennen sollen, z. B. den Speiseplan einer Großküche daraufhin untersuchen, wie die Kartoffel bei der Menügestaltung berücksichtigt wird.

Syntheseaufgaben, bei denen die Schüler verschiedene Strukturen durchschauen und miteinander in Beziehung setzen sollen, also z.B. die Speisepläne zwischen Großküchen miteinander vergleichen und dabei besonders auf den Einsatz von Kartoffeln und Reis achten.
Bewertungsaufgaben, bei denen die Schüler Bewertungskriterien auf ein bestimmtes Ereignis oder einen Sachverhalt beziehen oder für zu bewertende Ereignisse oder Sachverhalte Kriterien entwickeln sollen, z.B. entscheiden, welcher Speiseplan unter Berücksichtigung der gefundenen Kriterien vorzuziehen sei.
Problemlösungsaufgaben, bei denen die Schüler mehrere der vorgenannten kognitiven Fähigkeiten sowie ihre Einfälle zur Problemlösung auf eine bestimmte Aufgabe beziehen, z.B. darüber nachdenken, wie ein Diätplan erstellt werden kann, wenn ein Patient weder Kartoffeln noch Reis zu sich nehmen möchte, den Plan modifizieren und einer abschließenden Bewertung unterziehen« (Becker 2003, S. 35f.)

Die verschiedenen *Schwierigkeitsgrade von Aufgaben* ergeben sich nicht nur mit Blick auf die Taxonomie von Lehrzielen und der damit geforderten Anforderungshöhe (vgl. Tab. 14, S. 150).

Der Schwierigkeitsgrad wird u.a. beeinflusst durch die kognitive Komplexität der Aufgaben- oder Problemstellung, durch die Anzahl der Schritte, die zu ihrer Bewältigung erforderlich sind, durch die Anforderungen an das Kontextwissen, durch die erforderlichen Verfahren zur Lösung der Aufgabe, durch die sprachliche Fassung, durch das Vorhandensein von Lernhilfen, durch Umfang und Komplexität der erforderlichen Reflexion oder Bewertung und durch die für die Lösung gewährte Zeit (vgl. Astleitner 2008, S. 67).

Gute Aufgaben müssen folgenden Ansprüchen genügen: Sie müssen

- zu den Zielen passen
- zum Lerner passen
- sich auf den gewünschten Lehrplanbereich beziehen
- zur curricularen Stufe passen
- auf dem gewünschten taxonomischen Niveau liegen
- hinreichend komplex sein
- zur Funktion im Lernprozess passen
- durch sinnvolle Operationen zu bearbeiten sein
- Hilfestellungen für die Bearbeitung enthalten
- gegebenenfalls heuristische Verfahren zum Finden von Lösungen erschließen lassen
- gegebenenfalls zur metakognitiven Reflexion anleiten (vgl. Thonhauser 2008, S. 21).

Tab. 14: **Kriterien für die Zuordnung von Aufgaben zu einzelnen Anforderungsbereichen** (vgl. Bildungsstandards im Fach Physik für den Mittleren Schulabschluss 2004, 2005 S. 13)

Kompetenz-bereich	Anforderungsbereich		
	I	II	III
Fachwissen	*Wissen wiedergeben* Fakten und einfache physikalische Sachverhalte reproduzieren	*Wissen anwenden* Physikalisches Wissen in einfachen Kontexten anwenden, einfache Sachverhalte identifizieren und nutzen Analogien benennen	*Wissen transferieren und verknüpfen* Wissen auf teilweise unbekannte Kontexte anwenden Geeignete Sachverhalte auswählen
Erkenntnis-gewinnung	*Fachmethoden beschreiben* Physikalische Arbeitsweisen, insbesondere experimentelle, nach- vollziehen bzw. beschreiben	*Fachmethoden nutzen* Strategien zur Lösung von Aufgaben nutzen Einfache Experimente planen und durchführen Wissen nach Anleitung erschließen	*Fachmethoden problembezogen auswählen und anwenden* Unterschiedliche Fachmethoden, auch einfaches Experimentieren und Mathematisieren, kombiniert und zielgerichtet auswählen und einsetzen Wissen selbstständig erwerben
Kommuni-kation	*Mit vorgegebenen Darstellungsformen arbeiten* Einfache Sachverhalte in Wort und Schrift oder einer anderen vorgegebenen Form unter Anleitung darstellen Sachbezogene Fragen stellen	*Geeignete Darstellungsformen nutzen* Sachverhalte fachsprachlich und strukturiert darstellen Auf Beiträge anderer sachgerecht eingehen Aussagen sachlich begründen	*Darstellungsformen selbstständig auswählen und nutzen* Darstellungsformen sach- und adressatengerecht auswählen, anwenden und reflektieren Auf angemessenem Niveau begrenzte Themen diskutieren
Bewertung	*Vorgegebene Bewertungen nachvollziehen* Auswirkungen physikalischer Erkenntnisse benennen Einfache, auch technische Kontexte aus physikalischer Sicht erläutern	*Vorgegebene Bewertungen beurteilen und kommentieren* Den Aspektcharakter physikalischer Betrachtungen aufzeigen Zwischen physikalischen und anderen Komponenten einer Bewertung unterscheiden	*Eigene Bewertungen vornehmen* Die Bedeutung physikalischer Kenntnisse beurteilen Physikalische Erkenntnisse als Basis für die Bewertung eines Sachverhalts nutzen Phänomene in einen physikalischen Kontext einordnen

Lernergebnisse der Schüler/innen lassen sich nur darüber feststellen, dass ihnen Aufgaben zur Bearbeitung gegeben werden und sie in der Lage sind, diese erfolgreich zu lösen.

Die curriculare Planung des Unterrichts muss mit Blick auf die Bildungsstandards erfolgen und helfen, auf der Basis der Analyse der Struktur des Lehrinhaltes (Lehrsachverhalts) und durch Angabe der Fähigkeiten, die Voraussetzung für den Kompetenzaufbau sind, die Unterrichtsplanung zu durchdenken und sinnvoll zu sequenzieren durch eine Angabe der Abfolge der einzelnen Lernaufgaben. Die Unterrichtsplanung muss dabei einerseits mit Blick auf die erforderlichen Wissensbestände und andererseits mit Blick auf die Lernprozesse erfolgen, die dazu beitragen, die intendierten intellektuellen Fähigkeiten mit hervorzubringen. Konzipiert man diese Lehr- und Lernprozesse über Lernaufgaben (oder Aneignungsaufgaben), dann sind sie so zu formulieren, dass sie geeignet sind, Lernprozesse zu initiieren und zu organisieren. Das Lernmaterial umfasst dann die Anordnung der Lernaufgaben mit Blick auf die angestrebten Lernprozesse zum Aufbau der gewünschten fachlichen und überfachlichen Kompetenzen (vgl. auch Seel 1981, S. 19).

Reflexion/Übungsaufgaben

- Erklären Sie die Unterscheidung verschiedener Anforderungsbereiche in den Bildungsstandards.
- Inwiefern werden in den verschiedenen Anforderungsbereichen auch unterschiedliche Operatoren verwendet?
- Inwiefern sollen Aufgabenbeispiele das Niveau des angestrebten Wissens und Könnens verdeutlichen?

7.7 Perspektivplanung – Umrissplanung – Prozessplanung

Unterrichtsplanung bezieht sich auf den systematischen Wissensaufbau in einem Fach und auf die Vermittlung fächerübergreifender Kompetenzen

Unterrichtsplanung zielt darauf, durch Unterricht in Fächern zu einem systematischen Aufbau von Wissen und Können beizutragen. Daher wird von Lehrkräften gefordert, einen Unterricht zu planen, der sich an den Bildungsstandards orientiert, mit Blick auf verschiedene Kompetenzen (z.B. Lesekompetenz, mathematische Kompetenz, naturwissenschaftliche Kompetenz, informationstechnologische Kompetenz) die notwendigen inhaltsbezogenen Wissensbestände und die relevanten Operationen bedenkt und – über die Schuljahre resp. innerhalb eines Schuljahrs – sinnvolle Erwerbsprozesse (Aneignungs- und Vermittlungsprozesse) durchdenkt. Unterrichtsplanung bezieht sich daher auf den systematischen Wissensaufbau in einem Fach und auf die Vermittlung fächerübergreifender Kompetenzen.

Der Didaktiker Wolfgang Kramp (1962/1964) schlug vor, der Planung des Unterrichts die Verteilung des Stoffes in der Zeit (als Zeitpläne für die einzelnen Schulstufen) zugrunde zu legen. Der *Jahresplan* legt das Jahrespensum fest. Hier werden die Sachgebiete gegliedert und auf die etwa vierzig Unterrichtswochen so verteilt, dass sie in einer sinnvollen Beziehung zueinander stehen. Der *Wochenplan* wird mit Blick auf den Jahresplan erstellt. Der Wochenplan soll möglichst alle Unterrichtsfächer umfassen, durchgegliedert sein, damit der Gesamtzusammenhang des Unterrichts und die Beanspruchungen der Schüler/innen ersichtlich werden. Darauf basierend werden *Arbeitspläne* für thematisch definierte Unterrichtseinheiten erstellt. Die Planung für die Einzelstunde erfolgt dann in der Form eines Unterrichtsentwurfs (vgl. Kramp 1964, S. 59 ff.).

Der Didaktiker Wolfgang Schulz unterschied in seinen Überlegungen zur Unterrichtsplanung die Perspektivplanung des Unterrichts, die Umrissplanung und die Prozessplanung (vgl. Schulz 1981).

Die *Perspektivplanung* umfasst die Planung des Unterrichts über einen längeren Zeitraum, z.B. für ein Schuljahr oder ein Schulhalbjahr. Sie orientiert sich an den Bildungsstandards und den Kerncurricula, an den Richtlinien und Lehrplänen und stützt sich z.T. auf vorliegende Schulbücher, die kritisch gesichtet und eventuell durch weitere Materialien ergänzt werden. Die Perspektivplanung geschieht im Hinblick auf ausgewählte Zielsetzungen. Sie hilft dabei, Akzente zu setzen und Unterrichtseinheiten in eine sinnvolle Reihenfolge zu bringen. Unterrichtseinheiten sollen nicht additiv und unverbunden nebeneinander stehen, sondern zum Aufbau einer soliden Wissensbasis beitragen. Im günstigen Fall arbeiten Kolleg/inn/en verschiedener Fächer zusammen und planen den Wissensaufbau mit Blick auf die jeweiligen fachlichen Voraussetzungen. Sie zielen darauf, den Wissenserwerb in den verschiedenen Fächern mit der Vermittlung überfachlicher Kompetenzen zu verbinden. Die Perspektivplanung kann darauf zielen, Alternativen zu bedenken, um auf dieser Grundlage den Schüler/innen Möglichkeit zur Beteiligung an der Planung, auch durch Auswahlentscheidungen, einzuräumen.

Die *Umrissplanung* einzelner Unterrichtseinheiten zielt darauf, die innerhalb der Perspektivplanung in Aussicht genommene Folge von Unterrichtseinheiten genauer zu durchdenken. Die Umrissplanung setzt darauf, eine einzelne Unterrichtseinheit begründet auszuwählen, die sachlogische Struktur des Inhalts zu vergegenwärtigen und den Erwerbsprozess für die Vermittlung/Aneignung von Wissen und Können in der Zeit zu durchdenken. Die Umrissplanung ist eine Grundlage dafür, im Prozess der Absprache mit den Schüler/innen Details zu verändern und den Lehr-Lernprozess an bestimmten Punkten zu modifizieren. Geschieht die Umrissplanung auch im Gespräch mit den Schüler/innen, können Grundzüge systematischen Planens vermittelt werden.

Bei der *Prozessplanung* werden Ziele und Teilziele ausgewiesen und die Lernprozesse mit Blick auf die Inhalte und die dabei relevanten Prozesse des

Lernens (z.B. Begriffsbildung, Operationen, Problemlöseprozesse, Argumentation) durchdacht. Es geht um die Reihenfolge beim Lernen und darauf bezogener Lehrprozesse, um geeignete Lehr- und Lernarrangements, Aufgabenstellungen, Materialien und Arbeitsformen. Dabei können verschiedene Varianten durchdacht werden. Die Prozessplanung kann im Verlauf des Unterrichts (durch situative Unterrichtsplanung) modifiziert werden. Sie kann aber auch nach der Realisierung einzelner oder mehrerer Unterrichtsstunden korrigiert werden (vgl. Schulz 1981).

Hilda Taba gab Hinweise zur Entwicklung eines Curriculums durch die Lehrkräfte (vgl. Tab. 15).

Tab. 15: **Beispielhaftes Vorgehen in prozessorientierten Theorien zur Entwicklung von Curricula** (vgl. Tyler 1975; Kunert 1976, S. 30f.)

Educational needs	Feststellen der erzieherischen Aufgaben
Objectives	Lernziele
Selection of content	Auswahl der Lerninhalte
Organization of content	Anordnung der Lerninhalte
Selection of learning experiences	Auswahl der Lernerfahrungen
Organization of learning experiences	Anordnung von Lernerfahrungen
Evaluation effectiveness	Bewerten der Wirksamkeit nach Methoden und Medien

Reflexion/Übungsaufgaben

Erklären Sie die Begriffe Perspektivplanung, Umrissplanung und Prozessplanung.

Zusammenfassung

Die Grundlagen für curriculare Planungen wurden entfaltet. Dazu gehört eine Reflexion der Bedeutung der Schulfächer, die Analyse der Steuerungsinstrumente wie Rahmenrichtlinien, Curricula und Bildungsstandards. Es folgten eine Diskussion der Problematik der Zielbestimmung und eine Auseinandersetzung mit den Anforderungsbereichen in den Bildungsstandards und mit Anforderungen bei der Konstruktion von Aufgaben.

8. Makroplanung

8.1 Eine Planungstheorie für die Makroplanung

Makroplanung kann mit der gleichen Planungstheorie wie die Mikroplanung bearbeitet werden, allerdings werden aufgrund der anderen Zielsetzung mit gröberem Auflösungsgrad (Abfolge von Inhalten und Schritten des Kompetenzaufbaus statt detaillierter Beplanung der Erwerbsprozesse) andere Wissensbestände beim Planungsprozess verwendet und es wird ein anderes Raster benötigt. Ralph W. Tyler (1973) wies darauf hin, dass die Organisation von Lernerfahrungen mit Blick auf die zeitliche (vertikale) Beziehung und die (horizontale) Beziehung von einem Gebiet zum anderen geprüft werden müsse. Als Kriterien für eine wirksame Organisation von Lernerfahrungen nannte er Kontinuität, Folgerichtigkeit und Integration. »Kontinuität bezieht sich auf die vertikale ständige Wiederholung von Hauptelementen des Curriculums« (Tyler 1973, S. 89). Folgerichtigkeit meint, dass »jede folgende Erfahrung auf der vorhergehenden aufbaut, aber breiter und tiefer in den betreffenden Gegenstand eindringt. [...]. Integration bezieht sich auf die horizontale Beziehung der Curriculumerfahrung« (Tyler 1973, S. 90).

Die Organisation von Lernerfahrungen mit Blick auf die zeitliche (vertikale) Beziehung und die (horizontale) Beziehung von einem Gebiet zum anderen muss geprüft werden

Tyler fordert grundlegende Orientierungskriterien einer wirksamen Anordnung und Organisation von Lernerfahrungen und schlug vor, dass »die Elemente des Curriculum festgestellt werden, die als organisierende Fäden dienen« (Tyler 1973, S. 91). Tyler bezog diese Prinzipien nicht auf die logische Anordnung, sondern auch auf die Erfahrungen der Lernenden und unterschied eine logische und psychologische Organisation der Beziehung der Curriculum-Elemente. »Ohne Zweifel gibt es viele Fälle, in denen eine logische Organisation, d.h. eine Verbindung, die für einen Fachmann des Gebietes Sinn und Bedeutung hat, auch eine angemessene psychologische Organisation ist, d.h. sie kann ein Schema für die Entwicklung von Beziehungen sein, das für den Lernenden selbst sinnvoll ist. Andererseits gibt es Augenblicke, wo scharfe Unterscheidungen zwischen den Verbindungen, wie sie der Fachmann des Gebietes sieht, und zwischen den Entwicklungen, die für den Lernenden selbst sinnvoll sind, getroffen werden können« (Tyler 1973, S. 101).

Instrumente und Prozesse

Für die Planung der Abfolge von Unterrichtsinhalten werden nicht Basismodelle des Lernens verwendet, sondern es werden Grundmodelle der lernwirksamen Anordnung von Inhalten benötigt.

Spiralcurriculum

Diese auf Bruner (1966) zurückgehende Konzeption sieht vor, dass je nach Vorwissensstand oder Entwicklungsstand der Schüler/innen zentrale Konzepte auf die jeweils angemessene Weise vermittelt werden sollen. Die gleichen zentralen Konzepte werden zu einem späteren Zeitpunkt mehrmals wieder aufgegriffen, dann aber mit gesteigerter Komplexität und größerem Detailreichtum vermittelt oder erarbeitet. Daraus ergibt sich das Bild der Spirale, sie symbolisiert die Wiederkehr des Gleichen auf höherem Niveau. Genauere Hinweise, wie der gleiche Inhalt bei seiner Wiederkehr aufzubereiten ist, fehlen allerdings.

Progressive Differenzierung

Der Ansatz der progressiven Differenzierung bezieht sich auf Ausubels Überlegungen. Für ihn besteht sinnvolles Lernen in der Subsumtion von neuem Wissen oder Können unter schon vorhandene, übergeordnete kognitiven Strukturen. Daraus folgt eine Sequenzierungskonzeption, die jeweils mit übergeordneten Konzepten beginnt und danach die Details vermittelt. Darauf folgen Schritte der Integration und dann des Transfers. Für die positiven Wirkungen dieses Vorgehens gibt es empirische Belege.

Hierarchische Sequenzierung

Gagné (1968) schlug vor, den Aufbau komplexer Leistungen als Lernhierarchie zu deuten. Zunächst sind die hierarchisch niedrigeren Strukturen und danach die höheren aufzubauen. Problemlösen setzt in dieser Sicht Regelwissen voraus, Regeln setzen Begriffe voraus, Begriffe setzen Unterscheidungen voraus.

Shortest path

Nach Merrill kann die notwendige Abfolge der Lerninhalte bei algorithmisch zu bearbeitenden Aufgaben mithilfe eine Analyse der Informationsverarbeitungsschritte beim Vollzug einer Aufgabe gewonnen werden. Als Lern- und Lehrsequenz wird der kürzeste Weg (resp. die kürzeste Schrittfolge) von Operationen gewählt, der von einer Ausgangslage zur Ziellage führt.

Elaboration Sequence

Die Gestaltung einer Makrosequenz folgt nach diesem von Reigeluth entwickelten Modell einer Abfolge vom Einfachen zum Komplexen. Es wird damit begonnen, die grundlegenden Inhalte zunächst so konkret wie möglich vorzustellen. Wichtig für den weiteren Lernweg ist die Unterscheidung verschiedener

Lernergebnisse: Lernen, was es gibt, wie es funktioniert oder warum etwas so ist. Als Bild kann das Zoomen beim Filmen benutzt werden. Der Beginn besteht in einem Überblick (wie eine Aufnahme mit dem Weitwinkelobjektiv), danach wird an einen zentralen Begriff herangezoomt, er wird detaillierter (in Nahaufnahme des Gegenstandes) analysiert, danach wird wieder weggezoomt (der Überblick des Weitwinkels benutzt), um das Detail einzuordnen und um das nächste Objekt des Heranzoomens auszuwählen. Dies geschieht mehrfach in dieser Abfolge. Je nach angestrebtem Lernergebnis ist die Abfolge »von einfach zu komplex« anders organisiert.

Dieser Ansatz geht davon aus, dass es für unterschiedliche Inhalte andere Organisationsprinzipien gibt. Wenn es um Begriffe geht, ist die Ordnung im Sinne einer Taxonomie zu denken; es ist von dem übergeordneten allgemeinen Begriff auszugehen und anschließend sind die darunter liegenden Details zu erwerben. Wenn es um prozedurales Wissen geht, ist zunächst die einfachste Variante des Ablaufs zu vermitteln. Danach werden die Variationsmöglichkeiten bzw. mögliche Komplikationen in diese Struktur eingegliedert. Wenn es um Theoriewissen geht, sind die fundamentalen Konzepte zuerst zu unterrichten und in diese Grundstruktur sind die weniger fundamentalen Konzepte einzubauen. Dies wird bei vielen Domänen der historischen Entwicklung der Disziplin ähnlich sein.

Bei der Überblicksdarstellung derartig unterschiedlicher Inhalte sind jeweils andere Strukturen zu verwenden. Fakten sind in Listen zu erfassen, Ganzes und ihre Teile werden als Taxonomien dargestellt, Konzepte sind als Hierarchien abzubilden, Handlungsschritte als prozedurale Hierarchien, Prinzipien werden in Modellen erfasst.

Bei einer curricularen Planung ist auf domänenspezifische Organisationsstrukturen zu achten und zu fragen, ob es um Fakten, Prozeduren oder Theorien geht, und welche davon als grundlegend anzusehen sind. Im Sinne von Wissenschaftspropädeutik ist eine Orientierung an der wissenschaftlichen Bezugdisziplin angezeigt. Allerdings ist das entwicklungsabhängige kognitive Niveau der Lerner/innen zu bedenken. Nicht die disziplinäre Logik allein gibt den Weg vor, sondern die dem Lerner gegebene Möglichkeit, Derartiges erfolgreich auf dieser Stufe zu verarbeiten.

Reflexion/Übungsaufgaben

Nennen Sie relevante Wissensbestände für die Makroplanung.

8.2 Ein Planungsraster für curriculare Planungen

Wie könnte nun ein für Makroplanung geeignetes Raster aussehen, das einen angemessenen Leerstellenvorrat aufweist, um alle wichtigen Planungsaspekte zu bedenken? Wir stellen im Folgenden ein Planungsraster für curriculare Planungen vor. Zunächst sind Kompetenzen und das Kompetenzniveau anzugeben, dann sind mit Blick auf die angestrebten Kompetenzen Lernziele zu formulieren. Auf dieser Grundlage werden Inhalte bzw. Inhaltsarten ausgewählt und die beim Lernprozess relevanten Basismodelle des Lernens durchdacht. Dann werden die Prüfaufgaben formuliert und der benötigte Zeitbedarf. Die Planung ist mit Blick auf die Lernervoraussetzungen resp. die Vorkenntnisse für dieses Curriculum zu durchdenken. Es sind Modifikationen in Abhängigkeit von Lernervariablen (z. B. dem Entwicklungsstand) vorzunehmen.

Kompetenzen	Ziele	Inhalte	Basismodelle des Lernens	Prüfaufgaben	Zeitbedarf

Abb. 28 : Planungsraster für ein Curriculum

8.3 Ein Planungsbeispiel: Umgang mit Stress

Wir geben im Folgenden ein Beispiel für eine curriculare Planung. Wir wählen das Beispiel: Umgang mit Stress. Folgende Themenliste könnte die Stoffmenge darstellen, die unterrichtet werden soll (Abb. 29). Eine sorgfältige fachwissenschaftliche Analyse liefert dabei die Ordnungsprinzipien.

Folgen wir bei der Konstruktion den Prinzipien der Elaborationstheorie, dann würde mit einem Überblick begonnen werden, der diese Liste enthält und die Kompetenzen benennt, die im Verlauf der thematischen Einheit erworben werden können. Dann zoomen wir auf Fakten und Begriffe des ersten Blocks. Anschließend gehen wir zurück zum Überblick, zoomen dann auf den zweiten Block (Theorien). Dann gehen wir erneut zurück zum Überblick und vermitteln das performative Wissen und die Fertigkeiten zum Umgang mit Stress des dritten Blocks. Dann gehen wir erneut zum Überblick und anschließend auf Fakten und Begriffsbildung des vierten Blocks (Prävention) ein. In den einzelnen Blöcken werden – je nach gewünschten Lernergebnissen – unterschiedliche Prinzipien der Sequenzierung anzuwenden sein. Wir verzichten auf die Analyse der Lernvoraussetzungen, z. B. einer Berufsschulklasse und auf eine didaktische Analyse der ausgewählten Inhalte und beschränken uns auf den Entwurf eines Curriculums (vgl. Abb. 30a und 30b).

Fakten/ Begriffsbildung	• Stressbegriff • Formen • Symptome • aktuelle Folgen für die Person • langfristige gesundheitliche Folgen • betriebliche Konsequenzen
Theorien	Theorien zur Stressentstehung: • Selye • Lazarus • Hobfoll
Fertigkeiten/ performatives Wissen	• Umgang mit Stress • Situationskontrolle • Emotionskontrolle • Aufbau von Kompetenzen • Entspannungstechniken – Meditation – Autogenes Training – Ruhebilder
Fakten/Begriffsbildung/ Handlungsplanung	• Prävention auf personaler Ebene • Prävention auf organisationaler Ebene

Abb. 29: Themenliste: Umgang mit Stress

Evaluation eines Curriculums

Vor der Verwendung eines Curriculumentwurfs können folgende Prüfungen vorgenommen werden:

- Ist in der Anordnung der Inhalte eine als sinnvoll zu akzeptierende Struktur zu erkennen?
- Ist die Anordnung folgerichtig und passend zu den Zielen angelegt?
- Wurden im Curriculum Fragen des Monitoring und der Leistungsüberprüfung bedacht?
- Sind sinnvolle Mikroabläufe vorgeschlagen oder mindestens denkbar?

Empirisch kann eine auf die Prozesse und auf die Ergebnisse (Produkte) zielende Messung erfolgen.

Kompetenzen	Ziele	Inhalte	Basismodelle	Prüfaufgaben	Zeitbedarf
Die Struktur des Wissensgebiets kennen und die damit erwerbbaren Kompetenzen benennen können	Stress definieren können Themenliste kennen Teilkompetenzen kennen	Stressreaktion Stressoren Liste der Themen mit Raster: Begriffe, Fakten, Theorien, Anwendung	Begriffsbildung Sachverhalt verstehen	Definition geben Mind-Map oder andere Übersichtsgrafik	1 Std.
Ursachen, Formen und Wirkungen von Stress kennen und fallbezogen anwenden können	Fakten kennen über: Stressoren, Symptome von Stress, Wirkungen Fallgeschichten analysieren können	Grundbegriffe Stressreaktion, Symptome, direkte und langfristige Wirkungen, Stressoren Fälle von Stress im Privatleben und im Betrieb	Begriffsbildung Sachverhalt verstehen Anwendung von Begriffen	Wissenstest Analyse von Fällen mithilfe der bisher erworbenen Begriffe	1 Std.
	Einordnung des Themas	Übersichtsgrafik			3 Std.
Kennen und Verstehen der grundlegenden Theorien zur Entstehung von Stress	Theorie von Selye, Lazarus, Hobfoll, kennen	Erarbeitung der Elemente und Struktur der Theorien von Selye, Lazarus, Hobfoll	Begriffsbildung	Zuordnung von Begriffen zu Sachverhalten	
Konkrete Situationen oder Abläufe mithilfe der Theorien analysieren können	Unterschiede erkennen und auf Situationen anwenden können	Vergleich der Ansätze	Sachverhalt verstehen	Analyse von Fällen	
Interventionen planen können	Interventionen nach den jeweiligen Theorien fallbezogen entwickeln können	Situationen, Fälle im Licht der Theorien	Handlungsplanung	Handlungsplanung in Gruppenarbeit	

Abb. 30a: Entwurf eines Curriculums zum Umgang mit Stress

Kompetenzen	Ziele	Inhalte	Basismodelle	Prüfaufgaben	Zeit-bedarf
	Einordnung des Themas	Übersichtsgrafik			
Verfahren im Umgang mit Stress kennen und anwenden/ausüben können	Entspannungsverfahren kennen und durchführen können	Entspannungstechniken, z.B. Meditation, autogenes Training, Ruhebild	Sachverhalt verstehen	Wissenstest	3-4 Std.
		Entspannungsübungen	Training	Durchführung	
	Situationskontrolle kennen und umsetzen können	Relevante Situationsmerkmale, Veränderungskonzepte, Fallanalysen	Sachverhalt verstehen Anwendung	Wissenstest Fallbeispiele bearbeiten	
	Emotionskontrolle kennen und einsetzen können	Techniken der Emotionskontrolle (z.B. Stress-Impfung, Umzentrierung) kennen	Sachverhalt verstehen	Wissenstest	
		Training	Training	Durchführung	
	Einordnung des Themas	Übersichtsgrafik			
Präventionsmaßnahmen für Stress kennen und planen können	Vorhandenes Wissen als Netzwerk entwickeln	Geflecht der Ursachen und Wirkmechanismen bei Stress	Sachverhalt verstehen	Concept-map	2 Std.
	Die Möglichkeiten von Präventionsmaßnahmen erkennen	Möglichkeiten der primären und sekundären Prävention (z.B. Training der Personen, Veränderung des Arbeitsplatzes und der Abläufe)	Begriffsbildung		
	Präventionsmaßnahme planen können	Vorstellung der Maßnahme an konkreten Fällen	Sachverhalte verstehen	Fallanalyse Entwurf von Interventionsmaßnahmen	

Abb. 30b: Entwurf eines Curriculums zum Umgang mit Stress

8.4 Unterrichtsplanung für den systematischen Wissensaufbau

Unterrichtsplanung sollte nicht nur vereinzelt, sondern in gegenseitiger Absprache erfolgen. In den Fachkonferenzen kann über folgende Fragen gesprochen werden:

Unterrichtsplanung sollte in gegenseitiger Absprache erfolgen

- Welcher Bildungsabschluss resp. welche Bildungsabschlüsse werden durch unsere Schule vergeben?
- Welches Wissen und Können muss erworben resp. vermittelt werden, damit dieser Abschluss auf die durch ihn erwartbaren Kompetenzen tatsächlich verweist?
- Wie konzeptionalisieren die »Einheitlichen Prüfungsanforderungen in der Abiturprüfung« resp. die Bildungsstandards das deklarative Wissen (Fakten- und Begriffswissen), das prozedurale Wissen (Wissen über fachspezifische Methoden, Verfahren und Operationen), das heuristische Wissen (Problemlösungswissen), das Kontextwissen und das metakognitive Wissen?
- Welche Basismodelle des Lernens sind für die Bewältigung der Aufgaben besondern relevant?
- Wie wird der Aufbau des Wissens und Könnens durch die im Land vorliegenden Vorgaben (z.B. Rahmenrichtlinien, Kernlehrpläne, Kerncurricula oder Curricularen Vorgaben) gedacht?
- Ist der Wissensaufbau in und zwischen den verschiedenen Fächern sinnvoll miteinander verzahnt?
- Wo gibt es möglicherweise Lücken? Wo sind Ergänzungen anzulegen?
- Welche Möglichkeiten des fächerverbindenden oder fächerübergreifenden Lernens gibt es? Auf welche Probleme oder Themen (gesellschaftlich relevante Schlüsselprobleme) können die verschiedenen fachlichen Perspektiven produktiv aufeinander bezogen werden?
- Welche über das fachliche Lernen hinausgreifenden Kompetenzen (Selbststeuerung und Selbstregulation, kooperative und soziale Kompetenz) sind gleichzeitig aufzubauen?
- Welche Lernvoraussetzungen, welches Weltwissen und Kontextwissen bringen unsere Schüler/innen mit? Welche Lücken haben sie?
- Wie muss das schuleigene Curriculum aussehen, damit sie geschlossen werden können? Welche deklarativen und prozeduralen Kompetenzen sind zusätzlich zu vermitteln resp. zu erwerben?
- Wie wollen wir den systematischen Wissensaufbau anlegen?
- Welche Rolle kommt dabei den Lehrgängen zu? Welche Rolle spielen projektartige Lehr- und Lernformen (vgl. Kiper/Mischke 2006)?

Lehrkräfte, die ein Verständnis für die Idee des systematischen Wissensaufbaus entwickeln und Perspektivplanung und Umrissplanung im Hinblick darauf durchdenken, sind dazu angehalten, die Vorgaben in den Lehrplänen und in den darauf abgestimmten Schulbüchern kritisch zu prüfen. Prüffragen beziehen sich auf die fachliche Richtigkeit, Strukturierung und Sequenzierung der Inhalte, Möglichkeiten der Verzahnung mit anderen fachlichen Inhalten und auf die Verstehensmöglichkeiten der Schüler (Planungskorrektur). Zu den curricularen Kompetenzen der Lehrkräfte gehört, dass sie für ihre Fächer anhand vorliegender Lehrpläne und Schulbücher einen Wissensaufbau in der eigenen Domäne durchdenken, Inhalte strukturieren und mit Blick auf die relevanten Lernprozesse (Lernstrukturanalyse) durchdenken und sequenzieren, Auswahlentscheidungen für Inhalte unter einer bildungstheoretischen, fachlichen und lernpsychologischen Perspektive begründet vornehmen. Es ist – mit Blick auf die Lern- und Verstehensprozesse – der Schüler/innen zu überprüfen, ob die Strukturierung der Inhalte so sinnvoll erscheint und zum Verstehen führt oder welche Veränderungen in der Auswahl der Stoffe oder in der Schrittfolge notwendig sind, um zielführende Lernprozesse anzulegen.

Folgende Fragen können Ihnen helfen, Ihr Verständnis der Ausführungen in diesem Kapitel zu überprüfen:

1. Welche Bedeutung haben Schulfächer für den Bildungsprozess?
2. Was kann durch die Formulierung von Lehr- und Lernzielen erreicht werden?
3. Skizieren Sie die Funktion von Bildungsstandards für die Unterrichtsplanung.
4. Welche Konzepte können Sie verwenden, um Abfolgen von Unterrichtsinhalten zu planen bzw. die gewählte Abfolge zu begründen?

Zusammenfassung

Dieses Kapitel konkretisierte die Planungstheorie mit Blick auf curriculare Planungen. Es werden dafür Modelle aufgezeigt, die hier zum Aufbau des Leerstellenvorrats und eines Planungsrasters verwendet werden können. Am Beispiel »Umgang mit Stress« wurde die Makroplanung konkretisiert.

9. Unterrichtsdurchführung als Umsetzung der Unterrichtsplanung

Eine umsichtige und vorausschauende Unterrichtsplanung (eventuell unter Durchdenken von alternativen Verlaufsprozessen) und eine darauf basierende Vorbereitung des Unterrichts (Herstellen von Materialien, Zusammenstellen geeigneter Medien, Verfassen von Arbeitsaufträgen) stellt eine solide Grundlage für gelingenden Unterricht dar. Von der Unterrichtsplanung ist die *Unterrichtsdurchführung* zu unterscheiden. Sie zielt darauf, die von der Lehrkraft erarbeitete vorausschauende Unterrichtsplanung situationsadäquat zu realisieren (Mühlhausen 1994, S. 74). Bei der Unterrichtsdurchführung sind – neben der Umsetzung der Planung – Fragen des Klassenmanagements und der Interaktionssteuerung bedeutsam. In der Regel zielt die Planung auf die Organisation eines Denk- und Erkenntnisprozesses oder eines Lernprozesses; Fragen der Interaktionsgestaltung oder des Klassenmanagements werden oft nicht expliziert. Hat die Lehrkraft hier jedoch Schwierigkeiten oder besondere Ziele und Aufgaben, so sind diese bei der Unterrichtsplanung gezielt mit zu bedenken und in der Planung zu explizieren.

Bei der Unterrichtsdurchführung sind Fragen des Klassenmanagements und der Interaktionssteuerung bedeutsam

Reflexion/Übungsaufgaben

Diskutieren Sie die Beziehung zwischen Unterrichtsplanung und Unterrichtsdurchführung.

9.1 Voraussetzungen der Handlungswirksamkeit der Planung

Handlungsplanung kann darin bestehen, sich in einer Situation wertorientiert zu verhalten oder die einzelnen Schritte eines Handlungsplans zu vollziehen. Es kann sogar beabsichtigt sein, beides gleichzeitig zu tun.

Bei der *Wertorientierung* ist relevant, ob die Person in der Lage ist, mit Blick auf die Gegebenheiten einer Situation hinreichend klar zu erkennen, in welchem Ausmaß eine im Plan gesetzte Norm verletzt wurde, um danach durch eine passende Reaktion den Normwert wieder zu erreichen. Besteht die Wertorientierung darin, bei Schüleräußerungen präzise Formulierungen zu fordern, muss eine erfolgte Schüleräußerung daraufhin analysiert werden, ob sie diese Anforderung erfüllt oder ob die Diskrepanz zum Sollwert groß genug ist, um eine Intervention zu rechtfertigen. Falls die Diskrepanz erkannt wird, ist mithilfe eines Repertoires an Nachfragen, Impulsen oder Aufforderungen die Präzisierung zu fordern.

Der Plan gelingt nur, wenn die Lenkung der Aufmerksamkeit auf das kritische Merkmal in der Situation gelingt, Verfahren zur Diagnostik eingesetzt werden können und ein Repertoire an Interventionen abgerufen werden kann. Nimmt sich eine Lehrperson erstmalig eine derartige wertorientierte Steuerung vor, sind der Aufbau der Diagnoseleistung, die Richtung der Aufmerksamkeit und das Interventionsrepertoire beim Planen vorauszudenken, damit es in der Situation angewendet werden kann. Durch Übung kann eine Routine entstehen, die weitere Planungen einfacher macht, da nur noch der relevante Wert bedacht werden muss. Das Steuerungssystem hat dann die notwendigen Bausteine, um diese Vorgabe zu nutzen.

Beim Abarbeiten der Handlungsschritte eines Plans ist zu bedenken, wie es gelingt, dass der auf dem Papier entwickelte Plan in der Situation die Handlungen tatsächlich bestimmt

Beim *Abarbeiten der Handlungsschritte eines Plans* ist zu bedenken, wie es gelingt, dass der auf dem Papier entwickelte Plan in der Situation die Handlungen tatsächlich bestimmt. Forschungen zur Handlungsplanung zeigen, dass es dafür eine Reihe von Bedingungen zu erfüllen gilt. Günstig ist es z. B., wenn klare Intentionen gebildet werden. Solche klaren Intentionen existieren in der Form einer im Gedächtnis gespeicherten Verbindung des Typs: »Wenn Situation a eintritt, dann will ich mit Handlungsteil x reagieren, um Ziel y zu erreichen.« Bei der mentalen Vorbereitung auf die Realisierungssituation ist zum Aufbau und Erhalt der Motivation weiterhin sinnvoll, sich mehrfach die erfolgreiche Realisierung der Handlung vorzustellen und dabei auch mögliche widrige Aspekte der Realität zu bedenken, die der erfolgreichen Zielerreichung entgegenstehen.

Die dritte mentale Technik zur Handlungsvorbereitung besteht in der *mentalen Simulation*, also einem *gedanklichen Probehandeln*. Dabei werden die notwendigen Handlungsschritte in ihrer Abfolge eingeübt; die handelnde Person kann sich mit den Emotionen auseinandersetzen – auch den negativen –, die im Verlauf der Handlung auftreten können. Dies ist besonders wichtig, wenn die Ausführungssituation mit Ängsten verknüpft wird.

Die vorgestellten Vorbereitungstechniken machen deutlich, dass es um die Speicherung des Ablaufs im Gedächtnis geht, um die Auslösesituationen für angemessene Teilhandlungen und um die Bewältigung von Widerständen in der Situation und in der handelnden Person selbst.

Reflexion/Übungsaufgaben

- Welche mentalen Techniken der Handlungsvorbereitung gibt es?
- Was ist das Ziel dieser Vorbereitungstechniken auf das Handeln?

Die Fähigkeit zur Selbstregulation resp. Selbstkontrolle ist daher ein wichtiger Faktor bei der erfolgreichen Umsetzung von Handlungsplänen. Die aufmerksame Verfolgung des Geschehens in der Situation und die mentale Vorbereitung auf kritische Aspekte des Prozesses für die Abfolge der Teilhandlungen sind dabei unerlässlich. Wir haben dieser Tatsache Rechnung getragen, indem wir bei der Planung dazu auffordern, sich Gedanken über Prüfprozesse für Handlungserfolge zu machen, um so ein Monitoring der Abläufe durchführen zu können. Das Monitoring ist wichtig, um die Geschwindigkeit der Handlungsabfolge regulieren und um eine eventuelle Notwendigkeit zur Umplanung in der Situation rechtzeitig erkennen zu können.

Bei der Planungsdurchführung kommt es darauf an, ob die im Plan vorgesehenen Handlungsschritte als gekonnte Module verfügbar sind

Aus den vorgestellten Überlegungen ergibt sich, dass es bei der Planungsdurchführung darauf ankommt, ob die im Plan vorgesehenen *Handlungsschritte als gekonnte Module* verfügbar sind oder ob der Plan solche neuen Handlungsteile enthält, dass sie im Detail vorausgeplant werden müssen und trotzdem, mangels Erfahrung mit der Ausführung solcher Pläne, fehlschlagen können. Die planende Person muss Kompetenzen im Bereich der Handlungsausführung haben, z. B. Wissen, wie sie die Aufmerksamkeit in der Klasse herstellt, einen Vortrag hält, etwas demonstriert oder erklärt, wie sie Arbeitsaufträge stellt, Gruppen einteilt, Ergebnisse der Schüler/innen entgegennimmt, bündelt und neu zu Diskussion stellt, wie sie Lernergebnisse überwacht und Prozesse des Lernens aus Fehlern organisiert. Von daher sind – neben der soliden Planung des Unterrichts – Handlungskompetenzen der Lehrkraft bei der Durchführung des Unterrichts erforderlich.

Reflexion/Übungsaufgaben

- Welche Rolle kommt verschiedenen Handlungskompetenzen bei der Durchführung von Unterricht zu?
- Was versteht man unter Handlungsschritten als gekonnten Modulen?
- Was bedeutet Monitoring gegenüber eigenen Handlungen?

Bei der Unterrichtsdurchführung wird – orientiert an der Planung – der Verlauf gestaltet. Während des Unterrichtens wird die Lehrkraft die angenommenen Voraussetzungen der Schüler/innen für den Lernprozess noch einmal überprüfen, die Interaktion gestalten, den Lehr- und Lernprozess überwachen (Monitoring) und bei unzureichendem eigenem Handeln Korrekturen vornehmen. Dabei wird sie gegenüber ihrer eigenen Planung eine kritische Distanz einnehmen. Die Planung leitet ihr Handeln an, gleichzeitig wird der geplante Verlauf mit dem realisierten Verlauf abgeglichen, auch um festzustellen, ob alles bedacht wurde. Manchmal stellen Lehrkräfte im Verlauf des Unterrichts fest, dass sie etwas nicht bedacht haben, und korrigieren ihr Handeln.

Die Notwendigkeit zur Revision eines Plans durch die Ereignisse in der Durchführungssituation kann aus verschiedenen Gründen entstehen:

Die Notwendigkeit zur Revision eines Plans kann aus verschiedenen Gründen entstehen

- *Fehlerhafte Annahmen in der Planung.* Zeigt der Prozess, dass angenommene Bedingungen (z.B. zum Lernstand der Gruppe, zu besonderen Methoden- oder Strategiekenntnissen, zu Interesse, Motivation oder Bereitschaft zur Mitarbeit) nicht gegeben sind, muss über Hilfestellungen oder alternative Wege oder über die Veränderung der Ziele nachgedacht werden. Manchmal ist ein Plan nicht zu retten, und ein Prozess muss abgebrochen werden, z. B. weil die situative Umplanung nicht zügig gelingt oder die Situation so dramatisch anders ist als erwartet, dass sehr große Veränderungen des Plans nötig wären.
- *Fehlende Teilzielerreichung.* Wenn das angestrebte Teilziel die Voraussetzung für einen nächsten Denk- oder Handlungsschritt ist und das Ziel nicht erreicht wird, muss entschieden werden, ob eine Verlängerung der Bearbeitungszeit oder die Wiederholung des laufenden Prozesses für das Erreichen der Ziele genügt oder ob durch eine Hilfestellung oder eine Variation der Aufgabenstellung (Scaffolding/Gerüst bauen: Vorgabe von hilfreichen Zwischenzielen mit und ohne zusätzliche Hilfe) das Erreichen des notwendigen Teilziels unterstützt werden kann. Im ungünstigsten Fall muss ein neuer Startpunkt gefunden werden, der das Erreichen des Zwischenziels auf anderem Wege erlaubt.
- *Unzureichende Prozessqualität.* Das Monitoring zeigt, dass bei Fortsetzung der Arbeit auf die beobachtete Weise wesentliche Ziele nicht erreicht werden. Es ist zu bedenken, durch welche Interventionen die Prozessqualität gesteigert werden kann. Solche Interventionen können z. B. darin bestehen, Fragen höherer Ordnung zu stellen, durch Einwände das bisherige Arbeitsergebnis zu problematisieren oder Metakommunikation anzuregen.
- *Fehler im Plan.* Der Plan kann fehlerhaft sein. (So kann z. B. eine falsche Schrittfolge antizipiert worden sein.) Im Verlauf des Unterrichts kann sich zeigen, dass bei der Planung ein Fehler unterlaufen ist und eine alternative Schrittfolge einen günstigeren Weg zum Ziel darstellen würde. Es wäre dann unangemessen, auf der ursprünglichen Abfolge zu bestehen und die Gruppe entweder zu bremsen oder zu überfordern.
- *Ausführungsfehler.* Der Plan kann angemessen sein, jedoch können Fehler bei der Ausführung auftreten wie z. B. Reihenfolgefehler, Sprünge, Brüche, Geschwindigkeitsfehler oder Interaktionsfehler. Wird erkannt, dass etwas nicht richtig verläuft, ist über Modifikationen nachzudenken, und diese sind zügig einzuleiten. Im schlimmsten Fall ist das Scheitern einzugestehen und gemeinsam mit der Gruppe über das weitere Verfahren nachzudenken. Ein solches Vorgehen schafft Planungszeit, weil in dieser Phase der Metakommunikation keine weitere Fehlentwicklung des Ablaufs eintritt.

9.2 Unerwartetes Schülerverhalten

Unerwartetes Schülerverhalten kann zu spontaner situativer Planung zwingen.

Mangelnde Disziplin und gruppendynamische Prozesse

Es kann geschehen, dass die Situation in der Lerngruppe aus Gründen, die nichts mit dem Lernangebot selbst, sondern mit der Entwicklung in der Gruppe zu tun haben (z. B. emotionale Erregung wegen eines Ereignisses in der Pause, massive Störungen), den vorhandenen Plan als unangemessen erscheinen lassen; er muss durch einen anderen ersetzt werden oder kann erst nach einer beruhigenden Zwischenepisode durchgeführt werden.

Die bislang diskutierten Fälle sind Situationen, bei denen das Schülerverhalten sich beim Verfolgen des Planes ergibt und Modifikationen erforderlich macht, jedoch nicht den gesamten Plan oder das Ziel in Frage stellt.

9.3 Problemlagen, die von außen auf den Unterricht einwirken

Im schulischen Alltag können auch Situationen auftreten, die sich nicht aus einer Arbeitssituation entwickeln, sondern außerhalb des geplanten Geschehens entstehen und im Unterricht bearbeitet werden müssen. Aktuelle gesellschaftliche Ereignisse, Konflikte in der Schule und anderes Geschehen sind im Unterricht aufzuarbeiten, auch wenn sie unangemeldet auftreten. Die Lehrperson kann dann auf Handlungsmodule oder Routinen zurückgreifen, die sie für situativ angemessen hält und die von der Gruppe gut genug gekonnt werden, sodass damit die Situation erfolgreich gestaltet werden kann. Gibt es für solche Ereignisse keinen Vorrat an Handlungsmodulen oder Routinen, muss die Lehrperson quasi öffentlich planen und den Schüler/innen den notwendigen Planungsprozess offen darlegen. Falls die Schüler/innen zur Mitplanung in der Lage sind, z. B. weil Metakommunikation eingeübt wurde und gemeinsame Planungserfahrungen vorliegen, ist eine gemeinsame Planung sinnvoll, weil so besonnenes geplantes Handeln auch in Krisensituationen vorgelebt werden kann. Wertorientiertes Verhalten (wie das Zeigen von Wertschätzung, das Eingehen auf Gefühle, das Sammeln und Ordnen von Argumentationen, Perspektiven und Positionen) kann zunächst eingesetzt werden, weil dafür kein detaillierter Plan, dessen Erarbeitung Zeit benötigen würde, notwendig ist. Kenntnisse über Emotionsbewältigung und selbstregulative Prozesse und einige grundlegende kommunikative Kompetenzen können helfen, einen angemessenen Weg der Bearbeitung zu finden.

Man muss nicht immer die Gründe für unerwartetes Schülerverhalten kennen, um damit umzugehen. Ein Eingehen auf die erlebte Verfassung der Schüler/innen durch Ich-Botschaften, Impulse zur Äußerung, Umschreibungen und aktives Zuhören, können eingesetzt werden, um die Situation oder die irritierende Befindlichkeit im Gespräch zu klären, um dann eine Planung für die Bewältigung der Situation zu entwerfen. Hier können dann Kenntnisse über Emotionsbewältigung, Konfliktmanagement, Moderation hilfreich sein (vgl. Kiper/Mischke 2008a).

Schülerorientierter Unterricht hat zur Voraussetzung, »dass sich der Lehrer trotz seiner Vorplanung nicht verschließt vor Impulsen und Anregungen von Schülerseite, die ihn während des Unterrichts überraschen und ihn gelegentlich zur Modifikation seines vorab (hoffentlich) gut überlegten Plans veranlassen« (Mühlhausen 1994, S. 72). Lehrkräfte können sich und die Schüler/innen im Prozess zu beobachten versuchen und sich bemühen, die vielfältigen direkten und indirekten Hinweise der Schüler/innen aufzunehmen.

Folgende Fragen können Ihnen helfen, Ihr Verständnis der Ausführungen in diesem Kapitel zu überprüfen:

1. Welche Bedingungen sind zu erfüllen, damit die Umsetzung eines Plans gelingen kann?
2. Welche Faktoren können die Realisierung eines Plans stören und Umplanung nötig machen?

Zusammenfassung

Um einen Plan im Unterricht umsetzen zu können, ist es notwenig, ihn durch geeignete Vorbereitungstechniken wie Intentionsbildung, Durchdenken der dem Plan entgegenstehenden Faktoren oder gedankliches Probehandeln ausführungsfähig zu machen. Die im Plan geforderten Handlungskompetenzen müssen dabei verfügbar sein. Beim Auftreten von Fehlern im Ablauf, z. B. bei fehlender Teilzielerreichung, mangelhafter Prozessqualität oder bei Ausführungsfehlern, ist die Planung in der Situation zu modifizieren, um das Unterrichtsziel dennoch zu erreichen. Bei unerwarteten Geschehnissen resp. bei unerwartetem Schülerverhalten, etwa bedingt durch außerunterrichtliche Ereignisse, entsteht eine Unterrichtssituationen, die das spontane Abweichen vom vorherigen Unterrichtsziel erforderlich macht und zum Improvisieren zwingt. Dabei ist gekonnte Wertesteuerung und das Rückgreifen auf gekonnte Handlungsmodule hilfreich.

10. Nachbereiten des Unterrichts

10.1 Unterrichtsplanung und Unterrichtsdurchführung

Beim Überprüfen der Unterrichtsplanung und Unterrichtsdurchführung geht es darum, den Unterricht und die eigene Tätigkeit einzuschätzen und zu bewerten. Die Evaluation des eigenen Unterrichts kann mit Blick auf das Handeln im Unterricht (Überprüfung des Lehrerhandelns) oder mit Blick auf die vorhandenen Kategorien des Denkens über Unterricht (Unterrichtsplanung) geschehen.

Nachbesinnung

Die Nachbereitung des Unterrichts sollte systematisch, unter einer theoriegeleiteten Perspektive erfolgen

Eine einfache Form des Nachbereitens wurde von Wolfgang Kramp (1962/64) für Studierende im Schulpraktikum, die erste Erfahrungen mit der Planung und Durchführung von Unterricht sammeln, konzipiert. Er schlug vor, dass bei einer einfachen Nachbesinnung der Unterrichtsentwurf mit dem tatsächlichen Ablauf verglichen werden könne. Die Abweichungen seien zu fixieren, um Ursachen zu erwägen und Auswirkungen zu beurteilen. Er wies darauf hin, dass bei der Nachbesinnung »drei Gesichtspunkte zur Geltung kommen: der Blick auf

1) den Unterrichtenden selbst [...],
2) die Schüler [...],
3) die Unterrichtsgestaltung [...]« (Kramp 1964, S. 66).

Auch die Planung kann, auf dem Hintergrund des durchgeführten Unterrichts, kritisch betrachtet werden. Dabei sollte die Nachbereitung des Unterrichts nicht nur von Eindrücken ausgehen, die sich im Rahmen des durchgeführten Unterrichts aufdrängen, sondern systematisch, unter einer theoriegeleiteten Perspektive erfolgen.

Die Passung von Planung und Durchführung

Die Passung von Unterrichtsplanung und Unterrichtsdurchführung steht im Mittelpunkt der Nachbereitung des Unterrichts. Dabei geht es um die Aufdeckung von Diskrepanzen zwischen »Soll« und »Ist«, um Vergleiche mit Blick auf die angestrebten und die erreichten Lernergebnisse und die intendierten und tatsächlichen Lernprozesse. Auch das Handeln der Lehrkraft und die Interaktion mit den Schüler/innen, ihre Fähigkeit zum Steuern des Unterrichtsverlaufs und zum Beobachten der Lehr-Lernprozesse (durch Monitoring) kann untersucht werden. Dabei sollte nicht nur ein Vergleich der Planung mit dem tatsächlichen Verlauf unter Gesichtspunkten der Oberflächenstruktur des Unterrichts erfolgen, sondern vor allem den tatsächlichen Lernprozessen und ihren Teilergebnissen, sofern sie bei der Beantwortung von Fragen oder bei der Bearbeitung von Aufgabenstellungen sichtbar wurden, Aufmerksamkeit geschenkt werden. Die Unterrichtsnachbereitung kann zur Grundlage für zukünftige Planungen werden und zum Aufbau von Expertise beitragen. Sie kann auch zur Grundlage dafür werden, Hinweise der Schüler/innen zum Unterricht aufzunehmen oder mit ihnen über den Unterricht ins Gespräch zu kommen.

Die Nachbereitung des Unterrichts kann zur Grundlage für zukünftige Planungen werden und zum Aufbau von Expertise beitragen

Unterrichtsanalyse und Unterrichtsreflexion

Das Nachbereiten des Unterrichts geschieht in zwei Schritten, nämlich durch Unterrichtsanalyse und Unterrichtsreflexion. Zur *Unterrichtsanalyse* zählen wir das Beobachten von Teilaspekten des Unterrichts unter ausgewählten Kriterien, das Gewinnen von Daten über den Unterricht. Zur *Unterrichtsreflexion* zählen wir das Auswerten dieser Daten durch Erklären, Interpretieren und Bewerten (vgl. Tab. 16).

Tab. 16: **Zur Unterscheidung von Unterrichtsanalyse und Unterrichtsreflexion**

Unterrichtsanalyse	Unterrichtsreflexion
Erheben von Daten über den Unterricht durch Beobachtungsverfahren (durch Selbst- oder Fremdbeobachtung) oder Verfahren der Befragung	Auswerten der Daten über den Unterricht durch Analysieren, Erklären, Interpretieren, Bewerten mit Blick auf Theorien über Unterricht

Kenntnisse über Unterricht und einzelne seiner Faktoren können durch die *Unterrichtsanalyse* gewonnen werden, z. B. durch Betrachten von Videografien über Unterricht oder teilnehmende Beobachtung im Unterricht. Die Unterrichtsanalyse kann dazu dienen, ein besseres Verständnis über Unterricht zu erhalten und zu einzelnen Aspekten vertiefte Kenntnisse zu erwerben. Erfolgt sie theoriegeleitet, werden relevante Faktoren gezielt beobachtet. Die *Unterrichtsreflexion* geschieht durch die Professionellen selbst, die ausgehend von überraschenden Szenen, Ereignissen und Fällen über ihr Handeln im Unterricht nachdenken mit dem Ziel, es zu verbessern.

Sozialer Kontext

Unterrichtsanalyse und Unterrichtsreflexion erfolgen oftmals in sozialen Settings, denen bestimmte Dynamiken eingeschrieben sind. Wenn Unterricht im Rahmen von *Ausbildungskontexten* beobachtet, analysiert und reflektiert wird, werden Fragerichtungen eingebracht, um sich dem Phänomen Unterricht zu nähern. Wenn der Unterricht unter dem Gesichtspunkt des Erwerbs von Kompetenzen (z.B. die des Lehrens) geplant und durchgeführt wird, ist die Unterrichtsnachbereitung (ebenso wie die Planung und Durchführung) manchmal in eine *Bewertungssituation* eingebunden, die beim Gespräch über den Unterricht einen offenen Diskurs erschwert. Wenn der Unterricht durch eine ausgewählte Person gehalten wird, die an der Unterrichtsanalyse und Unterrichtsreflexion beteiligt ist oder diese vornimmt, ist emotionale Involviertheit gegeben. Daneben spielen – wenn diese Prozesse der Planung, Analyse und Reflexion in einer Gruppe vollzogen werden – gruppendynamische Effekte eine Rolle (vgl. Mühlhausen 2005). Beim Lernen aus der Unterrichtsanalyse und Unterrichtsreflexion ist sowohl theoretisches als auch personenbezogenes Lernen erforderlich (vgl. Tab. 17).

Tab. 17: **Sozialer Kontext von Unterrichtsanalyse und Unterrichtsreflexion**

Sozialer Kontext der Unterrichtsanalyse	Sozialer Kontext der Unterrichtsreflexion
Beobachtung und Analyse von Unterricht zum Erwerb von Kenntnissen in Ausbildungskontexten mit dem Ziel der Entwicklung eines Verständnisses über Unterricht als komplexes Geschehen oder mit dem Ziel der Theoriebildung. Der Unterricht wird unter festgelegten Schwerpunkten beobachtet und analysiert.	Reflexion von Unterricht mit dem Ziel des gezielten Nachdenkens über Szenen, Einzelereignisse, Fälle und/oder das eigene professionelle Handeln zur Verbesserung dieses Handelns. Die Unterrichtsreflexion geht aus von durch den Unterricht induzierten und selbst gewählten Gesichtspunkten. Die Unterrichtsreflexion erfolgt in Form von Monologen. Sie setzt sich mit den realisierten Handlungen auseinander. Sie fragt nach Handlungsalternativen.

Nachbereitung

Wir gehen davon aus, dass Unterrichtsplanung, Unterrichtsbeobachtung und -analyse und die Reflexion von Unterricht in der Unterrichtsnachbereitung aufeinander zu beziehen sind. Dabei kann sich der Schwerpunkt auf eine einzelne Unterrichtsstunde (Stundennachbereitung), auf mehrere Unterrichtsstunden, auf eine gesamte Unterrichtseinheit oder auf den Fachunterricht oder

Der Vergleich von Unterrichtsplanung und Unterrichtsdurchführung in der Nachbereitung ist Teil des professionellen Handelns von Lehrer/innen

fächerübergreifenden Unterricht einer bestimmten Zeiteinheit beziehen. Der Vergleich von Unterrichtsplanung und Unterrichtsdurchführung in der Nachbereitung ist Teil des professionellen Handelns von Lehrer/innen. Während Lehrkräfte im Unterricht oftmals unter Handlungsdruck stehen und in kurzer Zeit und auf der Grundlage einer Vielzahl von Eindrücken Entscheidungen treffen müssen, kann die Unterrichtsnachbereitung vom Handlungsdruck entlastet erfolgen. Sie dient dazu, sich Szenen, Situationen, Verhaltensweisen systematisch in Erinnerung zu rufen und zu bedenken. Sie kann durch einen Vergleich von Intentionen (niedergelegt in der Unterrichtsplanung) und Handeln im Unterricht durch Schüler/innen und Lehrkraft erfolgen. Die Unterrichtsnachbereitung dient dazu, Planen und Handeln unter ausgewählten Kategorien produktiv aufeinander zu beziehen. Dabei können auch einzelne Aspekte des Unterrichts (Einschätzung der Lernausgangslage der Lerner/innen, Situationen im Unterricht, Aufgabenstellungen und ihre Passung, Dramaturgie, situatives Umplanen) in den Fokus der Betrachtung gerückt werden. Die Nachbereitung des Unterrichts kann zum Ausgangspunkt für neue Planungsüberlegungen werden oder darauf zielen, in Teilbereichen Wissen zu erwerben und Kompetenzen aufzubauen (vgl. Tab. 18).

Tab. 18: **Vorgehen bei der Unterrichtsplanung, der Unterrichtsanalyse und der Unterrichtsreflexion**

Vorgehen bei der Unterrichtsplanung	Vorgehen bei der Unterrichtsanalyse	Vorgehen bei der Unterrichtsreflexion
Planung des Unterrichts und Festlegung der Schwerpunkte, auf die bei der Unterrichtsnachbereitung der Schwerpunkt gelegt werden soll	Erheben von Daten über den Unterricht durch Beobachtungsverfahren oder Verfahren der Befragung durch Festlegung, was beobachtet und analysiert werden soll; Festlegung der relevanten Kriterien, Teilaspekte	Auswerten der Daten über den Unterricht durch Analysieren, Erklären, Interpretieren, Bewerten mit Blick auf Theorien über Unterricht

Ein *Nachbereiten* des Unterrichts kann sich auf eine große Vielzahl oder auf ausgewählte Aspekte beziehen. Bei einer eher umfassend angelegten Nachbereitung des Unterrichts wird die Unterrichtsplanung selbst (fachliche Angemessenheit der Planung, Zielsetzung, fachliche Aufbereitung, Passung zu den Lernvoraussetzungen der Schüler/innen, Lehr- und Lernprozess, Dramaturgie, Interaktionsstrukturen, Steuerung des Verlaufs, Aufgabenstellungen) kritisch gesichtet. Der real durchgeführte Unterricht und sein Verlauf, der beschrieben, analysiert und interpretiert wird, hilft dazu, anschließend die Unterrichtsplanung kritisch zu sichten oder sie zu würdigen, jedoch die Probleme beim Handeln (Klassenleitung, Interaktionsgestaltung, Präzision der Aufgabenstellungen, Passung der Hilfestellungen) mit Blick auf die Durchführung des Unterrichts kritisch in den Blick zu nehmen. Es können die Zeitnutzung, die Lernergebnisse der Schüler/innen, das Beobachten und Begleiten von Lernprozessen, das Steuern des Unterrichts kritisch analysiert werden.

In der didaktischen Literatur wird mit Blick auf die Passung resp. Übereinstimmung von Unterrichtsplanung und Unterrichtsverlauf eine unterschiedliche Perspektive eingenommen. Für die einen dient die Planung dazu, die Grundlage für eine flexible und partizipativ angelegte Gestaltung des Unterrichts zu legen. Hier werden Abweichungen gegenüber der Unterrichtsplanung, die sich in der Durchführung zeigen, nur dann als problematisch angesehen, wenn sie nicht mit Blick auf die Lernprozesse und ihre Erfordernisse begründet werden können. Andere Autoren gehen davon aus, dass sich Expertise von Lehrkräften auch darin zeigt, dass Unterricht situativ umgeplant werden kann. Oftmals macht das Aufnehmen von Ideen und Vorschlägen der Schüler/innen eine Veränderung des geplanten Unterrichtsverlaufs notwendig. Eine andere Sicht könnte akzentuieren, dass starke Abweichungen von Unterrichtsplanung und Unterrichtsdurchführung darauf verweisen, dass Lehrkräfte in der Planung nur unzureichend in der Lage sind, Ablaufstrukturen des Unterrichts (mit Blick auf Lehr-Lernprozesse, Prozesse der Steuerung oder des Klassenmanagements) zu antizipieren. Dann kann die Reflexion über die Brüche zwischen Unterrichtsplanung und Unterrichtsdurchführung auf Probleme aufmerksam machen, die durch gezielte Analyse und Bearbeitung anzugehen sind. So kann z. B. eine gute fachliche Unterrichtsplanung nicht umgesetzt werden, weil die Lehrkraft Disziplinprobleme hat. Dann sind diese – im Kontext weiterer Planungen – gezielt zu bearbeiten (vgl. auch Kiper/Mischke 2004, S. 143 ff.).

Eine Unterrichtsnachbereitung fordert auch dazu heraus, die Beobachtungsfähigkeit auszubauen

Eine Unterrichtsnachbereitung, die versucht, Unterrichtsdurchführung und Unterrichtsplanung insgesamt in den Blick zu nehmen, fordert auch dazu heraus, die *Beobachtungsfähigkeit* auszubauen.

Reflexion/Übungsaufgaben

- Inwiefern ist es sinnvoll, die Unterrichtsplanung und den Unterrichtsverlauf kritisch miteinander zu vergleichen?
- Was unterscheidet die Unterrichtsanalyse von der Unterrichtsreflexion?
- In welchen sozialen Kontexten wird über Unterricht nachgedacht?
- Inwiefern beeinflusst dieser Kontext, was beobachtet, artikuliert und analysiert wird?
- Was sollte Ihres Erachtens eine Nachbereitung von Unterricht umfassen?

10.2 Beobachtungsverfahren als Grundlage für die Reflexion

Unter Beobachten verstehen wir mit Graumann »die *absichtliche*, aufmerksam-selektive Art des Wahrnehmens, die ganz bestimmte Aspekte auf Kosten der Bestimmtheit von anderen beachtet [...]. Gegenüber dem üblichen Wahrnehmen ist das beobachtende Verhalten planvoller, selektiver, von einer Suchhaltung bestimmt und von vornherein auf die Möglichkeit der Auswertung des Beobachteten im Sinne der übergreifenden Absicht gerichtet« (Graumann 1966, S. 86, zitiert nach Greve/Wentura 1997, S. 12).

In der Regel wird die *heuristische Beobachtung* von der wissenschaftlichen Beobachtung unterschieden. Die heuristische Beobachtung ist charakterisiert durch ein unvoreingenommenes, vollständiges Betrachten. Sie zielt auf die Suche nach Mustern, Strukturen, Zusammenhängen, auf eine erste Ordnung des Geschehens und auf das Generieren von Hypothesen. Oftmals wird dabei mit Beschreibungen gearbeitet. Die *wissenschaftliche Beobachtung* ist eine systematische Form der Datenerhebung auf dem Hintergrund ausgewählter Fragestellungen. Beobachtungen können dabei Bestandteil eines Experiments sein, bei dem die Randbedingungen kontrolliert oder auch die Umstände gezielt variiert werden. Es wird die Beobachtung im Labor und im Feld unterschieden. Beim Beobachten sind verschiedene Prozessabschnitte zu unterscheiden, (1) die Wahrnehmung, (2) die Interpretation, (3) die Erinnerung und (4) die Wiedergabe (vgl. Greve/Wentura 1997). Beobachter/innen neigen dazu, das zu sehen, was sie erwarten; sie schaffen es nicht, gleichbleibend aufmerksam zu registrieren, und sie haben subjektive Theorien, die zu Fehlinterpretationen führen können, um nur einige Probleme beim Beobachten zu nennen. Die Fehleranfälligkeit des menschlichen Beobachters macht es notwendig, die Beobachtung methodisch zu kontrollieren.

Die Fehleranfälligkeit des menschlichen Beobachters macht es notwendig, die Beobachtung methodisch zu kontrollieren

Bei der *freien unsystematischen Beobachtung* wird versucht, einen Ablauf zu rekonstruieren. Hilfreich sind dafür die Überlegungen von Barker, der vorschlug, sich zunächst die äußeren Gegebenheiten zu vergegenwärtigen und das Setting mit den dort vorhandenen Objekten zu bedenken, in dem die Personen handeln. Danach ist zu fragen, welche in sich selbstständigen Abschnitte des Geschehens (Episoden) unterschieden werden können und welche Aktionen darin von den Personen ausgeführt wurden. Die konkrete Ausführung der Aktionen wird durch Angabe der Teilhandlungen, die von Barker Aktone genannt werden, beschrieben. Beobachten mehrere Personen das gleiche Geschehen, kann über eine sinnvolle Gliederung diskutiert und so eine einseitige Subjektivität der Auffassung korrigiert werden.

Bei der *systematischen Beobachtung* werden eigens konstruierte Methoden des Beobachtens verwendet, um den interessierenden Bereich des Geschehens zu erfassen. Zu den dabei verwendeten Verfahren gehören die Folgenden: Zeichensystem, Kategoriensystem, Ratingskalen.

- *Zeichensystem:* Hier werden einzelne zu beobachtende Aktionen oder Ereignisse definiert, die als Zeichen für den angezielten Bereich relevant sind. Ein Zeichensystem für »Beteiligung im Unterricht« könnte enthalten: Meldet sich, wird aufgerufen, spricht ohne Erlaubnis. Diese Zeichen werden z.B. auf dem Sitzplan der Klasse für die einzelnen Schüler registriert und können dann ausgezählt werden.
- *Kategoriensystem:* Über die Definition von Zeichen hinausgehend wird für einen Bereich versucht, alle auftretenden Ereignisse dadurch zu erfassen, dass eine Klassifikation aller möglichen Geschehnisse erstellt wird. In dieses Schubladensystem von Kategorien werden die Ereignisse einsortiert. Die Kategorien müssen so definiert sein, dass sie sich gegenseitig ausschließen und eine eindeutige Zuordnung erlauben. Ein Kategoriensystem für die Lehrer-Schüler-Interaktion könnte auf der ersten Ebene unterscheiden: Lehrer spricht oder Schüler spricht, diese Kategorien könnten wie folgt ausdifferenziert werden (in Anlehnung an Flanders, 1971):

  Lehrer/in:
  - fragt
  - trägt vor
  - erklärt
  - gibt Anweisung
  - kritisiert
  - greift Schüleräußerungen sachlich auf
  - geht auf Gefühle ein.

  Schüler/in:
  - gibt Antwort auf Frage/Aufgabe
  - bringt eigene Gedanken ein
  - geht auf Äußerung anderer sachlich ein
  - geht auf Gefühle ein
  - äußert Kritik
  - macht Verfahrensvorschlag.

  Um alle Ereignisse erfassen zu können, werden noch Restkategorien formuliert: »keiner redet« bzw. »kann nicht entschieden werden«.
  Bei der Beobachtung der Interaktion in der Klasse kann mit diesem System z.B. auf einem Beobachtungsbogen, der ähnlich wie auf einem Notenblatt die Kategorien als Zeilen enthält, die wiederum in Zeitfelder geteilt sind, alle drei Sekunden durch einen Strich im Feld der jeweiligen Kategorie vermerkt werden, was sich gerade ereignet. Auf diese Weise ist im Zeitverlauf zu erkennen, was nacheinander geschehen ist (vgl. Abb. 31, S. 176).
- *Rating-Skalen (Einschätz-Skalen):* Hier werden die Ausprägungsgrade eines Merkmals erfasst. So kann definiert werden, dass das Ausmaß von Lenkung durch die Lehrperson mit einem Skalenwert von 0–3 kodiert werden soll.

  Dabei gilt: 0 = keine Lenkung
  1 = geringe Lenkung
  2 = mittlere Lenkung
  3 = starke Lenkung.

  Das Ausmaß der Lenkung kann z.B. alle 5 oder 10 Sekunden im Unterrichtsverlauf eingeschätzt und auf einer Zeitleiste notiert werden. Klar ist,

Beobachtungsbogen (Beobachtungstakt 3 Sekunden)

Zeitverlauf	1. Minute	2. Minute	3. Minute	4. Minute
Lehrer				
fragt	///			
trägt vor	/////			
erklärt		////////		
weist an		////////		
kritisiert				
greift auf	///		//////	
geht auf Gefühle ein				
Schüler/in				
antwortet	/////			
eigene Gedanken	////			
geht auf Äußerungen ein				
geht auf Gefühle ein				
äußert Kritik				
Verfahrensvorschlag		////		
keiner/unentscheidbar			/////////////	

Abb. 31: Systematische Beobachtung in Zeitverlaufsdarstellung (time-line)

dass zum Üben mehrere Ankerbeispiele benötigt werden, bis Beobachter/innen das Ausmaß der Lenkung mit dieser Skala einschätzen können. Die Rating-Skala kann zur Erfassung von wertgesteuertem Handeln sehr gut verwendet werden. Bei der Analyse von Plänen versagt das Verfahren. Dafür wäre ein Zeichensystem oder Kategoriensystem besser geeignet, das die Planschritte abzubilden erlaubt.

- Für das *Erfassen von Lernverläufen* bei Schüler/innen lassen sich ebenfalls Beobachtungssysteme entwickeln, z. B. für die notwendigen Schritte bei der Aufgabenbearbeitung oder eine Rating-Skala für Aufmerksamkeit.

Die Beobachtungsverfahren sind passend zu den Fragestellungen, zu denen man Daten gewinnen will, zu entwickeln. *Beobachten* kann durch weitere Formen der Datenerhebung (Gespräche, Befragungen) ergänzt werden. Die Ergebnisse der Datenerhebung (Vorkenntnisstand – Lernzuwachs im Lernprozess – Wissen und Können am Ende eines Lernprozesses) sind schriftlich festzuhalten. In die Auswertung der Beobachtungsdaten gehen dann (theorie- oder hypothesengeleitet) Interpretationen ein.

Reflexion/Übungsaufgaben

- Worin besteht der Unterschied zwischen einer heuristischen und einer wissenschaftlichen Beobachtung?
- Erklären Sie ein angemessenes Vorgehen bei der freien, unsystematischen Beobachtung.
- Unterscheiden Sie davon Methoden des systematischen Beobachtens.
- Geben Sie Beispiele für Beobachtungsfragen und für dazu passende Methoden.

Beobachtung der Lerner/innen

Der Gefahr, ein eingeschränktes Blickfeld zu entwickeln und nur auf einige Lerner/innen zu achten, sollte entgegengewirkt werden mit dem Ziel, alle Schüler/innen zu beobachten und ihre Antworten zu beachten. Die passenden und unpassenden Antworten, die richtigen und falschen Bearbeitungsprozesse von Lernaufgaben, ihre Reaktionen und Verhaltensweisen können zur Grundlage für eine Diagnostik werden, um Unterricht noch besser mit Blick auf die jeweilige Lerngruppe und die einzelnen Lerner/innen zu konzipieren (vgl. auch Bromme/Seeger 1979, S. 82 ff.). Das Beobachten der Lerner/innen ist dabei sowohl vor dem eigentlichen Unterricht (zur Erfassung der Vorkenntnisse), im Unterricht (zur Überprüfung des Lernfortschritts) als auch am Ende einer Unterrichtseinheit zur Messung und Bewertung der Lern- und Leistungsergebnisse notwendig. Mit Blick auf die Lerner/innen kann gefragt werden, welche Lernvoraussetzungen vorhanden sind (vgl. Tab. 19).

Vorkenntnisse, Lernprozesse und Lernergebnisse der Schüler/innen sind abzugleichen mit den curricularen Zielsetzungen. Was sollte ein Schüler in bestimmten Lernbereichen auf welchem Niveau wissen und können? Was weiß und kann er tatsächlich? Was kann er nicht? Unter welchen Bedingungen zeigt er Lern- und Leistungsergebnisse, auf welchem Niveau, in welchem Umfang und unter welchen Bedingungen?

Beobachtungen können auch dazu dienen, den einzelnen Lerner/innen ein Feedback zu geben. Ein Unterricht, der auf die Förderung des Lernzuwachses der einzelnen Schüler/innen angelegt ist, muss deren Lernerfolge im Prozess erfassen. Dazu können auch die Lern- und Leistungsergebnisse der Schüler/in-

Tab. 19a: **Beobachtungsfragen, orientiert an den Basismodellen des Lernens**

Basismodelle des Lernens	Fragestellungen
Erfahrungen machen und auswerten	Liegen genügend Erfahrungen vor oder müssen neue Erfahrungen ermöglicht werden? Können Erfahrungen versprachlicht werden? Können Erfahrungen ausgetauscht werden? Können gemeinsame Elemente von Erfahrungen diskriminiert und Erfahrungen generalisiert werden? Können unterscheidende Elemente von Erfahrungen benannt und die Verschiedenheit von Erfahrung gegeneinander gesetzt und auf mögliche Ursachen befragt werden?
Wissen erwerben	Welches gegenstandsspezifische Vorwissen ist bezogen auf einen Lerninhalt vorhanden? Reicht der Wortschatz aus? Sind sprachliche Begriffe und Strukturen für die Bearbeitung vorhanden? Mit welchen Wahrnehmungs- und Deutungsmustern nähert sich der Lerner einem Sachverhalt? Werden ein Sachverhalt oder ein Vorgang in einem angemessenen mentalen Modell repräsentiert? Sind angemessene Vorstellungsbilder vorhanden? Gelingt es, das Wissen gut zu vernetzen und in verschiedenen Anwendungssituationen flüssig anzuwenden? Kann das neue und zu erwerbende Wissen an die Wissensstruktur des Lernenden assimiliert werden? Kann Wissen umstrukturiert und neu interpretiert werden?
Reflexion über Inhalte	Kann über Fragestellungen, Probleme und Inhalte unter Verwendung je unterschiedlicher fachlicher Bezugssysteme als Ordnungssystem nachgedacht und können die je unterschiedlichen Ergebnisse relationiert bzw. in Verbindung gesetzt werden?
Reflexion über Werte	Kann über Erlebnisse, Ereignisse und Inhalte unter Verwendung je unterschiedlicher Bezugssysteme (z. B. Wertesysteme) nachgedacht und die je unterschiedlichen Ergebnisse miteinander relationiert werden?
Handeln in der äußeren Welt	Kann eine Handlung nachvollzogen werden, wenn sie vorgemacht wird? Kann eine Handlung ausgehend von einem Problem geplant, durchgeführt und in ihren Ergebnissen überprüft werden? Können alternative Handlungspläne entworfen und unter ausgewählten Kriterien bewertet werden? Kann eine Handlung sprachlich dargestellt und erklärt werden? Können Problem – Zielsetzung – Handlungsplan und Handlungsergebnis dargestellt, reflektiert und bewertet werden?
Operieren	Werden passende Operationen zur Lösung von Problemen ausgewählt? Können sie sicher und flüssig durchgeführt werden? Können sie sprachlich gefasst, erklärt und begründet werden? Können basale kognitive Operationen ausgeführt werden wie das Bilden von Relationen und von Klassifikationen?

nen herangezogen werden. Lehrkräfte können Lernprodukte (wie Diktate, Aufsätze, Bilder, Berechnungen, Präsentationen, Portfolios) unter diagnostischer Perspektive betrachten und sie sowohl unter dem Gesichtspunkt, was sie über kritische Lebensereignisse der Schüler/innen und ihre möglichen Belastungen, aber auch über ihre Schutzfaktoren aussagen können, befragen. Sie können sie

Tab. 19b: **Beobachtungsfragen, orientiert an den Basismodellen des Lernens**

Basismodelle des Lernens	Fragestellungen
Problemlösen und Entdecken	Kann die Problemsituation identifiziert und in einem mentalen Modell gefasst werden? Sind Problemlösemethoden und Problemlösefertigkeiten vorhanden? Liegen allgemeine, bereichsunabhängige Problemlöseheuristiken (Konfliktanalyse – Materialanalyse – Zielanalyse) vor? Können Probleme in verschiedenen Domänen identifiziert werden? Kann ein passendes Suchverhalten entfaltet werden? Können Problemlösemethoden passend für den Bereich ausgewählt und angepasst oder selbst entfaltet werden? Können Situationen und Probleme analysiert werden? Können durch Verwendung von Heuristiken Schritte zur Problemlösung antizipiert werden? Kann die notwendige Lösungsprozedur und die dabei notwendigen Schritte (Analyse einer Gegebenheit – Entwicklung von Zielen – Erfassen vorhandener Barrieren – Entwicklung von Handlungsplänen - Anwendung der Handlungspläne und Beobachtung und Evaluation der Handlungsergebnisse) ausgeführt werden? Welche Schritte klappen, welche möglicherweise nicht?
Argumentieren im Diskurs	Wird eine Redesituation als Herausforderung zum Argumentieren verstanden? Können Argumente vorgetragen werden? Können Argumente auf ihren sachlichen Gehalt hin überprüft werden? Können Prüfoperationen für die Güte von Argumenten verwandt werden?
Argumentieren beim Aushandeln	Können die einer Situation eingeschriebenen Konflikte erkannt werden? Können eigene Sichtweisen, Interessen und Gefühle wahrgenommen und artikuliert und die des Gegenüber ebenfalls wahrgenommen und erkannt werden? Sind Wege zur Bearbeitung unterschiedlicher Interessen und Wünsche vorhanden? Sind Ideen über Verfahren der Konfliktlösung und Konfliktbewältigung vorhanden?
Gestalten/Ausdrücken durch Worte und Schrift	Gibt es Möglichkeiten zu einer angemessenen sprachlichen und schriftlichen Darstellung von Sachverhalten, Interessen, Meinungen und Wünschen?
Gestalten/Ausdrücken durch kreative Medien (Musik/Bild/Tanz)	Gibt es Möglichkeiten zu einer angemessenen Darstellung von Sachverhalten, Interessen, Meinungen und Wünschen durch Bewegung, Tanz, Musik, Malerei?
Leistungssteigerung durch Entwicklung des Systems	Können falsche Vorstellungen und Paradigmen erkannt und korrigiert werden?

– mit Blick auf den Lernprozess – vor allem unter der Perspektive der vorhandenen Kompetenzen, ihres Umfangs und Niveaus, aber auch unter der Perspektive noch vorhandener Fehler, Schwächen, Schwierigkeiten und Defizite betrachten. Die Ergebnisse können unter fehleranalytischer Perspektive ausgewertet werden (vgl. Althoff 1999; Oser/Spychiger 2005).

Reflexion/Übungsaufgaben

- Welche Relevanz kommt der Beobachtung der Lerner/innen zur Feststellung ihrer Lernvoraussetzungen und/oder ihrer Lern- und Denkprozesse zu?
- Inwiefern könnte es sinnvoll sein, die Basismodelle des Lernens beim Beobachten der Kompetenzen der Lerner/innen heranzuziehen?

Beobachtungsschwerpunkte des Unterrichts

Beobachtungsschwerpunkte im Unterricht sollten theoriegeleitet gesetzt werden. Sie können sich z. B. auf folgende Aspekte richten:

- fachliche Angemessenheit
- Passung des Unterrichts zum Lernniveau der Schülerinnen und Schüler (Adaptivität)
- Klarheit der Ziele
- Lern- und Leistungsorientierung
- Strukturiertheit der Planung
- angemessenes Kompetenzniveau
- komplexe Aufgabenstellungen
- Hilfestellung für Lernprozesse auf unterschiedlichen Kompetenzniveaus
- Durchführung von Monitoring gegenüber Lernprozessen
- Förderorientierung
- optimale Zeitnutzung
- angemessenes Lerntempo
- Leiten der Schulklasse – Klassenmanagement
- Dramaturgie des Unterrichts/Inszenierung.

Die Beobachtungsschwerpunkte können sich auch auf die Schritte in der Mikroplanung beziehen. Es kann, mit Blick auf die *Qualität der Unterrichtsprozesse und der Unterrichtsplanung* geprüft werden, ob genügend Lernzeit zur Verfügung gestellt, ob und inwiefern die Vorkenntnisebene der Schüler/innen berücksichtigt, ob die Unterrichtszeit gut genutzt wurde, ob eine Konzentration auf die Lernziele erfolgte, die Lernaktivitäten der Schüler/innen kontrolliert und der Lernfortschritt überwacht wurde und ob eine präzise und hinreichend differenzierte Aufgabenstellung erfolgte, Hilfen bei Lernschwierigkeiten gegeben wurden und die Lehrkraft Fehler im eigenen pädagogischen Handeln wahrnahm und korrigierte. Auf der Grundlage der Ergebnisse der Beobachtung des Unterrichts oder der Rückmeldungen durch die Schüler/innen können Diskrepanzen zwischen Planung und Durchführung verglichen, durchdacht und Schlussfolgerungen aus ihnen gezogen werden.

Beobachtung von Unterricht im Kontext von Evaluationen

Unterrichtsbeobachtung und Reflexion über Unterricht kann auch anlässlich einer Schul- und Unterrichtsevaluation erfolgen. Die Ergebnisse einer solchen Unterrichtsbeobachtung beziehen sich in der Regel nicht auf die einzelne Lehrkraft und den Vergleich von Unterrichtsplanung und Unterrichtsdurchführung, sondern auf ein vorher gedachtes und veröffentlichtes Modell guten Unterrichts. Das sei am Beispiel der Aufmerksamkeitsrichtungen des Niedersächsischen Orientierungsrahmens Schulqualität gezeigt. Darin wird ein *Rahmenmodell für Schulqualität* vorgestellt. Dabei wird Schulqualität mehrfach dimensioniert, nämlich

Unterrichtsbeobachtung und Reflexion über Unterricht kann auch anlässlich einer Schul- und Unterrichtsevaluation erfolgen

- Ergebnisse und Erfolge
- Lernen und Lehren
- Schulkultur
- Schulmanagement
- Lehrerprofessionalität
- Ziele und Strategien der Schulentwicklung (vgl. Niedersächsischer Orientierungsrahmen Schulqualität 2006, S. 9).

Innerhalb dieses *Rahmenmodells* wird der Blick auf die *Input- und Strukturqualität*, die *Prozessqualität*, die *Ergebnisqualität* und das *Umfeld der Schule* gerichtet. Wenn wir aus diesem Bereich die Frage nach dem *Lehren und Lernen* und hier nach der Qualität des Unterrichts herausgreifen, wird – mit Blick auf die *Ergebnisse* – die Frage nach den Lern- und Leistungsergebnissen, nach den erworbenen Kompetenzen und nach den Schulabschlüssen und der Einmündung in den weiteren Bildungsweg ebenso aufgeworfen wie die Fragen nach der Zufriedenheit der Beteiligten. Mit Blick auf die *Prozesse im Unterricht* und ihre Qualität stellt sich die Frage nach dem systematischen Wissensaufbau durch ein schuleigenes Curriculum, nach klaren Leistungsanforderungen, nach der Förderung der Persönlichkeitsentwicklung der Schüler/innen durch Unterricht und nach der individuellen Förderung und Unterstützung. Die Schulinspektion beobachtet den Unterricht mit Blick auf die darin stattfindenden Merkmale anhand eines Beobachtungsbogens für den Unterricht. Darin werden Teilkriterien für den Unterricht genannt und über ausgewählte Indikatoren eine Hilfe dafür gegeben, den Unterricht zu bewerten.

Reflexion/Übungsaufgaben

- Welche Dimensionen von Schule und Unterricht können beobachtet werden?
- Recherchieren Sie im Internet, welche Beobachtungsschwerpunkte die Schulaufsicht oder die Schulinspektion in den verschiedenen Bundesländern setzt.

10.3 Lernen aus dem Soll-Ist-Vergleich

Wenn der eigene Unterricht durch die Lehrkraft selbst, durch Schüler/innen oder Kolleg/innen beobachtet wird, werden die Beobachtungsergebnisse in Form von Daten an die Lehrkraft gegeben, die diese Daten interpretieren und in einen Vergleich zu den eigenen Intentionen setzen muss. Diagnostiziert man Stärken und Schwächen des eigenen Unterrichts, Übereinstimmungen oder Abweichungen von der Planung, und will man die Ergebnisse für weitere Unterrichtsplanungen nutzbar machen, ist ein Denkprozess zu initiieren. In diesem Prozess ist *Diagnosewissen* gefordert.

- Was sind relevante Indikatoren für den Zustand des Unterrichts, seiner Ergebnisse und Prozesse?
- Welche Beobachtungsdaten liegen vor?
- Reicht die Datenbasis aus oder was müsste noch erfasst werden?

Dann ist *theoretisches Wissen* relevant, um die Daten angemessen auszuwerten und zu interpretieren.

Die Lehrkraft benötigt Theorien, um die Beobachtungsergebnisse kritisch zu interpretieren

- Was sagen die Daten über den Unterricht aus?
- Wie interpretiere ich die Daten? Wie interpretieren meine Fachkolleg/innen die Daten?
- Welche Normen gehen in diese Interpretationen ein?
- Mit welchen Theorien über Unterricht und Curriculum werden die Daten interpretiert?
- Welche Schwächen und Stärken des Unterrichts können identifiziert werden?
- Wo bestätigen die Interpretationen der Daten vorliegende (bisher nicht verbalisierte und explizierte) Einschätzungen? Wo widersprechen die Daten und ihre Interpretation den eigenen Einschätzungen über die Stärken und Schwächen des Unterrichts?
- Im Hinblick auf welche Aspekte sind wir überrascht?
- Wo stehen die Daten im Widerspruch zu Zielen, Selbstverständnis und Vorgaben, wie der Unterricht sein sollte?

Die Lehrkraft benötigt Theorien, um die Beobachtungsergebnisse kritisch zu interpretieren. Dabei ist zu prüfen, mit welchen Vorstellungen über (guten) Unterricht die Daten interpretiert werden und ob andere Personen – auf der Basis dieser Daten – zu ähnlichen oder kontroversen Einschätzungen kommen würden. Darüber hinaus kann überprüft werden, inwiefern die Datenbasis vollständig oder zu ergänzen ist.

Für die Reflexion der durch Kontextsteuerung gesetzten Zielsetzungen und für die Formulierung eigener Zielsetzungen ist *Wertwissen* erforderlich. Dieses

Wertwissen ist nicht allgemein zu artikulieren, sondern muss auf verschiedene Bereiche konkretisiert werden. Die für die Entwicklung des Unterrichts engagierten Lehrkräfte müssen sich fragen:

- Welche Wertvorstellungen sind mir wichtig?
- Was sind mir gesetzte Ziele? Worin bestehen meine Ziele?
- Welche Problembereiche sind – mit Blick auf die gesetzten und die eigenen Ziele – besonders bedeutsam?

Für die Lehrkräfte bedeuten diese Überlegungen, dass auf der Grundlage der erhobenen und interpretierten Daten ein Prozess der Zielformulierung zu gestalten ist.

Auf der Grundlage der genauen Definition der Problembereiche sind Problemlöseprozesse zu initiieren

Die Gegenüberstellung von Ist und Soll ermöglicht, Situationen im Unterricht als Probleme zu identifizieren. Die Analyse der gegebenen Ist-Situation und die Beschreibung der angestrebten Soll-Lage definieren das Problem. Auf der Grundlage der genauen Definition der Problembereiche sind *Problemlöseprozesse* zu initiieren. Dabei sind zunächst alternative Problemlösungsmöglichkeiten zu entwickeln. Diese sind mit Blick auf ihre Effekte und mögliche paradoxe Wirkungen zu durchdenken, eine Entscheidung für den gewünschten Problemlöseprozess ist zu treffen und diese ist in konkrete Planungen umzusetzen.

- Wo gibt es Probleme, die schnell und wirksam gelöst werden können?
- Womit kann sofort und zielführend begonnen werden?
- Welche Probleme sind schwieriger anzugehen?

Im Kontext des erneuten Planens sind Problemlöseprozesse zu durchdenken und auf dieser Grundlage Handlungspläne zu entwerfen.

- Wie sehen konkrete Handlungsschritte aus?
- Wann will ich das Problem gelöst haben?

Dabei ist ein Prozessverlauf zu durchdenken. Es sind gegebenenfalls Entscheidungen zu treffen. Für Erfolge sind – mit Blick auf die Prozesse und Ergebnisse – Indikatoren festzulegen. Das Ergebnis des Handelns ist mit geeigneten Verfahren der internen und externen Evaluation zu überprüfen. Unterrichtsplanung auf der Grundlage der Auswertung des Unterrichts kann dabei helfen, aufgetretene Störungen zu beheben und bessere Lehr- und Lernprozesse zu initiieren.

Folgende Fragen können Ihnen helfen, Ihr Verständnis der Ausführungen in diesem Kapitel zu überprüfen:

1. Welche Verfahren können Sie zur Erfassung des Unterrichtsgeschehens nutzen?
2. Was ist zu tun, damit die Unterrichtsanalyse zur Planung passt?
3. Wie ist mit gefundenen Ist-Soll-Differenzen umzugehen?

Zusammenfassung

Die Notwendigkeit der Nachbereitung des Unterrichts wurde erläutert. Wege der Analyse und Reflexion des durchgeführten Unterrichts wurden vorgestellt. Die Notwendigkeit, die Kategorien der Planung und der Analyse des Unterrichts aufeinander abzustimmen, wurde besonders betont, damit aus der gemachten Erfahrung auch gelernt werden kann. Auf die Bedeutung von Unterrichtsbeobachtung als Kern der Analyse und Reflexion wurde hingewiesen und es wurden Hilfen für die Konstruktion von Beobachtungsverfahren gegeben.

Literatur

Adl-Amini, B. (1994): Medien und Methoden des Unterrichts. Donauwörth: Auer.

Aebli, H. (1963): Psychologische Didaktik. Stuttgart: Klett Verlag (1. französische Auflage 1951).

Aebli, H. (1967): Grundformen des Lehrens. Stuttgart: Klett Verlag (4. Auflage; 1. Auflage 1961).

Aebli, H. (1971): Die geistige Entwicklung als Funktion von Anlage, Reifung, Umwelt- und Erziehungsbedingungen. In: Roth, H. (Hrsg.): Begabung und Lernen. Stuttgart: Klett (6. Auflage; 1. Auflage 1968), S. 151–191.

Aebli, H. (2001): Zwölf Grundformen des Lehrens. Eine Allgemeine Didaktik auf psychologischer Grundlage. Medien und Inhalte, didaktische Kommunikation, der Lernzyklus. Stuttgart: Klett-Cotta (11. Auflage).

Aebli, H. (1997): Grundlagen des Lehrens. Eine Allgemeine Didaktik auf psychologischer Grundlage. Stuttgart: Klett-Cotta (1. Auflage 1987).

Aebli, H. (1980): Denken. Das Ordnen des Tuns. Band I: Kognitive Aspekte der Handlungstheorie. Stuttgart: Klett.

Aebli, H. (1981): Denken. Das Ordnen des Tuns. Band II. Denkprozesse. Stuttgart: Klett.

Althof, W. (Hrsg.) (1999): Fehlerwelten. Vom Fehlermachen und Lernen aus Fehlern. Opladen: Leske+Budrich.

Aronson, E. (1984): Förderung von Schulleistung, Selbstwert und prosozialem Verhalten: die Jigsaw-Methode. In: Huber, G./Rotering-Steinberg, S./Wahl, D. (Hrsg.): Kooperatives Lernen. Weinheim, Basel: Beltz, S. 48–59.

Astleitner, H. (2008): Die lernrelevante Ordnung von Aufgaben nach Aufgabenschwierigkeit. In: Thonhauser, J. (Hrsg.): Aufgaben als Katalysatoren von Lernprozessen. Münster, New York, München, Berlin: Waxmann, S. 65–80.

Ausubel, D. (1974): Psychologie des Unterrichts. Band 1 und 2. Weinheim, Basel: Beltz (1. amerikanische Auflage 1968).

Ballasch, H./Kiper, H. (2006): Vergleichsarbeiten, Bildungsstandards, Kerncurricula – Hilfen zur Verbesserung der Unterrichtsentwicklung? In: SchulVerwaltung Ni 9/2006, S. 241–244.

Barker, R.C. (1963): The stream of behavior. New York: Appleton-Century-Crofts.

Bauer, K.-O./Burkard, C. (1992): Der Lehrer – ein pädagogischer Profi? In: Rolff, H.-G./ Bauer, K.-O./Klemm, K./Pfeiffer, H.: Jahrbuch der Schulentwicklung. Band 7. Weinheim, München: Juventa, S. 192–226.

Bauer, K.-O. (2000): Pädagoge – Profession oder Nebenbeschäftigung. In: Jaumann-Graumann, O./Köhnlein, W. (Hrsg.): Lehrerprofessionalität – Lehrerprofessionalisierung. Bad Heilbrunn: Klinkhardt, S. 25–44.

Bauer, K.-O. (2002): Kompetenzprofil: LehrerIn. In: Otto, H.-U./Rauschenbach, T./Vogel, P. (Hrsg.): Erziehungswissenschaft: Professionalität und Kompetenz. Opladen: Leske+Budrich; UTB, S. 49–64.

Becker, G.W. (2002): Unterricht auswerten und beurteilen. Weinheim, Basel: Beltz (7. Auflage).

Bloom, B.S./Engelhardt, M.D./Furst, E.J./Hill, W.H. (1972): Taxonomie von Lernzielen im kognitiven Bereich. Weinheim, Basel: Beltz

Bos, W./Lankes, E.-M.,/Prenzel, M./Schwippert, K./Valtin, R./Walther, G. (Hrsg.) (2003): Erste Ergebnisse aus IGLU. Schülerleistungen am Ende der vierten Jahrgangsstufe im internationalen Vergleich. Münster, New York, München, Berlin: Waxmann.

Bremerich-Voss, A. (2008): Benjamin S. Bloom (und andere) revisited. In: Bremerich-Vos, A./Granzer, D./Köller, O. (Hrsg.): Lernstandsbestimmungen im Fach Deutsch. Weinheim, Basel: Beltz, S. 29–49

Bromme, R. (1981): Das Denken von Lehrern bei der Unterrichtsvorbereitung. Eine empirische Untersuchung zu kognitiven Prozessen von Mathematiklehrern. Weinheim, Basel: Beltz.

Bromme, R. (1992): Der Lehrer als Experte. Zur Psychologie des professionellen Wissens. Bern, Göttingen, Toronto: Hans Huber.

Bromme, R. (1997): Kompetenzen, Funktionen und unterrichtliches Handeln des Lehrers. In: Weinert, F.E. (Hrsg.): Enzyklopädie der Psychologie. Psychologie des Unterrichts und der Schule. Pädagogische Psychologie. Band 3. Göttingen, Bern, Toronto, Seattle: Hogrefe, S. 177–212.

Bromme, R./Seeger, F. (1979): Unterrichtsplanung als Handlungsplanung. Königstein/Ts.: Scriptor.

Bruner, J.S. (1970): Der Prozess der Erziehung. Berlin, Düsseldorf: Schwann.

Bundesinstitut für Berufsbildung (1991): Leittexte – ein Weg zu selbstständigem Lernen. Berlin, Bonn: Bundesinstitut für Berufsbildung

Combe, A./Kolbe, F.-U. (2004): Lehrerprofessionalität: Wissen, Können, Handeln. In: Helsper, W./Böhme, J. (Hrsg.): Handbuch der Schulforschung. Wiesbaden: VS, S. 233–251.

Cranach, M.v./Kalbermatten, U./Indermühle, K./Gugler, B. (1983): Die Organisation zielgerichteter Handlungen. Ein Forschungsbericht. Bern: Psychologisches Institut der Universität Bern.

Deutsches PISA-Konsortium (Hrsg.) (2001): PISA 2000. Basiskompetenzen von Schülerinnen und Schülern im internationalen Vergleich. Opladen: Leske+Budrich.

Dichanz, H./Mohrmann, K. (1976): Unterrichtsvorbereitung. Probleme, Beispiele, Vorbereitungshilfen. Stuttgart: Klett.

Dörner. D. (1976): Problemlösen als Informationsverarbeitung. Stuttgart, Berlin, Köln, Mainz: Kohlhammer.

Dolch, J. (1965): Lehrplan des Abendlandes. Zweieinhalb Jahrtausende seiner Geschichte. Ratingen: Henn.

Duncker, L. (1997): Vom Sinn des Ordnens. Zur Rekonstruktion der Wirklichkeit in und zwischen den Schulfächern. In: Duncker, L./Popp, W. (Hrsg.): Über Fachgrenzen hinaus. Chancen und Schwierigkeiten des fächerübergreifenden Lehrens und Lernens. Heinsberg: Agentur Dieck, S. 119–134.

Einheitliche Prüfungsanforderung in der Abiturprüfung Deutsch. Beschluss der Kultusministerkonferenz vom 1.12.1989, i.d.F. vom 24.05.2002, unter: http://www.kmk.org/fileadmin/veroeffentlichungen_beschluesse/1989/1989_12_01-EPA-Deutsch.pdf (Abruf 01.04.2009).

Einsiedler, W. (1981): Lernmethoden. München: Kösel.

Ertl, B./Mandl, H. (2006): Kooperationsskripts. In: Mandl, H./Friedrich, H.F. (Hrsg.): Handbuch Lernstrategien. Göttingen, Bern, Wien, Toronto, Seattle, Oxford, Prag: Hogrefe, S. 273–281.

Fend, H. (1998): Qualität im Bildungswesen. Weinheim, München: Juventa.

Flanders, N.A. (1970): Analyzing teaching behavior. Reading M.: Addison-Wesley.

Gagné, R.M. (1980): Die Bedingungen des menschlichen Lernens. Vollst. Neubearb. Hannover, Dortmund, Darmstadt, Berlin: Schroedel (5. neu bearbeitete Auflage nach der 3. amerikanischen Auflage).

Gebauer, M./Holefleisch, U./Merkens, H./Nießen, M./Seiler, H. (1977): Theorie der Unterrichtsvorbereitung – eine handlungstheoretische Begründung. Stuttgart: Klett-Cotta.

Giel, K. (1997): Zur Philosophie der Schulfächer. In: Duncker, L./Popp, W. (Hrsg.): Über Fachgrenzen hinaus. Chancen und Schwierigkeiten des fächerübergreifenden Lehrens und Lernens. Heinsberg: Agentur Dieck, S. 33–71.

Giesecke, H. (1997): Pädagogik als Beruf. Weinheim, München: Juventa.

Giesecke, H. (2000): Politische Bildung. Didaktik und Methodik für Schule und Jugendarbeit. Weinheim, München: Juventa.

Gudjons, H. (1993) Gruppenunterricht. Eine Einführung in Grundfragen. In: ders. (Hrsg.): Handbuch Gruppenunterricht. Weinheim, Basel. Beltz, S. 12–53.

Greve, W./Wentura, D. (1997): Wissenschaftliche Beobachtung. Weinheim: Beltz PVU.

Groeben, N. (1986): Handeln, Tun, Verhalten als Einheiten einer verstehend-erklärenden Psychologie. Tübingen: Franke.

Grunder, H.-U./Ruthemann, U./Scherer, S./Singer, P./Vettiger, H. (2007): Unterricht verstehen, planen, gestalten, auswerten. Baltmannsweiler: Schneider Hohengehren.

Hacker, W. (1986): Arbeitspsychologie. Bern: Huber.

Hacker, W. (1992): Expertenkönnen. Erkennen und Vermitteln. Göttingen: Hogrefe.

Hacker, W. (1996): Allgemeine Arbeitspsychologie. Bern: Hans Huber.

Hacker, W. (2005): Allgemeine Arbeitspsychologie. Bern: Hans Huber.

Hacker, W. (2009): Grundlagen der Maßnahmenplanung und Maßnahmenverwirklichung in Schulentwicklungs- und Lehrprozessen – Mentale Modelle. In: Bohl, T./Kiper, H. (Hrsg.): Lernen aus Evaluationsergebnissen – Verbesserungen planen und implementieren. Bad Heilbrunn: Klinkhardt, S. 145–154.

Heckhausen, H./Heckhausen, J. (Hrsg.) (2006): Motivation und Handeln. Heidelberg: Springer (3. Auflage).

Heimann, P./Otto, G./Schulz, W. (Hrsg.) (1968): Unterricht. Analyse und Planung. Hannover: Schroedel (3. Auflage).

Helmke, A. (2003): Unterrichtsqualität erfassen, bewerten, verbessern. Seelze: Kallmeyer.

Henk-Riethmüller, U. (1974): Möglichkeiten der Individualisierung durch Medien. In: Dichanz, H. /Eubel, K.-D./Heidt, E.U.: Medien im Unterrichtsprozess. Grundlagen, Probleme, Perspektiven. München, S. 187–209.

Hobfoll, S.E. (1989): Conservation of resources: A new attempt at conceptualizing stress. American Psychologist 44, 3, S. 513–524.

Keck, R.W. (1975): Zielorientierte Unterrichtsplanung. Bochum: Kamp.

Kiel, E. (1999): Erklären als didaktisches Handeln. Würzburg: Ergon.

King, A. (1991): Effects of training in strategic questioning on children`problem-solving performance. Journal of Educational Psychology, 83, S. 307–317.

Kiper, H. (2001): Einführung in die Schulpädagogik. Weinheim, Basel: Beltz.

Kiper, H. (2002): Umgang mit Heterogenität. In: Kiper, H./Meyer, H./Topsch, W.: Einführung in die Schulpädagogik. Berlin: Cornelsen, Scriptor, S. 157–169.

Kiper, H. (2006): Heinrich Roth als Pädagogischer Psychologe und seine Beiträge zu einer Theorie der Schule, ihres Curriculums und des Unterrichts – neu gelesen. In: Hoffmann, D./Gaus, D./Uhle, R. (Hrsg.): Die Reformkonzepte Heinrich Roths – verdrängt oder vergessen? Hamburg: Dr. Kovac, S. 105–124.

Kiper, H. (2007): Von der These über den Slogan zum Axiom – die Rede vom »Technologiedefizit in der Pädagogik«: Ursache für konzeptionelle Probleme der Disziplin? In: Hoffmann, D./Gaus, D./Uhle, R. (Hrsg.): Mythen und Metaphern, Slogans und Signets. Erziehungswissenschaft zwischen literarischem und journalistischem Jargon. Hamburg: Dr. Kovac , S. 99–116.

Kiper, H. (2008a): Diskurse zur Unterrichtsentwicklung – eine kritische Betrachtung. In: Berkemeyer, N./Bos, W./Manitius, V./Müthing, K. (Hrsg.): Unterrichtsentwicklung in Netzwerken. Konzeptionen, Befunde, Perspektiven. Münster, New York, München, Berlin: Waxmann, S. 95–119.

Kiper, H. (2008b): Unterrichtsplanung für heterogene Lerngruppen. In: Kiper, H./Miller, S./ Palentien, Ch./Rohlfs, C.: Lernarrangements für heterogene Gruppen. Bad Heilbrunn: Klinkhardt, S. 78–105.

Kiper, H./Mischke, W. (2004): Einführung in die Allgemeine Didaktik. Weinheim, Basel: Beltz.

Kiper, H./Mischke, W. (2006): Einführung in die Theorie des Unterrichts. Weinheim, Basel: Beltz.

Kiper, H./Mischke, W. (2008a): Selbstreguliertes Lernen – Kooperation – Soziale Kompetenz. Stuttgart: Kohlhammer.

Kiper, H./Mischke, W. (2008b): Zum Aufbau von Interaktionskompetenz bei Lehrkräften und Schülerinnen und Schülern. In: Kraler, C./Schratz, M. (Hrsg.): Wissen erwerben, Kompetenzen entwickeln. Münster, New York, München, Berlin: Waxmann, S. 87–101.

Klafki, W. (1958/1969): Didaktische Analyse als Kern der Unterrichtsvorbereitung. In: Didaktische Analyse. Auswahl. Grundlegende Aufsätze aus der Zeitschrift »Die Deutsche Schule«. Herausgegeben von H. Roth und A. Blumenthal. Hannover, Berlin, Darmstadt, Dortmund: Schroedel, S. 5–34 (10. Auflage).

Klafki, W. (1985): Neue Studien zur Bildungstheorie und Didaktik. Weinheim, Basel: Beltz.

Klauer, K.J. (1974): Methodik der Lehrzieldefinition und Lehrstoffanalyse. Düsseldorf: Schwann.

Klauer, K.J./Leutner, D. (2007): Lehren und Lernen. Einführung in die Instruktionspsychologie. Weinheim, Basel: Beltz PVU.

Kleber, E.W. (1996): Diagnose. In: Krüger, H.-H./Helsper, W. (Hrsg.): Einführung in Grundbegriffe und Grundfragen der Erziehungswissenschaft. Opladen: Leske + Budrich, S. 103–118.

Klieme, E. et al. (2003): Zur Entwicklung nationaler Bildungsstandards. Eine Expertise. Bonn: BMBF.

Köller, O. (2009): Bildungsstandards in Deutschland: Implikationen für die Qualitätssicherung und Unterrichtsqualität. In: Meyer, M.A./Prenzel, M./Hellekamps, S. (Hrsg.): Perspektiven der Didaktik. Zeitschrift für Erziehungswissenschaft. Sonderheft 9/2008, Wiesbaden: VS, S. 47–60.

Kopperschmidt, J. (1989): Methodik der Argumentationsanalyse. Stuttgart, Bad Cannstadt: Frommann-Holzboog.

Kounin, J.S. (1976): Techniken der Klassenführung. Bern, Stuttgart: Huber.

Kramp, W. (1964): Hinweise zur Unterrichtsvorbereitung für Anfänger. In: Roth, H./Blumenthal, A.: Didaktische Analyse. Grundlegende Aufsätze aus der Zeitschrift Die Deutsche Schule. Hannover: Schroedel, S. 35–67 (erstmals erschienen in Die Deutsche Schule 2/1962).

Krathwohl, D.R.(1964): The Taxonomy of Educational Objectives. Its Use in Curriculum Building. In: Lindvall, C.M. (Ed.): Defining Educational Objectives. Pittsburg/Pa 1964, S. 19–36. Deutsch: Der Gebrauch der Taxonomie von Lernzielen in der Curriculumkonstruktion. In: Achtenhagen, F./Meyer, H.L. (Hrsg.) (1971): Curriculumrevision – Möglichkeiten und Grenzen. München, S. 75–97.

Kretschmann, R. (2004): Diagnostikausbildung – für alle Lehrerinnen und Lehrer? In: Mutzeck, W./Jogschies, P. (Hrsg.): Neue Entwicklungen in der Förderdiagnostik. Weinheim, Basel: Beltz, S. 123–137.

Krüger, H.-H./ Lersch, R. (1993): Lernen und Erfahrung. Perspektiven einer Theorie schulischen Handelns. Opladen: Leske+Budrich.

Kunert, K. (1976): Einführung in die curriculare Unterrichtsplanung. München: Kösel.

Kuper, H. (2005): Evaluation im Bildungssystem. Stuttgart : Kohlhammer.

Landmann, M./Schmitz, B. (2007): Die Kombination von Trainings mit standardisierten Tagebüchern: Angeleitete Selbstbeobachtung als Möglichkeit der Unterstützung von Trainingsmaßnahmen. In: Landmann, M./Schmitz, B. (Hrsg.): Selbstregulation erfolgreich fördern. Praxisnahe Trainingsprogramme für effektives Lernen. Stuttgart: Kohlhammer, S. 151–163.

Landmann, M./Schmitz, B. (Hrsg.) (2007): Selbstregulation erfolgreich fördern. Praxisnahme Trainingsprogramme für effektives Lernen. Stuttgart: Kohlhammer.

Lauth, G.W./Grünke, M./Brunstein, J.C. (Hrsg.) (2004): Interventionen bei Lernstörungen. Göttingen, Bern, Toronto, Seattle: Hogrefe

Lazarus, R.S. (1990): Stress und Stressbewältigung – ein Paradigma. In: Filipp, S.-H. (Hrsg.): Kritische Lebensereignisse. Weinheim, Basel: Beltz PVU.

Loska, R. (1995): Lehren ohne Belehrung. Leonard Nelsons neosokratische Methode der Gesprächsführung. Bad Heilbrunn: Klinkhardt.

Luhmann, N. (1987): Strukturelle Defizite. Bemerkungen zur systemtheoretischen Analyse des Erziehungswesens. In: Oelkers, J./Tenorth, H.-E. (Hrsg.): Pädagogik, Erziehungswissenschaft und Systemtheorie. Weinheim, Basel: Beltz, S. 57–75.

Luhmann, N./Schorr, K.E. (1982): Das Technologiedefizit der Erziehung und die Pädagogik. In: dies. (Hrsg.): Zwischen Technologie und Selbstreferenz. Fragen an die Pädagogik. Frankfurt/M.: Suhrkamp, S. 11–40.

Mager, R.F. (1965): Lernziele und Programmierter Unterricht. Weinheim, Berlin, Basel: Beltz.

Mandl, H./Friedrich, H.F. (Hrsg.) (2006): Handbuch Lernstrategien. Göttingen, Bern, Wien, Toronto, Seattle, Oxford, Prag: Hogrefe.

Martens, E. (2006): Werkzeugkasten und Schatztruhe. In: Studia Philosophica. Jahrbuch der Schweizerischen Philosophischen Gesellschaft. Vol. 65, Stuttgart, S. 71–89.

Merrill, M.D. (1983): The component display theory. In: Reigeluth, C.M. (Ed.): Instructional design theories and models. Hilldale, N J: Lawrence Erlbaum.

Meyer, E./Okon, W. (1984): Frontalunterricht. Frankfurt/M., Oxford: Cornelsen und Oxford.

Meyer, H. (1972): Einführung in die Curriculum-Methodologie. München: Kösel.

Meyer-Willner, G. (1979): Differenzieren und Individualisieren. Bad Heilbrunn: Klinkhardt.

Mischke, W. (1983): Handlungsleitende Annahmen für eine empirische Untersuchung der Planung und Realisierung von Unterricht als Informationsverarbeitungsprozess. In: Mischke, W./Peters, J./Westerhof, K./Wragge-Lange, I.: Wie Unterricht gemacht wird. Untersuchungen zur Planung und Realisierung von Schulstunden durch erfahrene Lehrer. Oldenburg: Zentrum für pädagogische Berufspraxis der Carl von Ossietzky Universität.

Mischke, W./Wragge-Lange, I. (1995): Planung und Analyse von Unterricht als erste Schritte zur Entfaltung eines handlungssteuernden Begriffsnetzes. In: Möller, B. (Hrsg.): Das Allgemeine Schulpraktikum (ASP). Konzepte – Erfahrungen – Technik. Oldenburg: Zentrum für pädagogische Berufspraxis der Carl von Ossietzky Universität, S. 74–98.

Möller, C. (1986): Die curriculare Didaktik. In: Gudjons, H./Teske, R./Winkel, R. (Hrsg.): Didaktische Theorien. 4. Aufl. Hamburg: Bergmann + Helbig, S. 62–77.

Mohr, K. (1966): Methodische Gestaltung des Unterrichts. München, Frankfurt, Berlin, Hamburg, Essen: List (2. Auflage).

Monzen, H./Rademacker, H. (1965): Vorwort der Übersetzer. In: Mager, R.F.: Lernziele und Programmierter Unterricht. Weinheim, Berlin, Basel: Beltz, S. VI–VIII.

Mühlhausen, U. (1994): Situative Unterrichtsplanung. Weinheim, Basel: Beltz.

Mühlhausen, U. (2005): Unterrichten lernen mit Gespür. Baltmannsweiler: Schneider Hohengehren.
Neber, H. (2004): Förderung epistemischen Fragens im Religionsunterricht. In: Unterrichtswissenschaft, 38. Jahrgang, Heft 4, S. 308–320.
Niedersächsisches Kultusministerium (2006): Orientierungsrahmen Schulqualität in Niedersachsen. Hannover.
Nieke, W. (2002): Kompetenz. In: Otto, H.-U./Rauschenbach, T./Vogel, P. (Hrsg.): Erziehungswissenschaft: Professionalität und Kompetenz. Opladen: Leske+Budrich, S. 13–27.
Nölle, K. (2002): Probleme der Form und des Erwerbs unterrichtsrelevanten pädagogischen Wissens. In: Z. f. Päd. 48. Jg., Heft 1, S. 48–67.
Nürnberger Projektgruppe (2001): Erfolgreicher Gruppenunterricht. Praktische Anregungen für den Schulalltag. Leipzig, Stuttgart, Düsseldorf: Klett.
Nuhn, H.-E. (1995): Partnerarbeit als Sozialform des Unterrichts. Weinheim, Basel: Beltz.
Oblinger, H. (1977): Ist Unterricht planbar? In: Schmaderer, F.O. (Hrsg.): Lernplanung und Unterrichtsgestaltung auf der Grundlage pädagogischer und lernpsychologischer Erkenntnisse. München: Ehrenwirth, S. 9–19.
Oser, F. (1998): Ethos – die Vermenschlichung des Erfolgs. Opladen: Leske+Budrich 1998
Oser, F./Baeriswyl, F.J. (2001): Choreographies of Teaching. Bringing Instruction to Learning. In: Richardson, V. (Ed.): Handbook of research on teaching. Washington D.C.: American Education Association, S. 1031–1065.
Oser, F./Spychiger, M. (2005): Lernen ist schmerzhaft. Zur Theorie des negativen Wissens und zur Praxis der Fehlerkultur. Weinheim, Basel: Beltz.
Osterwalder, F. (2002): Methode: Technologie und Erlösung. In: Z.f.Päd., 48 Jg., Nr. 2, S. 151–170.
Peters, H. (1974): Untersuchung zur Kodierung eines Problems im Verlauf des Lösungsprozesses. Z. f. exp. angew. Psychologie. Band VI, Heft 3, S. 405–426.
Peterßen, W.H. (1982): Handbuch Unterrichtsplanung. München: Ehrenwirth.
Peterßen, W.H. (1999): Kleines Methoden-Lexikon. München: Oldenbourg.
Platon (1982): Der Staat (Politeia), übersetzt und herausgegeben von Karl Vretska. Stuttgart: Philipp Reclam
Reigeluth, C.M. (Ed.) (1983): Instructional design theories and models: An overview of their current status. Hillsdale NJ.: Lawrence Erlbaum.
Ricken, G. (2005): Grundlegende Perspektiven sonderpädagogischer Diagnostik und Förderung. In: Moser, V./Stechow, E. v. (Hrsg.): Lernstands- und Entwicklungsdiagnosen. Bad Heilbrunn: Klinkhardt, S. 13–27.
Robinsohn, S.B. (1969): Bildungsreform als Revision des Curriculum. Neuwied, Berlin: Luchterhand.
Roth, H. (1961): Lernpsychologie und Unterrichtserfolg – eine Einführung: In: Blätter für Lehrerfortbildung 13, Heft 1, S. 1–12.
Roth, H. (1971): Pädagogische Anthropologie. Band 2. Hannover, Berlin, Darmstadt, Dortmund: Schroedel.
Rudolph, U. (2007): Motivationspsychologie. Weinheim, Basel: Beltz PVU.
Schott, F. (1975): Lehrstoffanalyse. Düsseldorf: Schwann.
Schott, F./Neeb, K.-E./Wieberg, H.-J. (1981): Lehrstoffanalyse und Unterrichtsplanung. Braunschweig: Westermann.
Schulz, W. (1981): Unterrichtsplanung. München, Wien, Baltimore: Urban/Schwarzenberg.
Schuster, P. (2001): Von der Theorie zur Praxis – Wege zur unterrichtspraktischen Umsetzung des Ansatzes von Kohlberg. In: Edelstein, W./Oser, F./Schuster, P. (Hrsg.): Moralische Erziehung in der Schule. Weinheim, Basel: Beltz, S. 177–212.
Seel, N.M. (1981): Lernaufgaben und Lernprozesse. Stuttgart: Kohlhammer.

Seel, N.M. (2000): Psychologie des Lernens. München, Basel: Reinhardt.

Sekretariat der Ständigen Konferenz der Kultusminister der Länder in der Bundesrepublik Deutschland (2004): Standards für die Lehrerbildung: Bildungswissenschaften. Dezember 2004. München: Wolters Kluwer.

Sekretariat der Ständigen Konferenz der Kultusminister der Länder in der Bundesrepublik Deutschland (2004): Beschlüsse der Kultusministerkonferenz. Bildungsstandards im Fach Deutsch für den Mittleren Schulabschluss. Beschluss vom 4.12.2003. München: Wolters Kluwer.

Sekretariat der Ständigen Konferenz der Kultusminister der Länder in der Bundesrepublik Deutschland (2004): Beschlüsse der Kultusministerkonferenz. Bildungsstandards im Fach Mathematik für den Mittleren Schulabschluss. Beschluss vom 4.12.2003. München: Wolters Kluwer.

Sekretariat der Ständigen Konferenz der Kultusminister der Länder in der Bundesrepublik Deutschland (2005): Beschlüsse der Kultusministerkonferenz. Bildungsstandards im Fach Biologie für den Mittleren Schulabschluss. Beschluss vom 16.12.2004. München: Wolters Kluwer.

Sekretariat der Ständigen Konferenz der Kultusminister der Länder in der Bundesrepublik Deutschland (2005): Beschlüsse der Kultusministerkonferenz. Bildungsstandards im Fach Physik für den Mittleren Schulabschluss. Beschluss vom 16.12.2004. München: Wolters Kluwer.

Sekretariat der Ständigen Konferenz der Kultusminister der Länder in der Bundesrepublik Deutschland (2005): Beschlüsse der Kultusministerkonferenz. Bildungsstandards im Fach Chemie für den Mittleren Schulabschluss. Beschluss vom 16.12.2004. München: Wolters Kluwer.

Selye, H. (1956): The stress of live. New York, Mac Grow Hill.

Spiegel, H. v. (2004): Methodisches Handeln in der Sozialen Arbeit. München, Basel: Reinhard.

Storch, M./Krause, F. (2005): Selbstmanagement – ressourcenorientiert. Bern: Hans Huber (1. Auflage 2002).

Storch, M./Riedener, M. (2005): Ich pack´s! – Selbstmanagement für Jugendliche. Bern: Hans Huber.

Tenorth, H.-E. (2004): Bildungsziele, Bildungsstandards und Kompetenzmodelle. In: Diskowski, D./Hammes-Di Bernardo, E. (Hrsg.): Lernkulturen und Bildungsstandards. Baltmannsweiler, Schneider Hohengehren, S. 105–115.

Thonhauser, J. (2008): Warum (neues) Interesse an »Aufgaben«? In: Thonhauser, J. (Hrsg.): Aufgaben als Katalysatoren von Lernprozessen. Münster, New York, München, Berlin: Waxmann, S. 13–27.

Tiedemann, M. (2006): Das Höhlengleichnis, ein Klassiker für alle Altersgruppen. In: Zeitschrift für Didaktik der Philosophie und Ethik. 28. Jahrgang, Heft 1, S. 15–23.

Treiber, B./Weinert F.E. (1985): Gute Schulleistungen für alle? Münster: Aschendorff.

Tyler, R.W. (1973): Curriculum und Unterricht. Düsseldorf: Schwann.

Volck, G./Schneider, G. (1974): Medieneinsatz zur Veränderung der Unterrichtspraxis. In: Dichanz, H./Eubel, K.-D./Heidt, E.U.: Medien im Unterrichtsprozess. Grundlagen, Probleme, Perspektiven. München, S. 154–186.

Wahl, D. (1991): Handeln unter Druck. Der weite Weg vom Wissen zum Handeln bei Lehrern, Hochschullehrern und Erwachsenenbildnern. Weinheim: Deutscher Studienverlag.

Wahl, D. (2002): Mit Training vom trägen Wissen zum kompetenten Handeln? In: Z.f.Päd., 48 Jg., Nr. 2, S. 227–241.

Weinberger, A./Patry, J.-L./Weyringer, S. (2008): Das Unterrichtsmodell VaKE (Values and Knowledge Education). Ein Handbuch für Lehrerinnen und Lehrer. Innsbruck, Wien, Bozen: Deutscher Studienverlag.

Weinert, F.E. (1974): Kognitives Lernen: Begriffsbildung und Problemlösen. In: Weinert, F.E./Graumann, C.F./Heckhausen, H./Hofer, M. (Hrsg.), Pädagogische Psychologie Bd. 2. Frankfurt/M.: Fischer, S. 657–683.

Weinert, F.E.: (1974) Lernübertragung. In Weinert, F.E./Graumann, C.F./Heckhausen, H./Hofer, M. (Hrsg.): Pädagogische Psychologie. Bd. 2. Frankfurt/M.: Fischer, S. 685–709.

Weinert, F.E. (1974): Der Beitrag der Psychologie zur Theorie und Praxis des Lehrens. In: Weinert, F.E./Graumann, C.F./Heckhausen, H./Hofer, M. (Hrsg.): Pädagogische Psychologie. Bd. 2. Frankfurt am Main: Fischer, S. 739–762.

Weinert, F.E. (1974): Instruktion als Optimierung von Lernprozessen. Teil I. Lehrmethoden. In: Weinert, F.E./Graumann, C.F./Heckhausen, H./Hofer, M. (Hrsg.): Pädagogische Psychologie. Bd. 2. Frankfurt am Main: Fischer, S. 795–826.

Weinert, F.E. (1996): Lerntheorien und Instruktionsmodelle. In: Enzyklopädie der Psychologie. Serie I. Pädagogische Psychologie. Band 2. Psychologie des Lernens und der Instruktion. Göttingen, Bern, Toronto, Seattle: Hogrefe, S. 1–48.

Weinert, F.E. (1998): Guter Unterricht ist ein Unterricht, in dem mehr gelernt als gelehrt wird. In: Freund, J./Gruber, H./Weidinger, W. (Hrsg.): Guter Unterricht – Was ist das? Aspekte von Unterrichtsqualität. Wien: Pädagogischer Verlag, S. 7–18.

Wellenreuther, M. (2004): Lehren und Lernen – aber wie? Baltmannsweiler: Schneider Hohengehren.

Wellhöfer, P.R. (2004): Schlüsselqualifikation Sozialkompetenz. Stuttgart: Lucius/Lucius.

Werbik, H. (1978): Handlungstheorien. Stuttgart: Kohlhammer.

Westphalen, K. (1977): Das Curriculum als Planungsinstrument. In: Schmaderer, F.O.: Lernplanung und Unterrichtsgestaltung auf der Grundlage pädagogischer und lernpsychologischer Erkenntnisse. München: Ehrenwirth, S. 20–31.

Ziegler, A./Stöger, H. (2005): Trainingshandbuch selbstreguliertes Lernen I. Lengerich: Pabst.